LEATHER CRAFT TECHNIQUE ENCYCLOPEDIA Ⅲ

レザークラフト技法事典 Ⅲ

装飾編

-クラフト学園監修-

STUDIO TAC CREATIVE

CONTENTS

P.4 装飾で広がるレザークラフトの世界

P.8 装飾のテクニック

P.11 インレイ

表革をカットして窓を作り、エイや蛇といったエキゾチックレザーなどの異素材を組み合わせるインレイ。シンプルながら、装飾効果は高い。

P.27 メッシュ

レース状にカットした革を組み合わせるメッシュ。シンプルな技法だが、組み合わせる色や目の大きさを変えることで様々な表現が可能だ。

P.37 スタッズ

金属製のスタッズで、図案を作り出す技法。スタッズならではの独特で印象的なデザインを生み出すことができるため、高い人気を誇る。

P.47 パンチング

様々な形が用意されるシェイプパンチを使って、図案を作っていく技法。違う色の革と重ねることで、そのデザインを際立たせることができる。

P.55 スタンピング

刻印を組み合わせて図案を作り出すこの技法は、使う刻印の数や組み合わせ方によって無限とも言える図案を作り出すことができる。

P.65　カービング

スーベルカッターと刻印を使って、革の表面に彫刻を行なうカービングは、その美しさから装飾技法の中でも特に高い人気を誇る。

P.81　レザーバーニング

専用のペンを使用して革の表面を焦がすことで、自由な図案を描くことができるのがレザーバーニングだ。染色と組み合わせると、より効果的だ。

P.87　染色

染料で革の表面を染める染色は、色を入れない部分をどう防染するかがポイントだ。ロウ、スライサー、ソメノンなどを使った防染方法を紹介する。

P.115　ステッチ

ミシンを使った装飾方法を紹介する。使用できる革の厚みは限られているが、上手に使えばミシンはレクラフトの幅を広げてくれるアイテムだ。

P.129　編み

革紐の編みは、ベーシックなレザークラフトの技法と呼べる。その編み方も様々あり、自分の用途に合わせた編み方を選べるようなしたい。

P.151　積み革

革を積み重ねていくことで、独特の模様を生み出す積み革。その表現力は芸術的要素が強く、装飾技法として高く評価されている。

LEATHER CRAFT TECHNIQUE ENCYCLOPEDIA III

レザークラフト技法事典 III

装飾編

-クラフト学園監修-

異素材を組み合わせるインレイ、レース状にカットした革を編み合わせるメッシュ、金具で模様を作り出すスタッズは革の可能性を広げる

装飾で広がるレザ

革に彫刻するカービング、パンチで図案を作るパンチング、刻印で図案を作るスタンピング、絵を描けるレザーバーニングの表現力

ークラフトの世界

ろうけつ、スライサー、ソメノン、マーブル。同じ染めでも、染め方ひとつで、その印象は大きく変わる。染めは自分だけの世界を創造することができる、高い表現力を持った装飾技法だ

編み、積み革、ステッチなど、革は使い方でその表情を大きく変える。装飾の可能性は、無限にある

装飾のテクニック

ここからは実際に、様々な装飾技法の基本的な制作方法を紹介していく。基本をしっかり学んでおけば、そこからは知識と経験、そして発想力によって様々な応用が可能になる。また、様々な装飾技法を組み合わせることで、作品作りの幅は大きく広がっていく。ひとつずつ技法をマスターしていってほしい。

警 告

- この本は、習熟者の知識や作業、技術をもとに、編集時に読者に役立つと判断した内容を記事として再構成し掲載しています。そのため、あらゆる人が作業を成功させることを保証するものではありません。よって、出版する当社、株式会社スタジオ タック クリエイティブ、および取材先各社では作業の結果や安全性を一切保証できません。また、本書の趣旨上、使用している工具や材料は、作り手が通常使用しているものでは無い場合もあります。作業により、物的損害や傷害の可能性があります。その作業上において発生した物的損害や傷害について、当社では一切の責任を負いかねます。すべての作業におけるリスクは、作業を行なうご本人に負っていただくことになりますので、充分にご注意ください。
- 使用する物に改変を加えたり、使用説明書等と異なる使い方をした場合には不具合が生じ、事故等の原因になることも考えられます。メーカーが推奨していない使用方法を行なった場合、保証やPL法の対象外になります。
- 本書は、2011年4月15日までの情報で編集されています。そのため、本書で掲載している商品やサービスの名称、仕様、価格などは、製造メーカーや小売店などにより、予告無く変更される可能性がありますので、充分にご注意ください。
- 写真や内容が一部実物と異なる場合があります。

本書を活用していただくために

ひとつずつ、技術を身につけていく

本書は「レザークラフト技法事典」、「レザークラフト技法事典Ⅱ」に続く三冊目の技法事典だ。既刊の二冊には仕立てに関する様々な技法が収められており、アイテム制作の基礎を知ることができる。

この三冊目となる「レザークラフト技法事典Ⅲ」ではその副題である「装飾編」が示すように、レザークラフトに関する装飾の技術を紹介していく。装飾技術の多くは、部品の状態で行なわれるため、既刊二冊に掲載されている仕立ての技法と組み合わせることで、よりオリジナリティにあふれた作品を作り出すことができる。三冊の技法事典に収められた技術を習得し、使いこなすことでレザークラフトの可能性は無限に広がっていくはずだ。

また、この技法事典シリーズは老舗レザークラフト教室であるクラフト学園の全面協力を得て制作されており、実際の学園に通学することで、さらに高い技術を身につけることができるはずだ。

レザークラフトを極めたいのであれば、まずこの技法事典を読み、実践して欲しい。

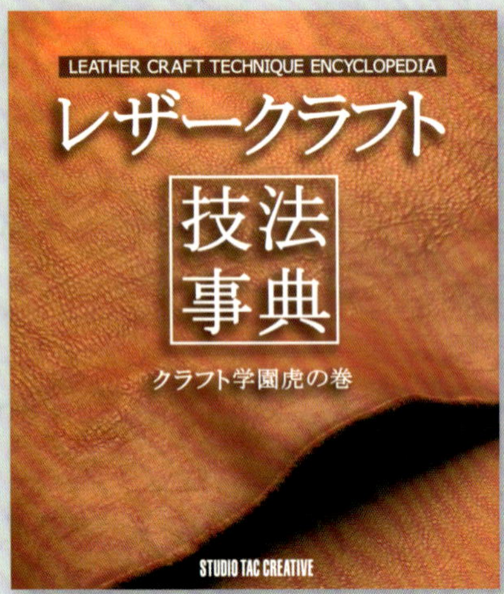

レザークラフト技法事典　クラフト学園虎の巻
定価 本体2,500円+税
株式会社スタジオタッククリエイティブ
2010年06月発行
B5判変型　オールカラー192ページ
ISBN978-4-88393-397-6

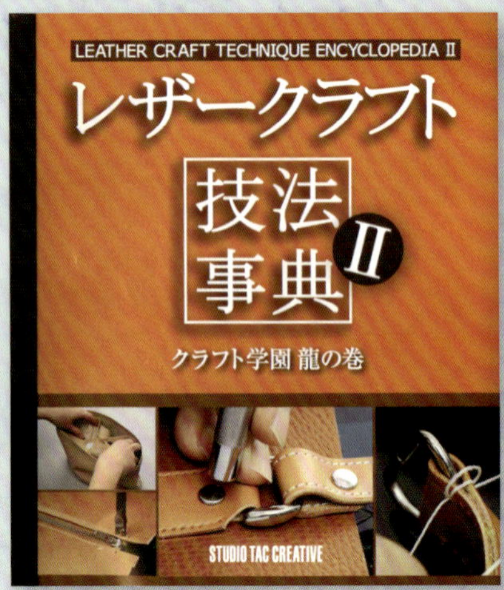

レザークラフト技法事典　クラフト学園龍の巻
定価 本体2,500円+税
株式会社スタジオタッククリエイティブ
2011年03月発行
B5判変型　オールカラー184ページ
ISBN978-4-88393-448-5

インレイ

ウォレットの表革や、バッグのかぶせなど、インレイは作品の印象を大きく変えることができる。使用する道具も通常のレザークラフトに使用するものとほとんど変わらないため、装飾の入り口としても最適と言えるだろう。

1 インレイ

異素材や染色などの装飾をした革を組み合わせるインレイは、レザークラフトのデザインの幅を拡げることができる技法だと言えるだろう。実際の作業としては、インレイを行なうパーツを加工して素材を縫い合わせるというものなので、一般的なレザークラフトの道具があれば作業を進めることができる。どんな素材を組み合わせるかや、パーツにどのような形の窓を空けるか、素材のどの部分をどう出すかというのは制作者のセンスによるので、センスを磨いて欲しい。

表側にエイ革をインレイしたウォレット。ハートと呼ばれる模様を表側のセンターに持ってきたことで、インパクトのあるルックスに仕上げられている。また、窓を大きめに空けることによって、エイ革の存在感を最大限に強く出している

左側はオーストレッグを、右側は色違いの牛側をインレイしたメディスンバッグ。使っている革の色は同じグリーンだが、素材感の違いだけでもこれだけの差が出るという好例だろう

繊細な染色が施された革を組み合わせたウォレット。このような複雑な図案を持った素材の場合は、図案の入り方をしっかり検討してからインレイの位置を決めたい

インレイの基本

革を切り抜いて窓を作り、そこに他の動物の革やカービングや染色を施した革を縫い合わせるのがインレイの基本。今回使用しているエイ革はある程度厚みと強度があるが、蛇革などは牛革に貼り付けて使用することになる。

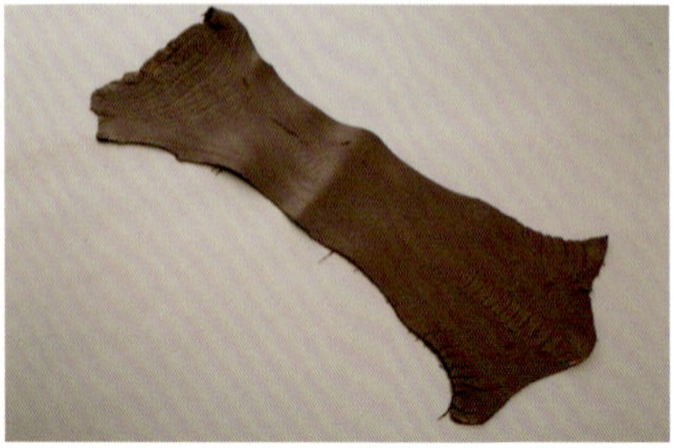

今回使用するエイ以外にインレイに使用されるのは、トカゲやオーストレッグ、蛇、ワニなどのエキゾチックレザーと呼ばれるものが主だ。また、カービングや染色を施した革や、毛皮、織物などが使われることもある。インレイに使用されるそれぞれの素材によって、多少処理の方法が異なるので注意したい

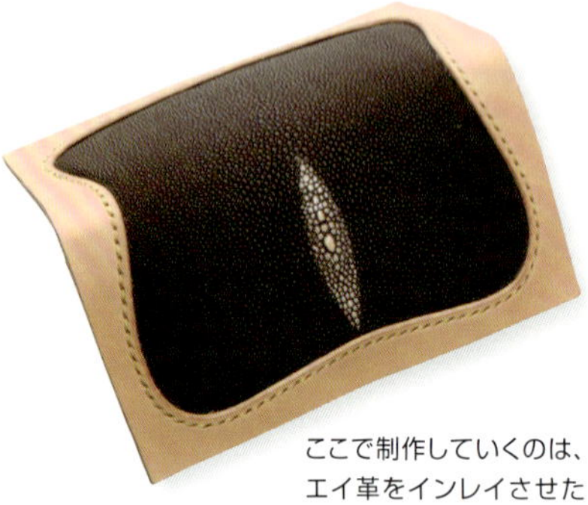

ここで制作していくのは、エイ革をインレイさせたロングウォレットの表革

■材料を用意する

01 エイ革、ウォレットの表になる革と、裏貼りになる革

02 インレイ部分の枠の型紙。この型紙に合わせて表革をカットする

03 エイ革を膨らませるためのののり付きペフと、裏貼り用のスライサー

■革の切り出し

01 型紙の窓部分を切り出す。線からはみ出さないように注意する

02 切り出した型紙。中と外、両方を使用するので、取り扱いには注意すること

03 切り出した型紙の中側を使って、切り出す位置のあたりを付ける

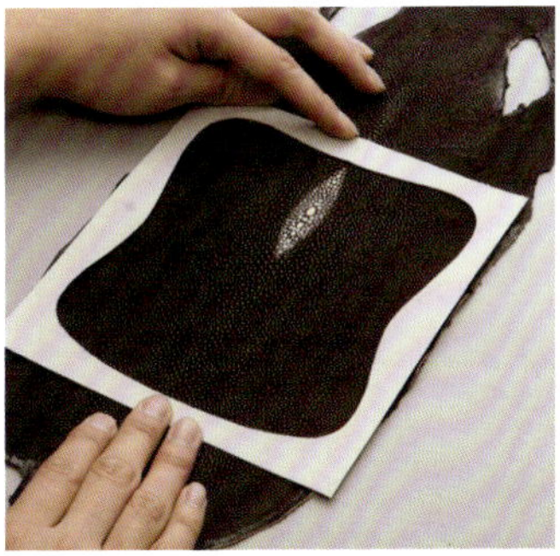

04 あたりを基準にして、外側の型紙を使って模様の位置を合わせる

05 位置を合わせたら、銀ペンで枠の位置をけがいていく

06 銀ペンでケガいた枠の線。この線はカットラインではないので注意する

! 縫いしろを作る

07 06でケガいた線の外側10mmに、ディバイダーと銀ペンでカットラインを引く

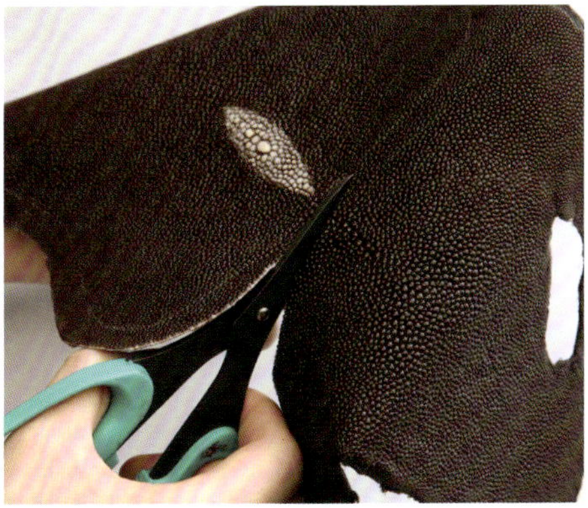

カットラインに沿って、ギザハサミで革を切っていく。通常のハサミではすべってしまい、うまく切れないので注意

08

カットされた革はこのように、型紙よりひと回り大きくなっている

09

縁の部分のウロコ面を削る

10 エイ革のウロコ面はそのままでは接着しにくいので、サンドスティックなどで削る

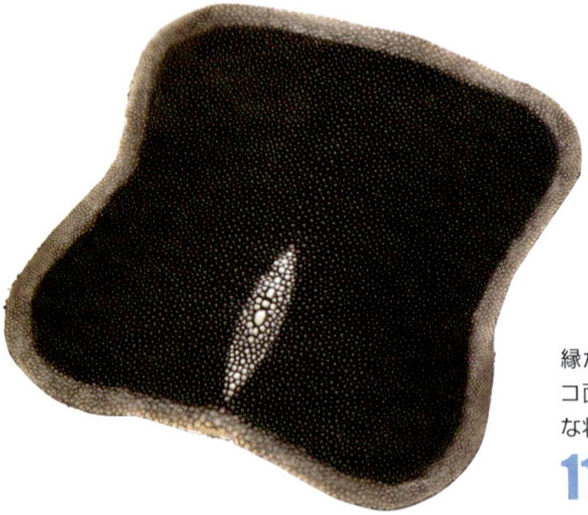

縁から7mm程度のウロコ面側を削り、このような状態にする

11

12 削ったウロコ面のアップ。表面の粒を削って、斜めスキの様にすることで密着性が上がる

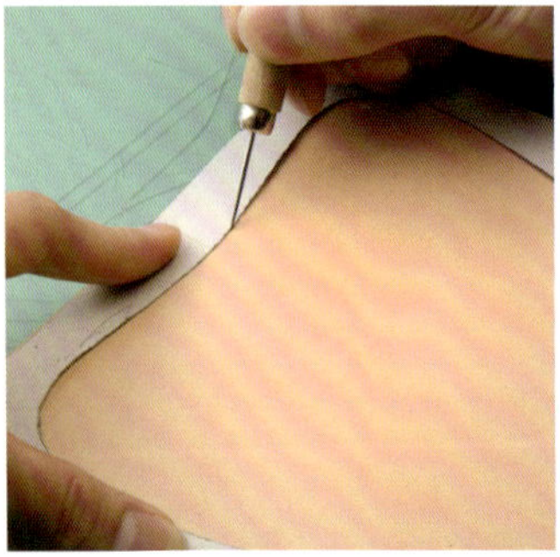

13 表革に外側の型紙を当てて、丸ギリなどで枠のカットラインをけがく

14 表革に窓のカットラインをケガいた状態

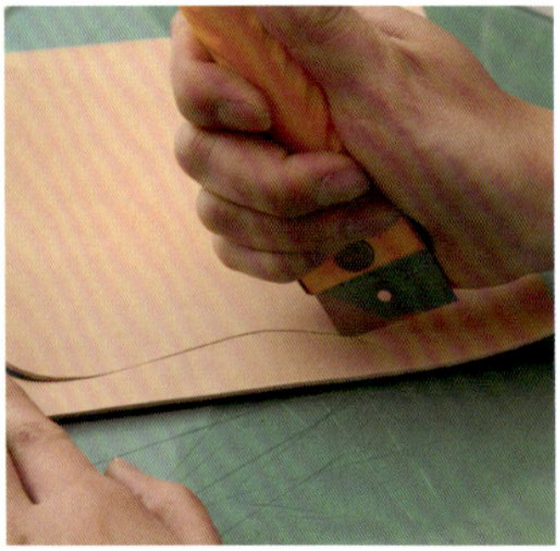

15 カッラインに沿って、別たちや革包丁を使って窓部分をカットする

16 カットされた表革。使用するのはこの部分のみとなる

17 カットしたコバ部分をサンドスティックで削り、整える

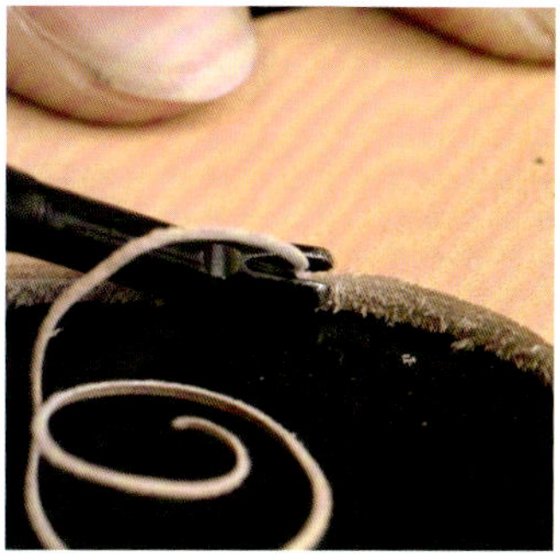

18 ギン面側のヘリを、へりおとしを使って落とす

19 ヘリを落としたら、サンドスティックでコバの形状を整える

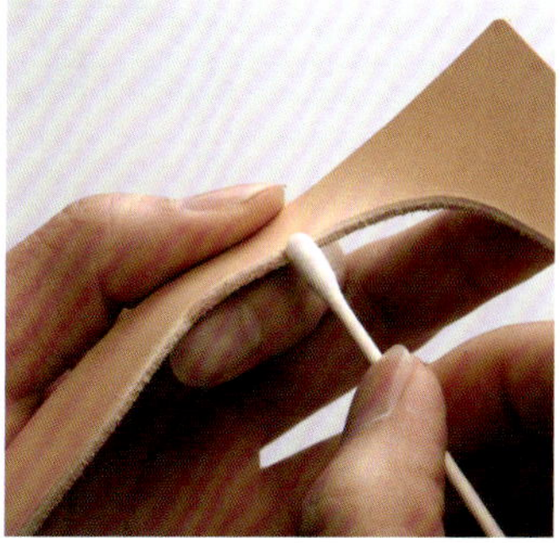

20 トコフィニッシュをコバに塗る。ギン面にはみ出さないように注意する

21 帆布やヘリみがきで、コバを磨いて仕上げる

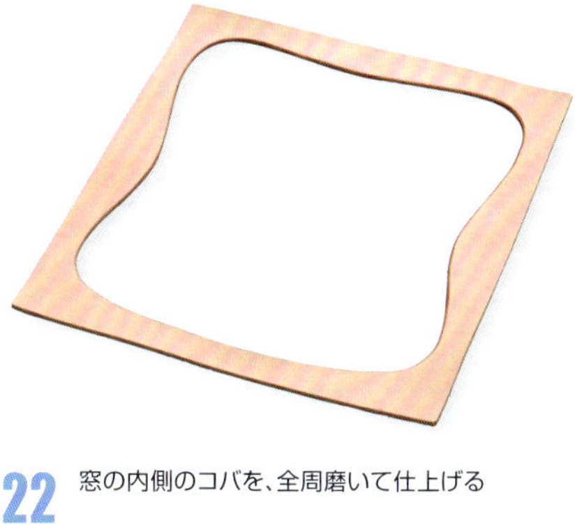

22 窓の内側のコバを、全周磨いて仕上げる

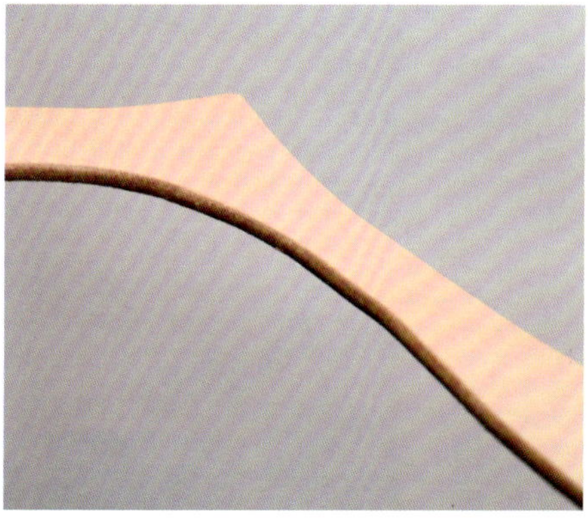

仕上げたコバ部分。貼り合わせた後では磨けないので、きちんと仕上げておくこと
23

■革の貼り合わせ

合わせて調整する

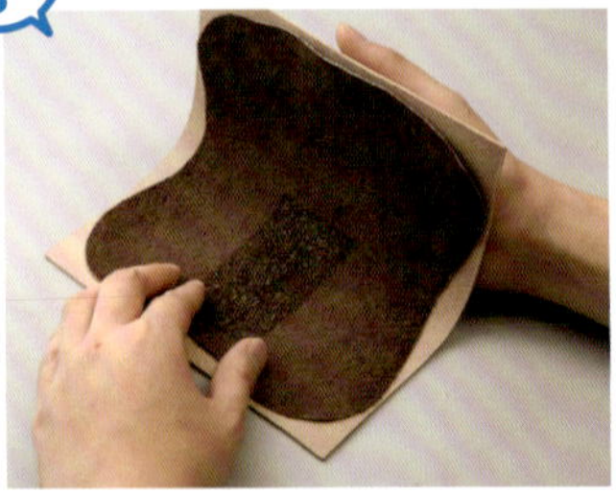

カットしたエイ革と表革を曲げながら合わせ、はみ出したり足りなかったりしないかを確認する

01

02 縁に近すぎる部分などは、カットする。切りすぎないように注意すること

少しずつカットして合わせてみて、縁の縫いしろにかからないように注意する

03

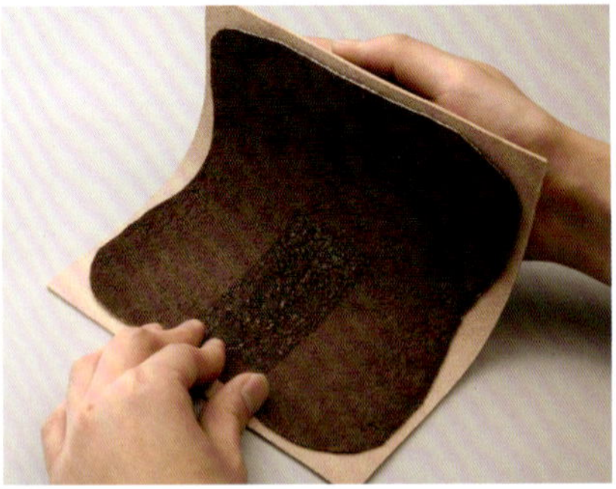

04 カットしたら、再度曲げながらサイズを合わせて確認する

05 サンドスティックで削ったエイ革の縁に、サイビノールを塗る

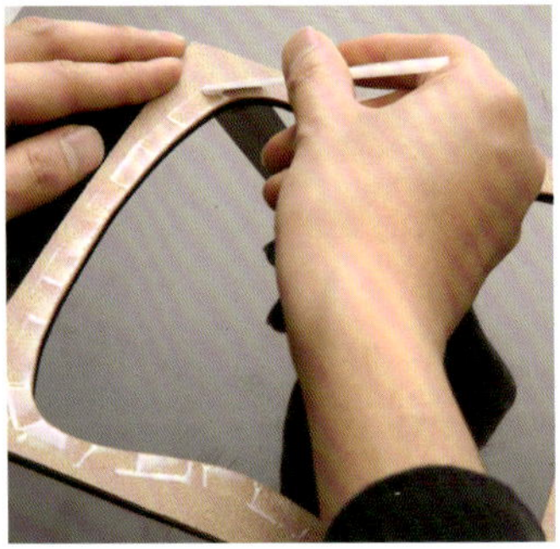

06 枠のトコ面の窓から7mm程度の所に、サイビノールを塗る

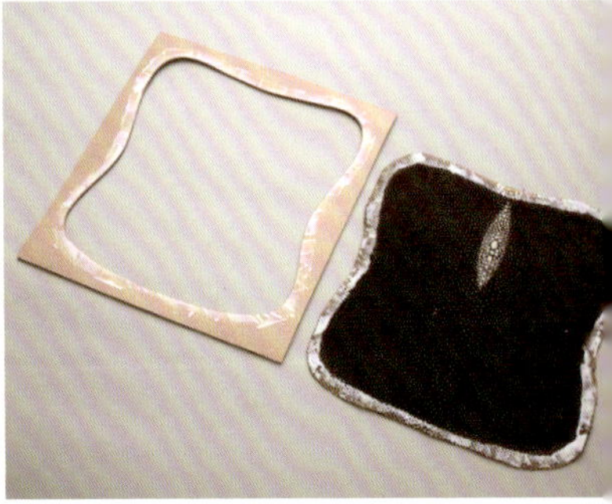

07 サイビノールを塗った状態。乾くと付かないので、手早く作業する

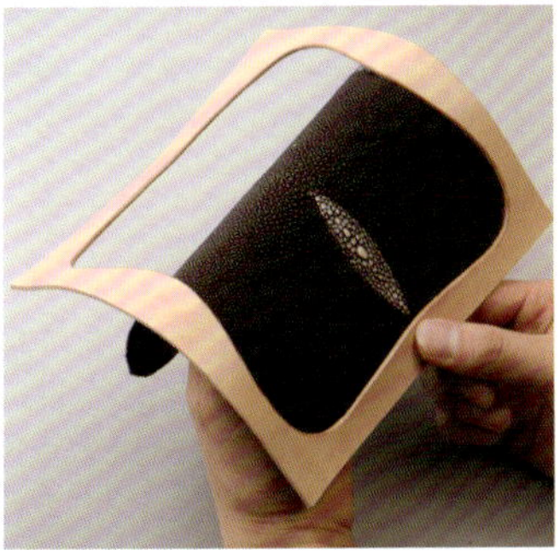

08 90°位の角度を目安に、革を折り曲げながら貼り合わせる

09 位置がずれないように、端からしっかり貼り合わせていく

10 革を曲げながら、少しずつ貼り進めていく

角度に注意する

11 曲げる角度は90°位が適切。曲げすぎてもダメだ

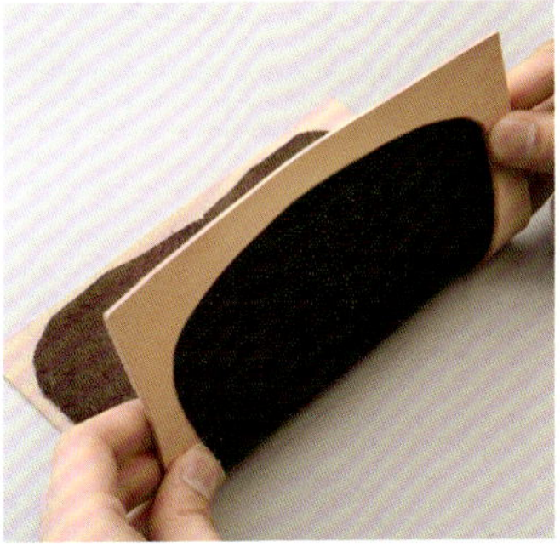

12 サイビノールが乾く前であれば、ある程度位置を動かして調整できる

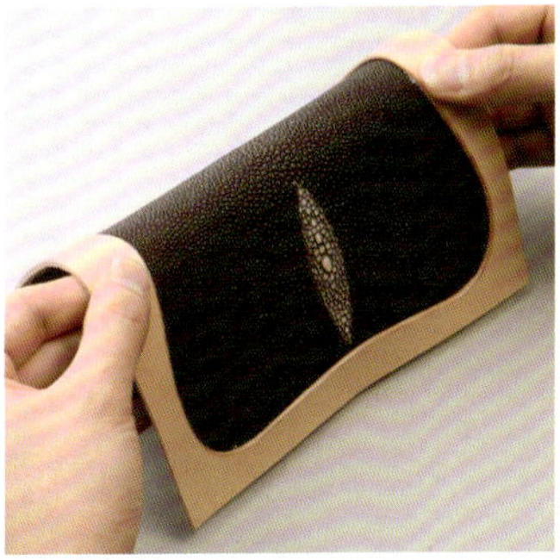

13 窓の部分に隙間ができていないか確認する

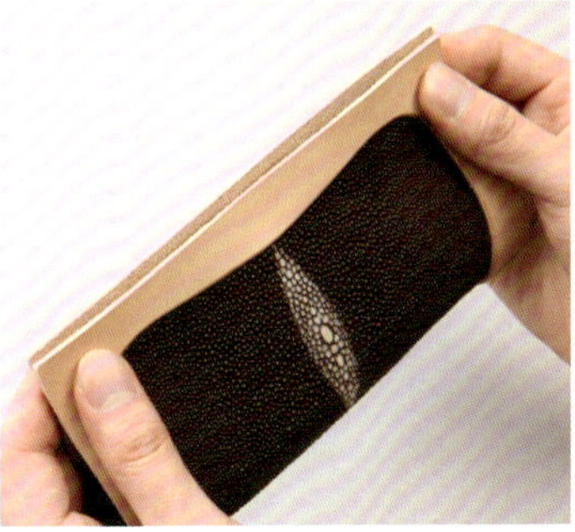

14 ボンドが乾いたら、曲げ具合を確認する。シワが寄ったりしないか確認する

15 エイ革を貼り付けた状態。サイビノールが乾いたら、貼れていない部分や、剥がれている部分が無いことを確認する

■エイ革の裏処理

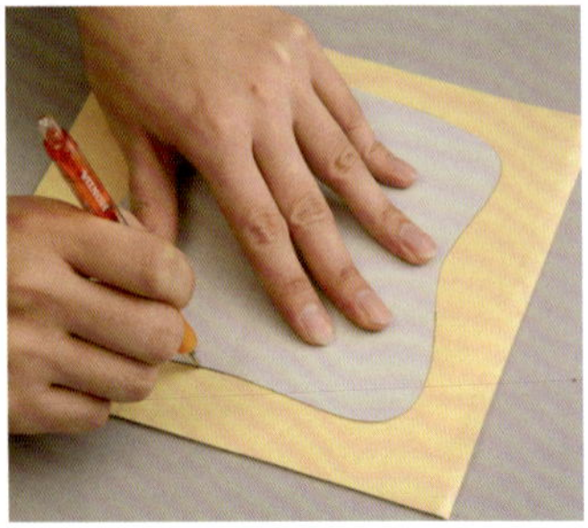

01 のり付きペフの台紙に、内側の型紙を合わせて形を写す

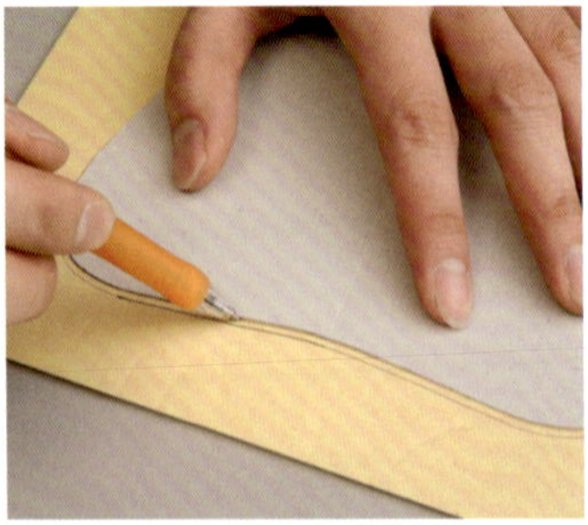

02 窓よりもひと回り小さくするので、型を使って3mm程内側に線を引く

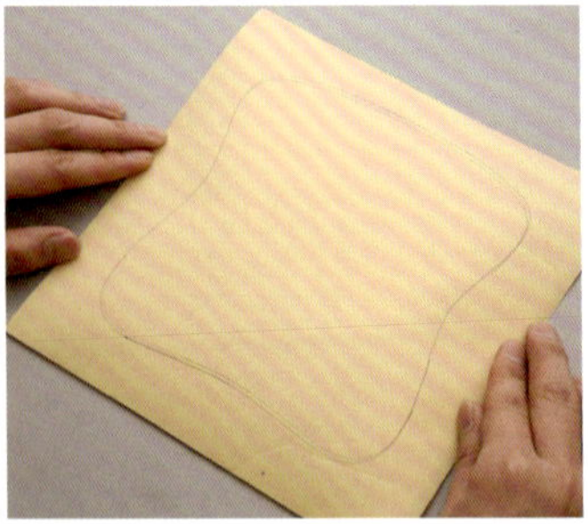

03 窓よりも3mm内側に線が引けた状態。こっちがカットラインになる

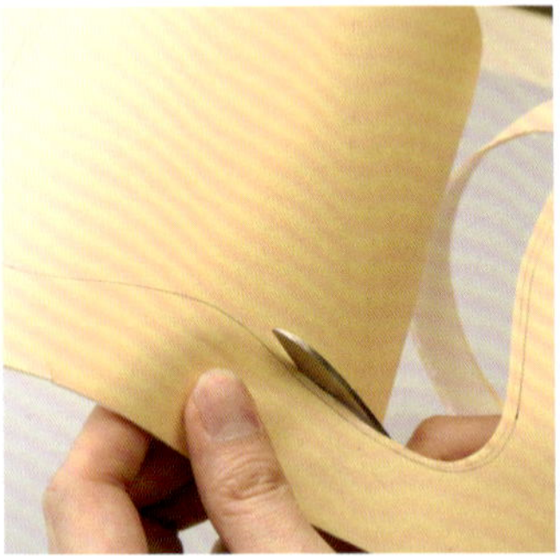

04 カットラインに沿って、のり付きペフをカットしていく

05 カットしたのり付きペフ。表革の型紙と合わせてみたところ

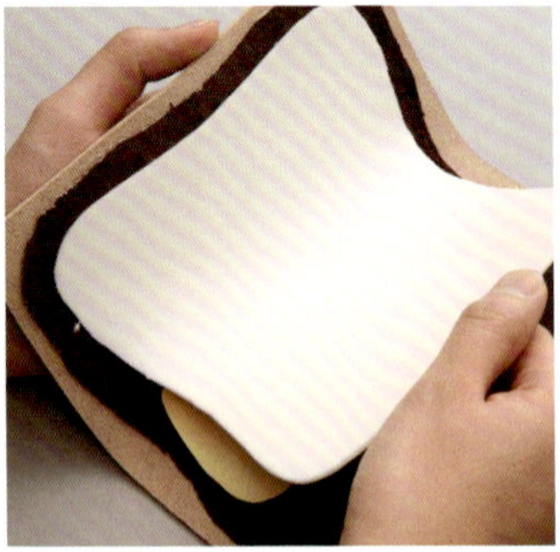

06 窓の位置を確認しつつ、少しずつ台紙を剥がしながら貼っていく

07 空気が入ったりしないように、しっかり貼り付けていく。最初に全て台紙を剥がしてしまうと、中に空気が残りやすくなる

08 のり付きペフが貼れた状態。この分インレイしたエイ革が浮き出る

09 のり付きペフを貼った上から、スライサーを貼っていく。スライサーは表革よりもひと回り大きめにカットしておく

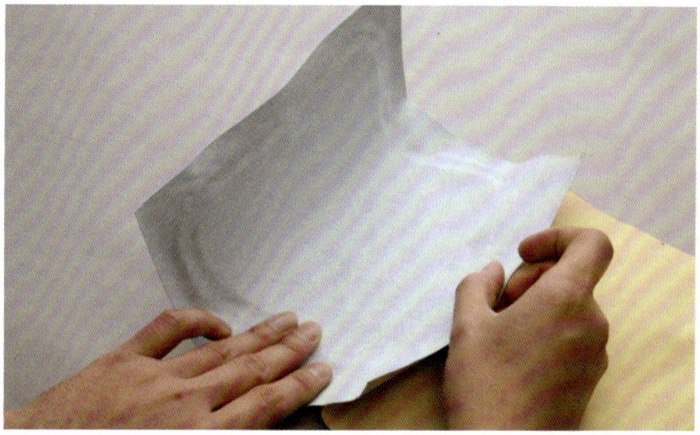

10 のり付きペフと同様に、最初に台紙を全て剥がさず、少しずつ剥がしながら空気が入らないように貼っていく

スライサーが貼れた状態の表革

11

表革からはみ出した、余分なスライサーをカットする

12

余分なスライサーがカットされた表革の裏側

13

14 縁の縫いしろは、スライサーをヘリから5mm程カットする

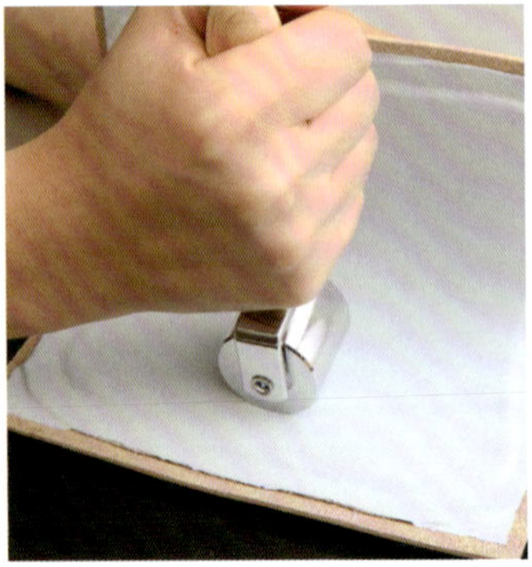

ローラーを裏側からかけて、スライサーとのり付きペフを密着させる
15

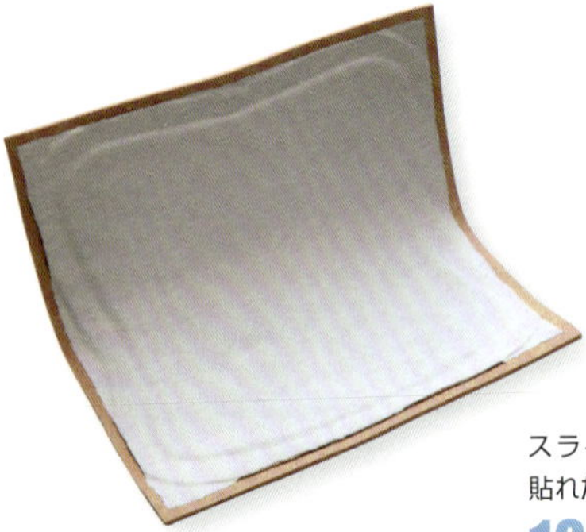

スライサーがしっかり貼れたら、裏処理は終了
16

■インレイ部分を縫い合わせる

縫いしろは3mm取る

窓の縁にディバイダーをかけて、3mm幅の縫い線を引く
01

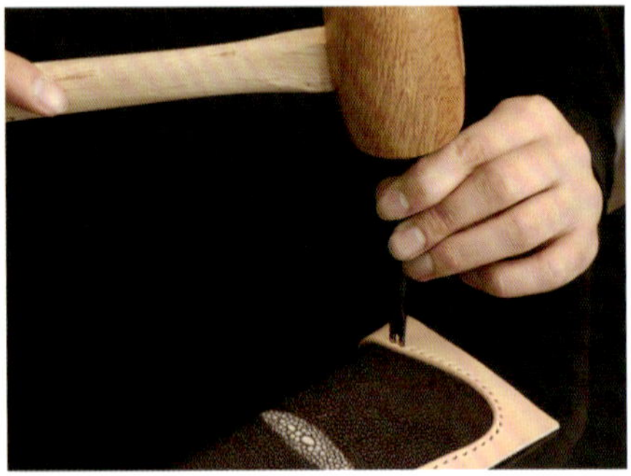

02 縫い線に合わせてヒシ目打を使って、縫い穴を空ける。

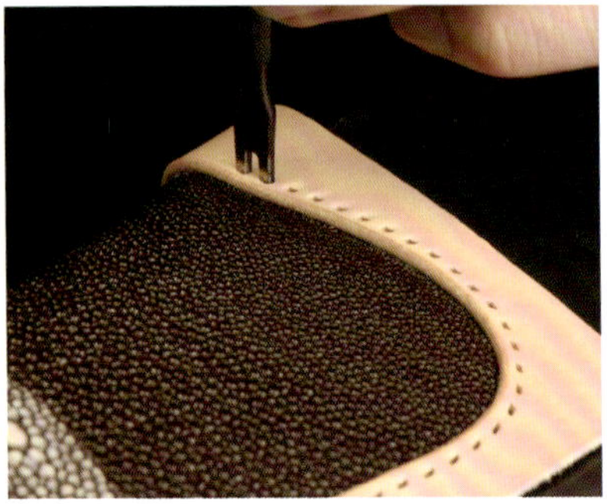

03 全体的にカーブしているので、ヒシ目打は2本刃を使用する

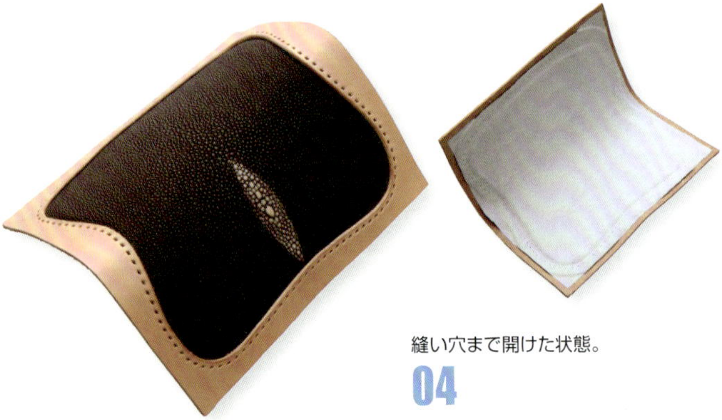

縫い穴まで開けた状態。
04

ヒシ目打でスライサーに空けた穴は、そのままだとこのように細い

05

スライサーの縫い穴を広げる

06 糸を通しやすいように、レースギリでこのようにスライサーの縫い穴を広げる

07 一周平縫いして、最後は3目重ねて終える。ここではシニュー糸を使用

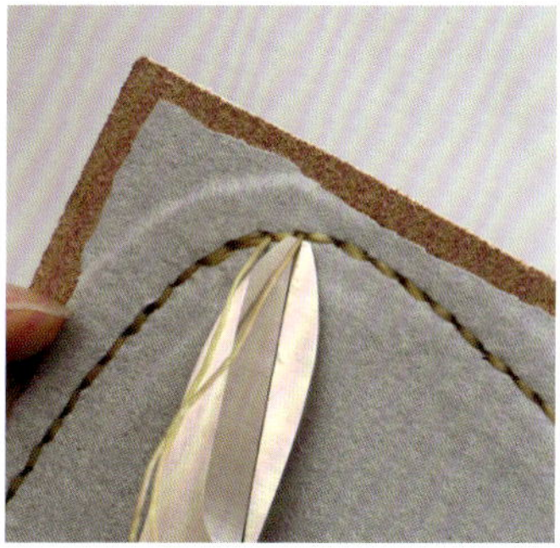

08 裏側に糸が出る状態で、2mm程残して糸をカットする

09 糸をライターで炙って、焼き留める。スライサーを焦がさないように注意

10 縫い終わったら木槌の腹で縫い目を叩いて、縫い目を落ち着かせる

11 インレイ部分が縫い合わされた状態。表革の加工はこれで終了。続けて裏貼りをする工程を紹介していく

■裏貼りをする

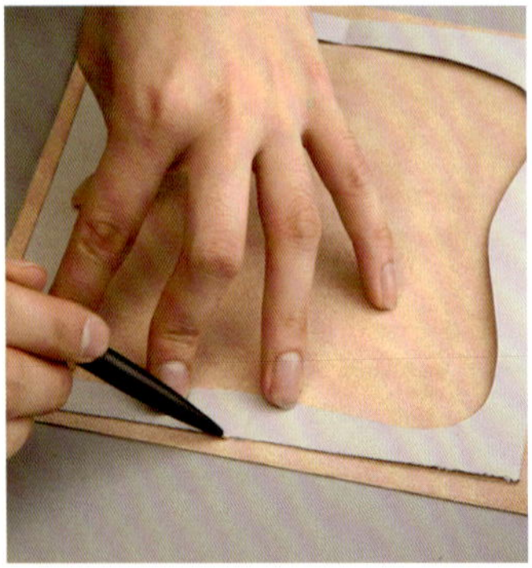

外側の型紙を使って、裏貼りの床面に合わせ位置をケガく。曲げ貼りをするので、この合わせ位置は目安だ

01

合わせ位置がケガけた状態。裏貼りは、貼り合わせてからカットする

02

03 浮かせ貼りにするため、ヘリから10mm位までサイビノールを塗る

04 裏貼りの革も、ケガいた線の内側10mm位までサイビノールを塗る

05 表革、裏貼りの革にサイビノールを塗った状態

06 片方の端をケガいた線に合わせて貼り、基準にする

07 しっかりと押さえながら、ずれないように少しずつ貼り合わせる

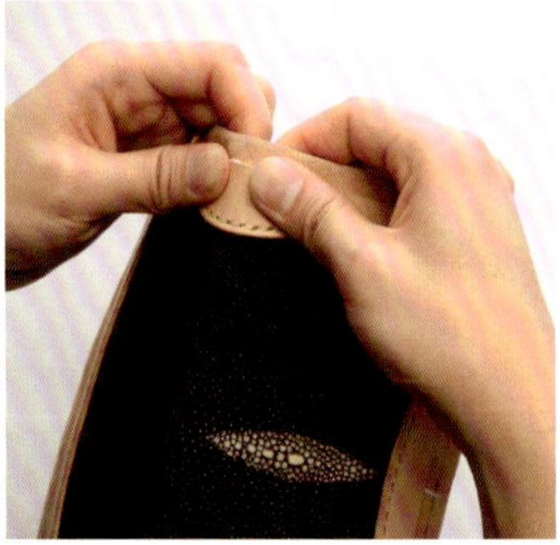

08 曲げ部分は剥がれやすいので、特にしっかり貼り合わせること

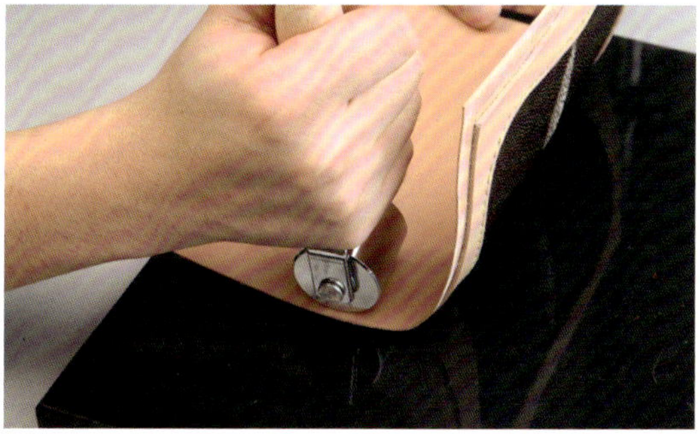

09 裏貼りが貼れたら、裏側からローラーをかけて圧着する。圧着後、サイビノールはしっかり乾かす

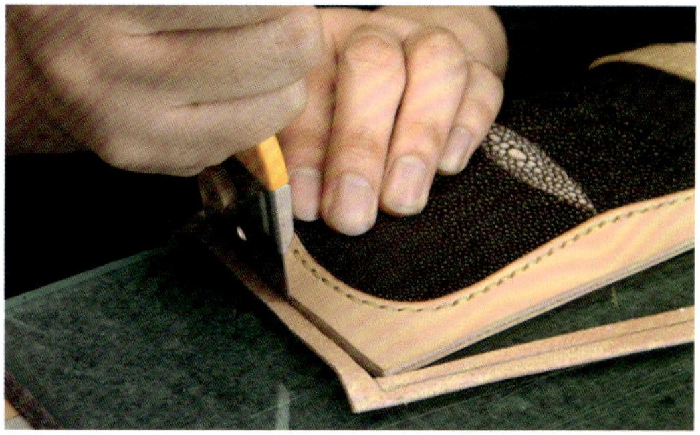

10 サイビノールが乾いたら、裏貼りの革のはみ出している部分をカットする。表革を切らないように注意する

裏貼りが貼れた状態。ここからは通常の表革と同様に仕立てる

11

■確認する

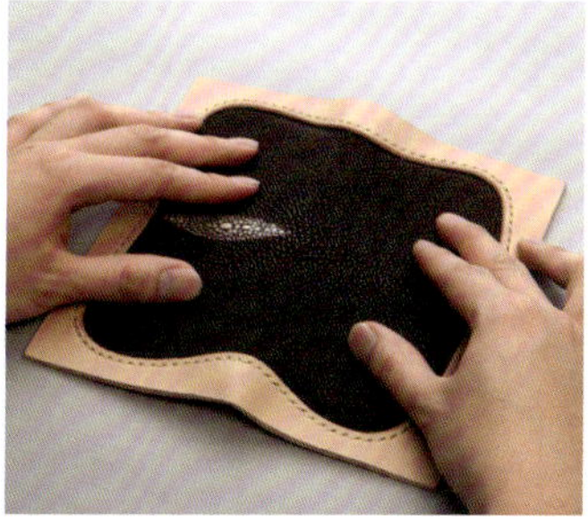

01 仕立てる前に、開き具合を確認しておく

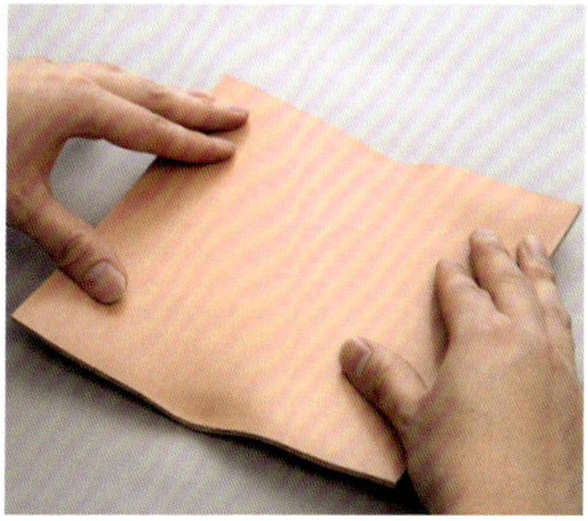

02 浮かせ貼りをしているので、開くと裏側はこのように膨らみが出る

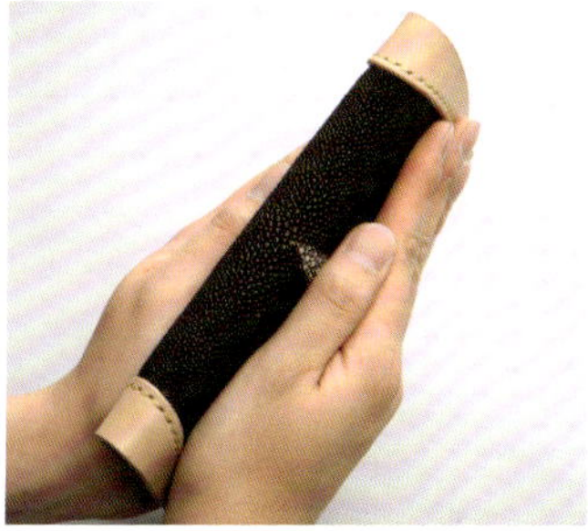

03 曲げた時にシワや浮きがでないかも、確認しておく

INFO 材料から道具まで レザークラフトの全てが揃う

レザークラフトの材料や道具は、専門店で揃えるのが一番だ。東京の荻窪にあるクラフト社は、レザークラフト材料店の老舗中の老舗と言って過言ではない。オリジナルの工具や材料、様々な革を揃えているのはもちろん、漉きなどの各種サービスにも対応してくれる。スタッフは皆レザークラフトに精通しているので、何か分からないことがあったら安心して相談できる心強いお店だ。

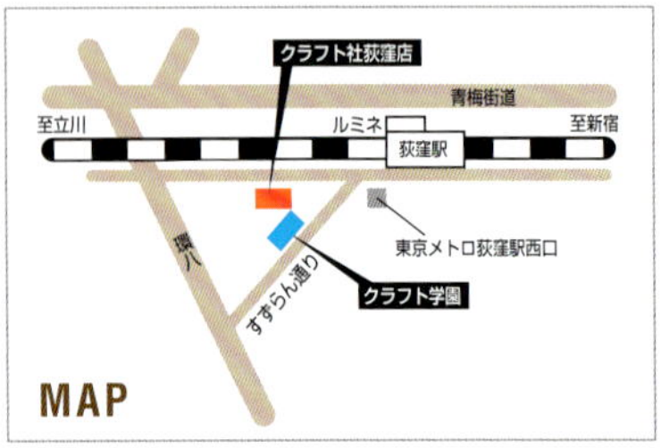

クラフト社　荻窪店
東京都杉並区荻窪5-16-15
Tel.03-3393-2229　Fax.03-3393-2228
営業時間　11:00～19:00(第2･4土曜日　10:00～18:00)
定休日　第1･3･5土曜日/日曜日/祝日
URL　http://www.craftsha.co.jp

1 広い店内は、ゆっくりと材料や道具を選ぶことができる　**2** 切革も多数ストック。好みのものが選べる　**3** 半裁のストック。もちろん注文も可能だ　**4** 店舗中央には、新製品など注目アイテムが集められている　**5** 金具類も様々なタイプ、サイズを大量にストックする　**6** 道具類も充実　**7** 漉きなどの加工サービスも受け付けている

メッシュ

レース状にカットした革を編み合わせるメッシュは、様々な使い方ができる。
また、メッシュの目の大きさや、色の組み合わせを変えることでバリエーションも増やすことができる。シンプルだが、視覚的効果の高い装飾技法だ。

2 メッシュ

レース状にカットした革を編み合わせたメッシュは、一度基本を覚えたらバリエーションが作りやすい技法だ。組み合わせるレースの太さや色、その組み合わせ方でデザインの幅が広がっていく。直接パーツをカットして編みこんでもいいし、編みこんだものをインレイしてもいいだろう。ポイントは正確に革をカットすることと、編んだ時に目が崩れないようにすることだ。シンプルな技法ではあるが、装飾としてのインパクトを大きく出すことができるのがこのメッシュだ。

表革にメッシュ加工を施したキーケース。網目を大きめに設定した上で、全く違った色の革を重ねたことで、インパクトのあるルックスを生み出している

同じ色の革を編んでメッシュにしたバングル。もちろん違う色を組み合わせた方が視覚的効果は高いのだが、同色を使うことでシックでありながら個性が主張できている

メッシュの基本

レースを編んで作られるメッシュは、色使いにもよるがインパクトのある装飾を作り出すことができる。今回は縦横10mmで正方形のメッシュを作っているが、幅を変えて細くしたり、縦横のメッシュの幅を変えたメッシュを作ることもできる。固い革や厚すぎる革だと上手く編むことができないので、1mm厚程度のクロム鞣しの革がメッシュには向いている。もちろん薄ければタンニン鞣しの革でも編むことができる。

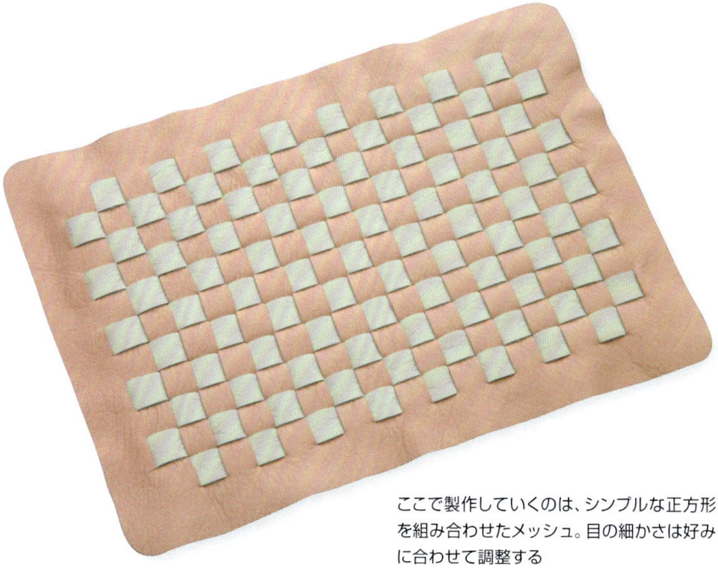

ここで製作していくのは、シンプルな正方形を組み合わせたメッシュ。目の細かさは好みに合わせて調整する

■用 意

ベースになる革、編み込まれる革、裏に貼って目を留めるスライサー（※）が基本的な材料。色の組み合わせ方も、慎重に決めたい

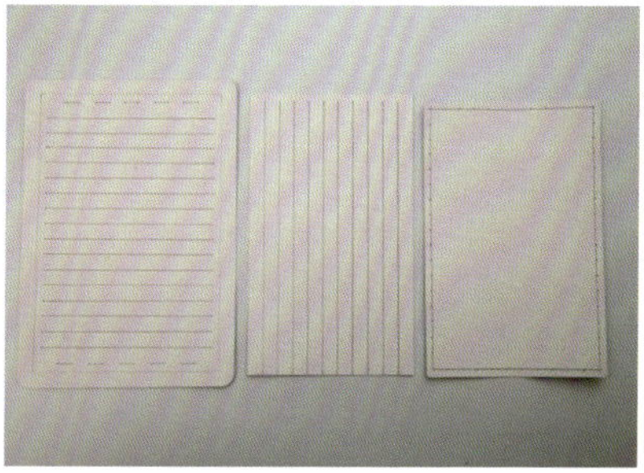

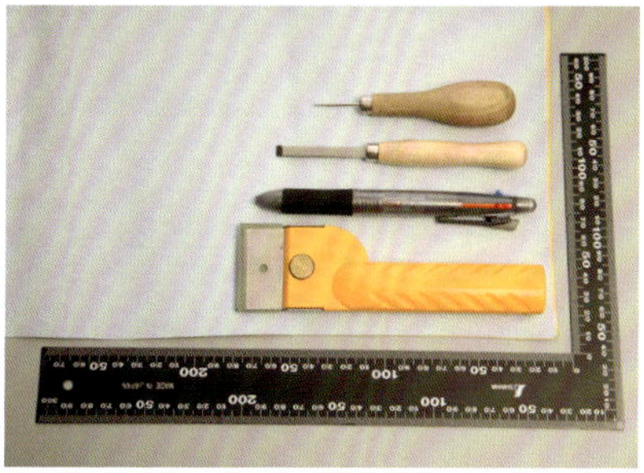

型紙と基本的な道具類。型紙は左から本体、編み込み、スライサー用。道具は丸ギリ、つきのみ、ペン、別たち、曲尺などが必要になる

※芯材の一種。のりが裏側についてお、ここではメッシュの型崩れを防ぐために使用している

■革のカット

本体に使用する革に型紙を当てて、まずアウトラインをけがく

01

本体メッシュ部分のカットラインをけがく。一番上と一番下は1本ずつ通すために破線状にカットすることになる

02

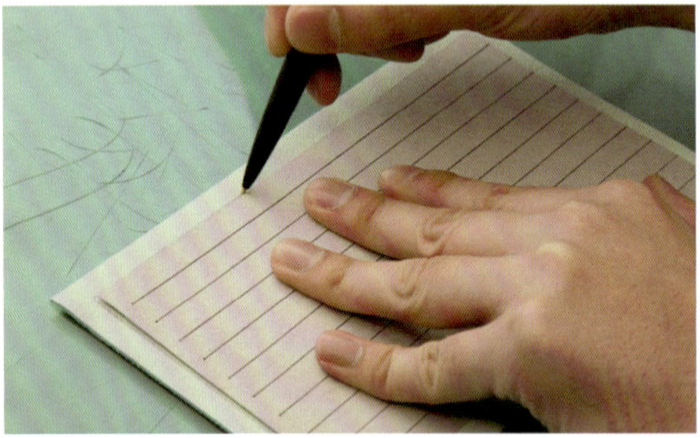

03 編み込む方の革に、型紙の型をけがいていく。こちらもまずアウトラインからけがく

04 編み込む方の革は、上の部分をつなげたままにする。切り出す位置を革にけがく

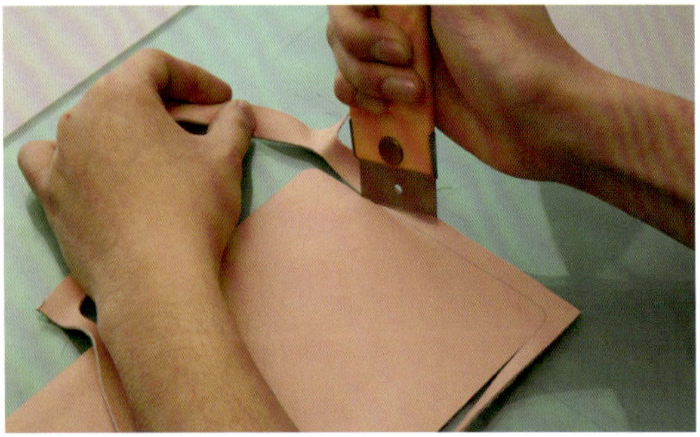

05 本体、編み込み両方の革のアウトラインをカットして、実際に使用する大きさ、形にする

06 編み込む方の革も同様に、アウトラインをカットする

アウトラインをカットしたら、必要な部分をすく。本体は縫い合わせる四辺、編み込む方は上下の部分を漉く

07

08 破線状になる最初の切れ目は、つきのみを使って空ける

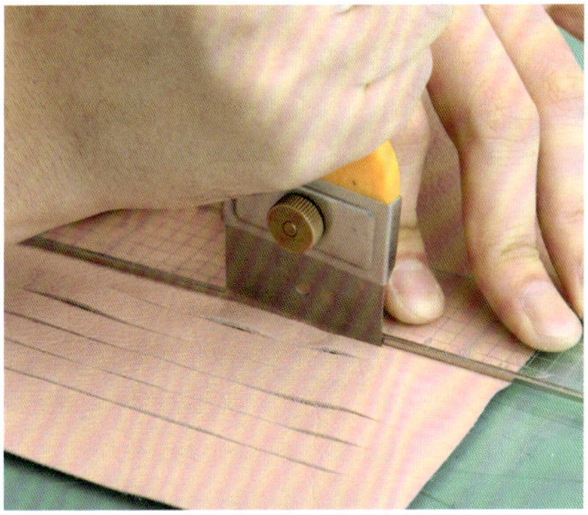

別たちで2本目から最後の1本の手前まで、1本の線でカットする

09

10 最後の部分は、進行方向側の刃を使って止め切り(※)する

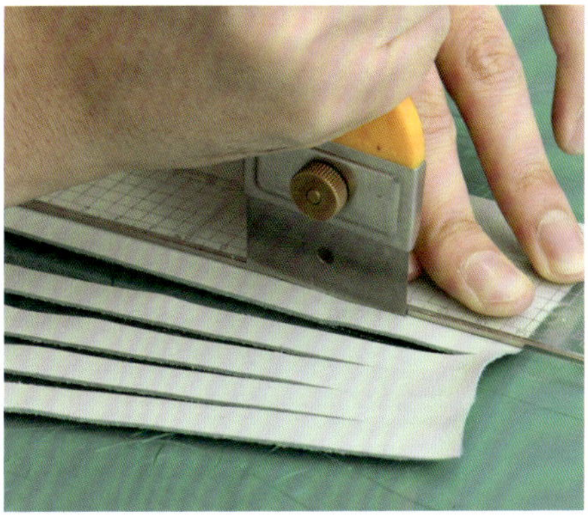

編み込む方の革は、上をつなげたまま、1本ずつレース状にカットする

11

※:カットする最後の部分に、刃を反対側(終わり側)から入れて切りすぎないようにすること

12 カットが終わった本体側の革。左右の1本ずつだけ破線状だ

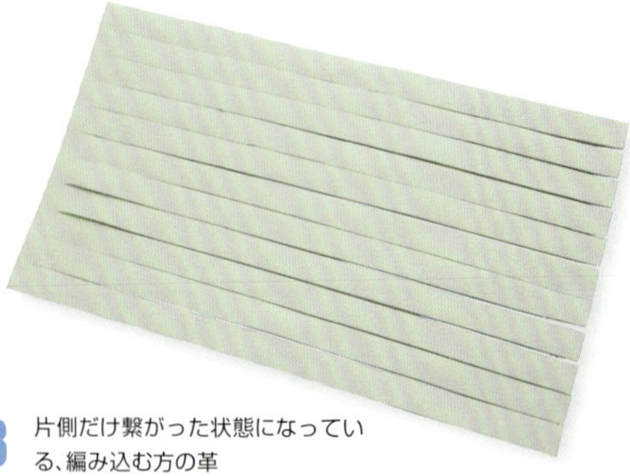

13 片側だけ繋がった状態になっている、編み込む方の革

■編み合わせてメッシュにする

01 裏側から破線状に空けた穴に、1本おきにレース状になった革の先端を通す

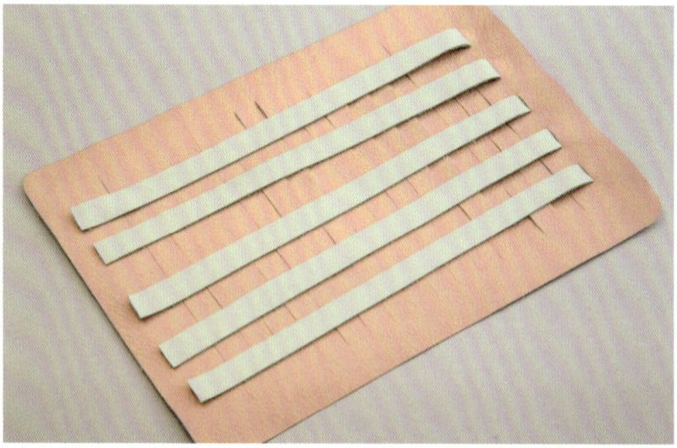

全て通すと、このような状態になる **02**

裏から見ると

02の状態を裏から見た所。交互にレースと切れ目を編んでいく **03**

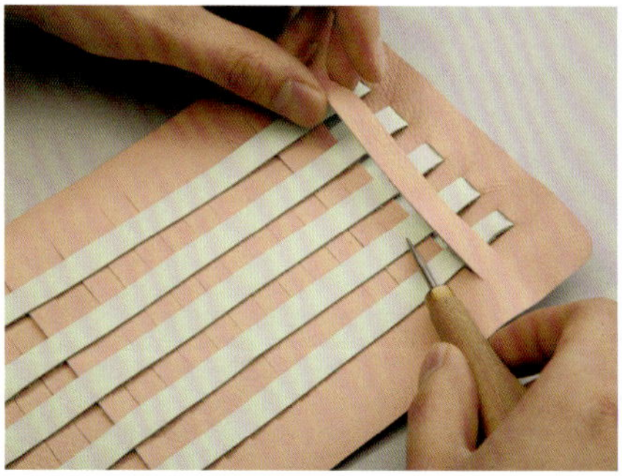

04 表に出ている方のレースを、交互に切れ目に通していく。レースギリがあると便利だ

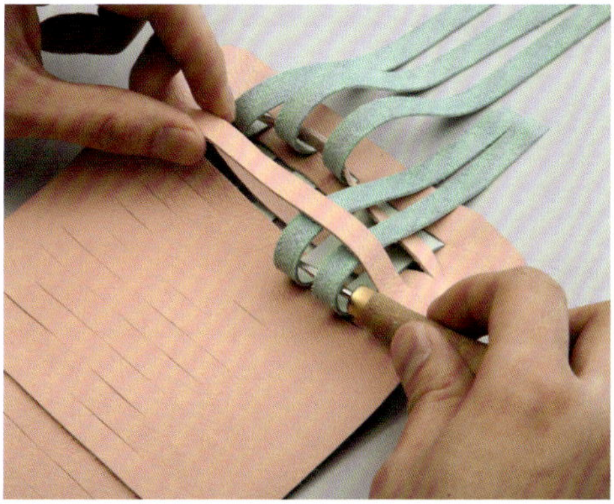

このように何本かまとめてレースをレースギリにかけて、切れ目に通す

05

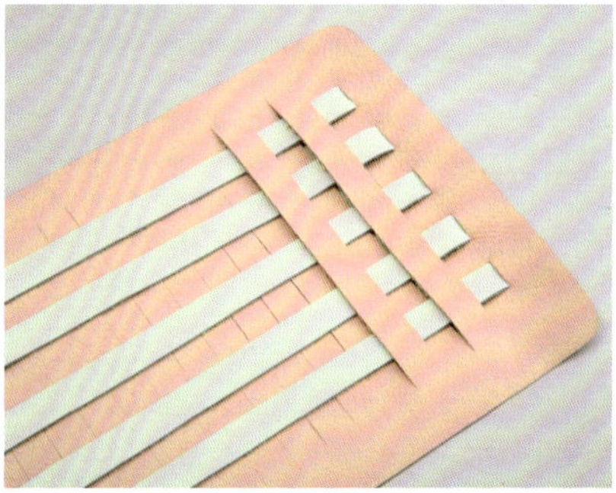

06 3番目の切れ目にレースを通した状態。このまま同様に編んでいく

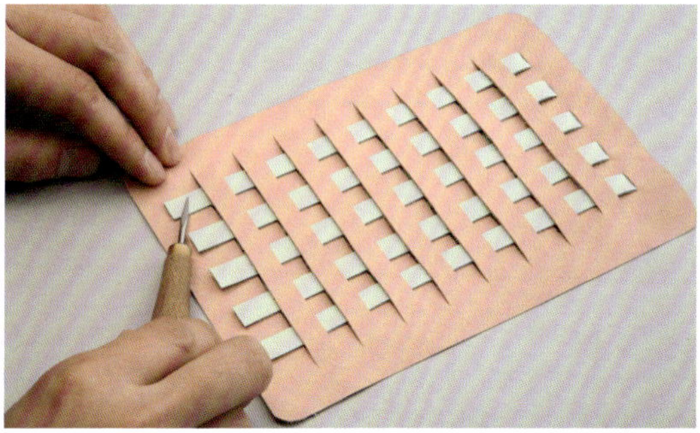

07 全て通すとこのような状態になる。最後の部分は反対側に空けた破線状の切れ目に通す

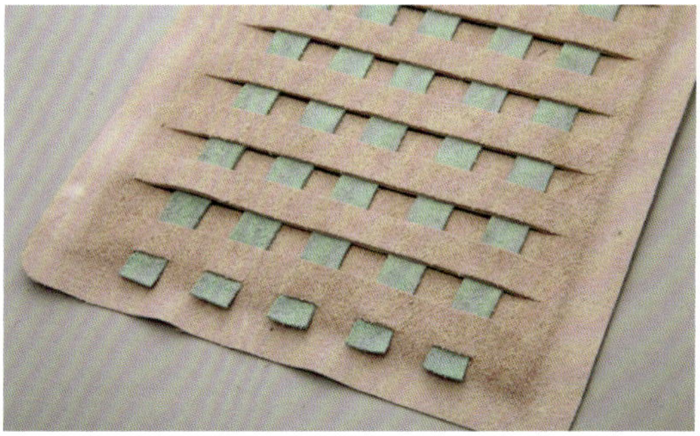

08 最後の部分を破線状の切れ目に通した所を、裏側から見た所。このレースはこの状態で留める

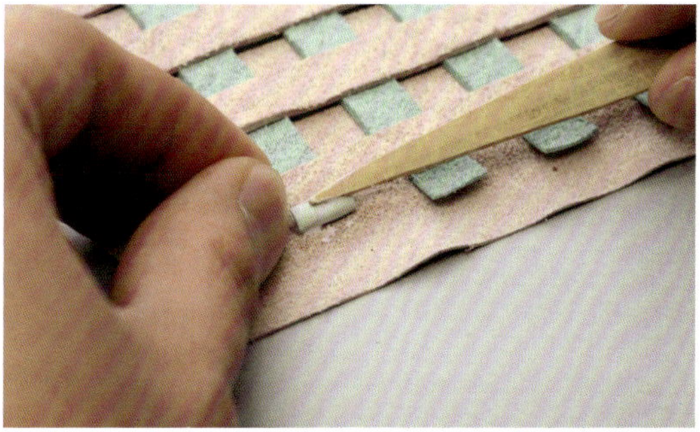

09 先端の部分にボンドを付けてレースを留める。ボンドが表側に出ないように注意する

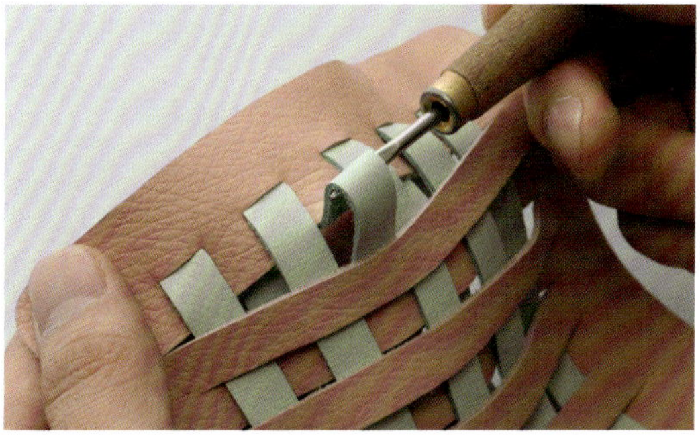

10 裏に出たままになっているレースを、レースギリを使って引き出し、最初に通した方と互い違いに切れ目に通します

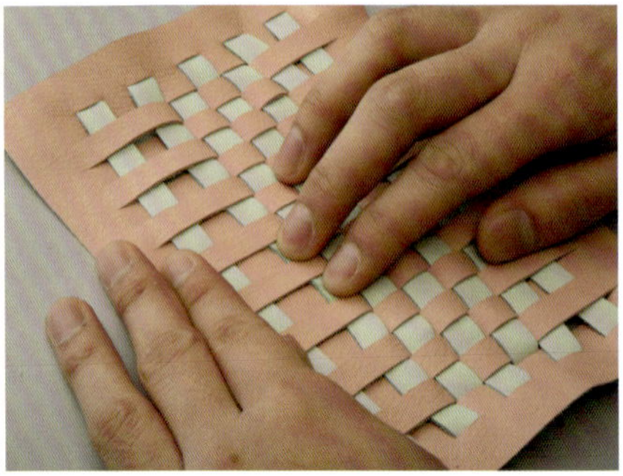

11 中央のレースから始めて、少しずつ寄せながら1本ずつレースを通していく

幅が足りなくなる

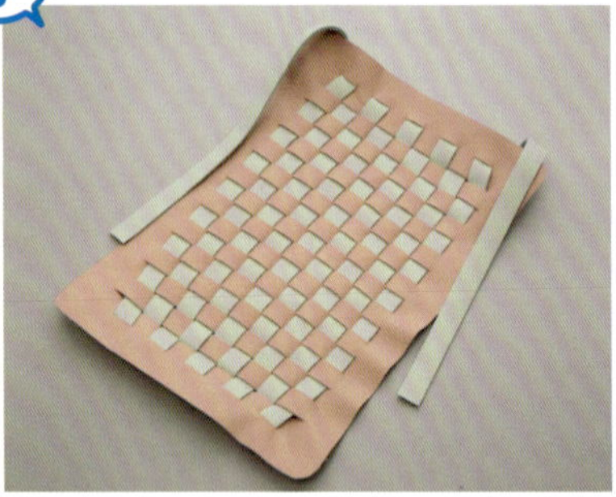

12 サイズきっちりに切っているため、普通に通していくとこのようにレースが残っているのに幅か足りなくなってしまうことがほとんどだ

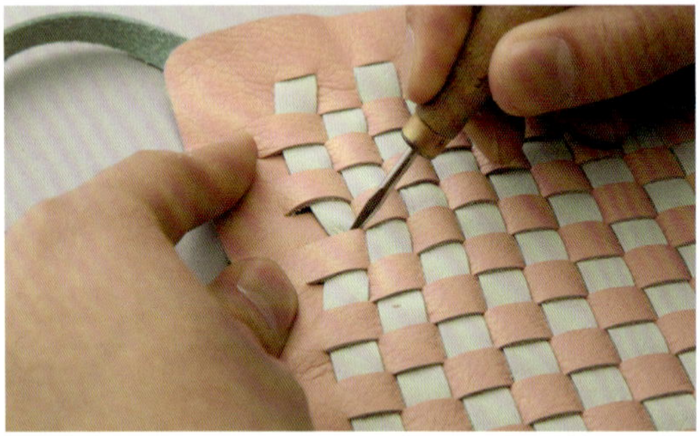

13 レースギリで少しずつ幅を詰めていく。かなりきつめで、詰めないと入らないので、ひと目ずつ丁寧に詰めていく

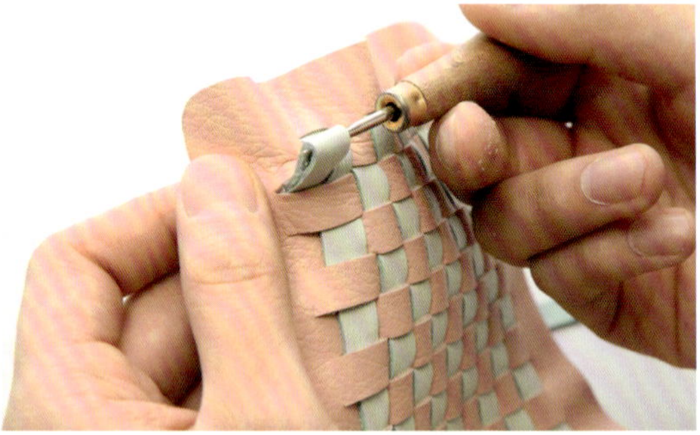

14 詰めてスペースが空いたら、そこに残りのレースを通していく。いずれにしてもきついので、革を傷付けないように注意する

15 もう片側も同様に詰めて通すのだが、さらにきつくなっている

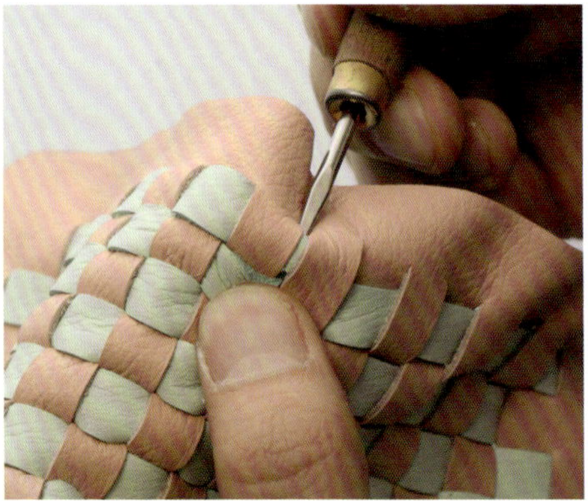

16 ひと目ずつ詰めながら、根気よく通していく。力を入れすぎると革が切れることもあるので、注意すること

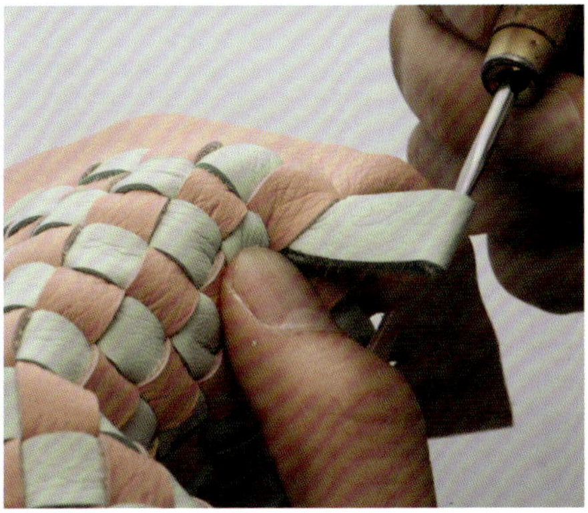

17 レースギリでレースを引く場合の、力加減にも注意する

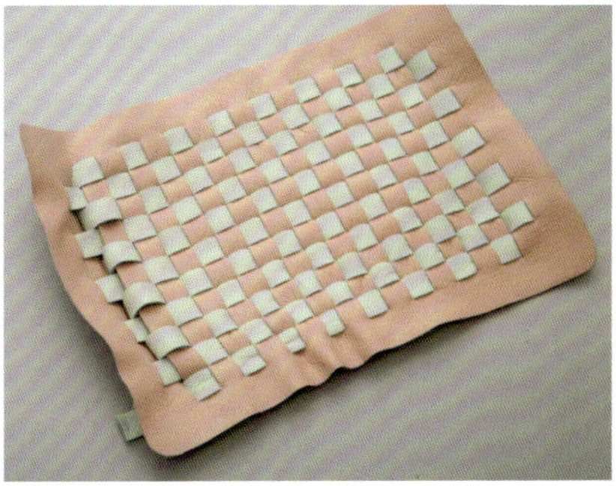

18 全てのレースが通った所。きつく詰めたため、各部にシワが寄っている

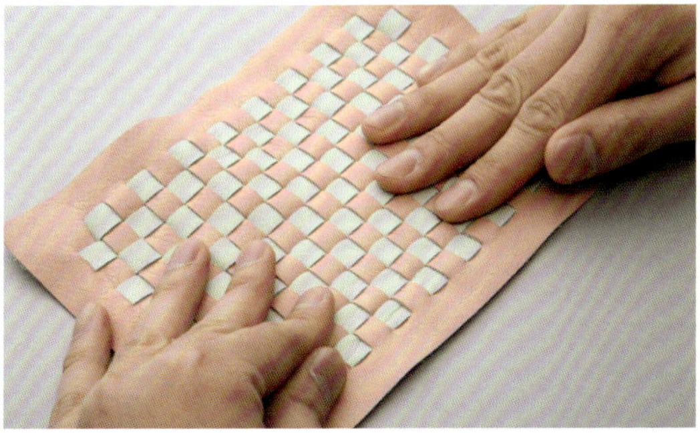

19 全体を揉むようにして、メッシュの目を整える。革を伸ばしてしまわないように注意する

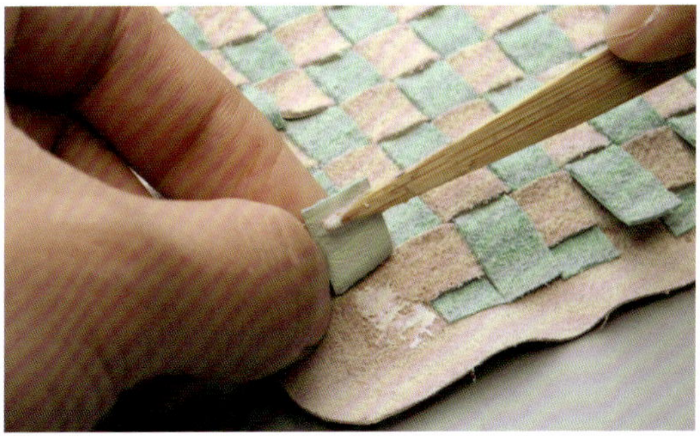

20 最後の部分を裏側に入れたら、先端の部分をボンドで留めて、レースが抜けないようにする

21 ボンドでレースの先端を留めたら、レースギリを使ってさらに目を整える

☑ メッシュの大きさ

同じ素材、同じ色の革を使用しても、メッシュの目の荒さによってその雰囲気は大きく変わってくる。このメッシュの目の荒さは好みがあるので、制作前によく検討しておきたい。また、同じ面積のメッシュを作る場合、目が細かくなればなる程手間は増える。また、レース部分と切れ目を正確に切り出さないと、きれいなメッシュに編み上がらない。

編みあがった状態のメッシュの表裏。この時点でもう一度よく見て、目の崩れているところがあったら直しておく

22

23 サイズを合わせてスライサーをカットする。このスライサーはメッシュを固定するために貼られる物だ

24 スライサーを貼った状態。スライサーが浮かないように、しっかり貼り付けること

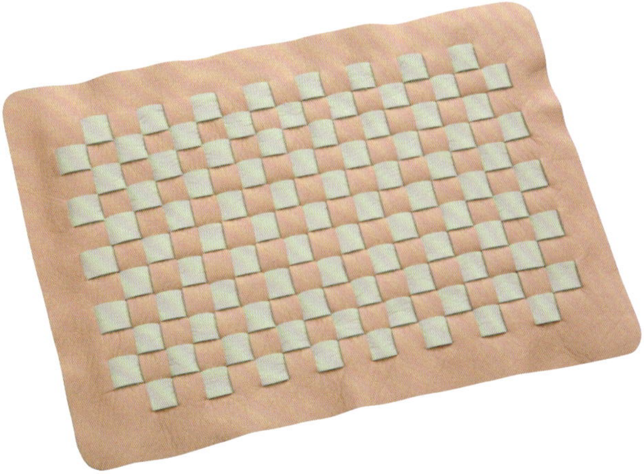

完成したメッシュ。スライサーを裏に貼ったことで、メッシュが崩れることもない

25

スタッズ

装飾の定番とも言えるスタッズ。その図案とスタッズの組み合わせ方を考えるのが最も重要で、最も難しい制作の行程と言えるだろう。シンプルなものから複雑なものまで、じっくりと考えて自分のスタイルを作り出したい。

3 スタッズ

スタッズをはじめとする飾り金具は、大別してスタッズ、コンチョ、カシメの3種に分けられ、革の表面に取り付けて装飾的な目的で使われる。そして組み合わせて使うことで、表面に多様な模様を生み出しているのだ。ここではそれらの図案を考えて取り付ける際のヒントを解説する。

図案は作品のイメージ作りに大きく影響し、取り付ける革の面積や用途によっても変わるので、実にさまざまなアレンジが可能だ。例えばブレスレットやベルトは、事前に取り付けられる幅が決まっているので、装飾金具を付けようとすると必然的に長細い図案になるだろう。バッグやウォレットは比較的面積が広く取れるので、円を描いたり、カービングの柄と組み合わせてスクロールを入れたりといった面の図案になる。取り付ける面をキャンバスとして、その形に応じて図案を決めるとよい。

ロングウォレットの表革に直線基調のデザインでスタッズとカシメを取り付けた。左右均等なデザインとすることで、統一感を感じさせる

幅広でハードなデザインのブレスレット。菱形と曲線の意匠に、エキゾチックレザーを組み合わせる

曲線基調のデザインを施したベルト。スタッズを等間隔に配置し、石付きコンチョを組み合わせる

装飾金具の種類

革に取り付ける装飾金具は大きく分けて、スタッズ、コンチョ、カシメの3種類があり、カシメ、スタッズ、コンチョの順に固定するとよい。さらにスタッズは背の低い物から取り付けた方が、作業しやすい。

スタッズ（写真左）は、2ヵ所のツメを倒して留める金具のこと。コンチョ（写真中）はネジで留める金具（一部例外あり）。カシメは専用の打ち具を使って、金属を変形させて取り付ける金具のこと

取り付ける順番

金具はそれぞれの足やツメの形で取り付ける順番があり、以下の順番に取り付けることで綺麗に仕上がる。

1. カシメ

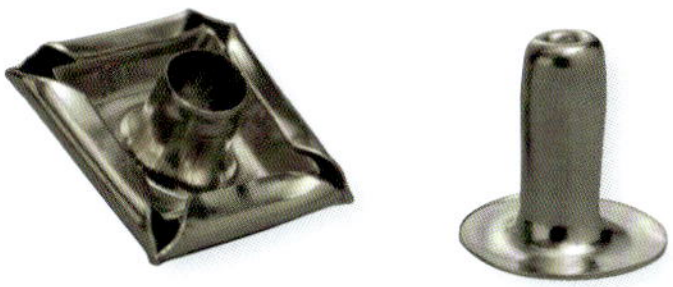

専用の打ち具と打ち台を使い、足の金属を変形させて取り付ける

2. スタッズ

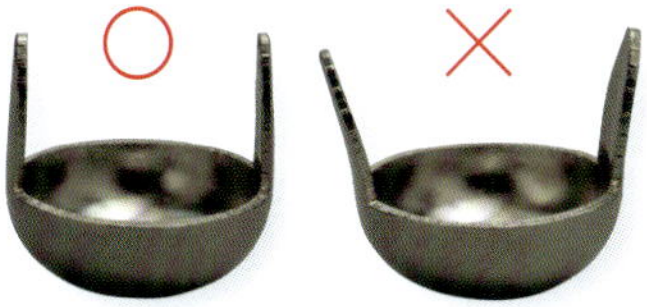

ツメを倒して固定する。ツメはまっすぐか、やや内側に向かせて差し込む

3. コンチョ

専用のネジを締めて固定する。ここでは石つきコンチョを使う

身の回りのものを活用する

図案を簡単に書き写したり、同じ模様をたくさん作る時は、発泡スチロールのトレイを使って型紙にするとよい。

01 生鮮品などが入っているトレイを利用する。よく洗っておくこと

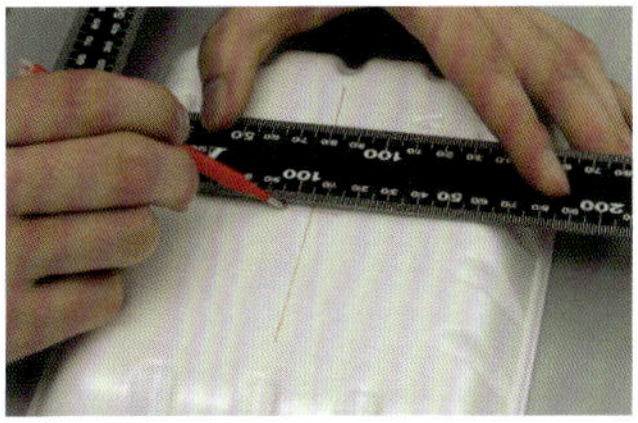

02 図案の中心を決める。ボールペンなどで、十字に線を引く

03 ここでは長細い図案とするため、横長の線と中心となる縦線を入れた

スタッズを付ける

　実際に図案を元にして、スタッズをはじめとする飾り金具を取り付ける作業を紹介する。発泡スチロールで作った型紙は、同じ模様を別の場所にも入れたい場合に簡単にできるので、制作後も大切に保管しておこう。

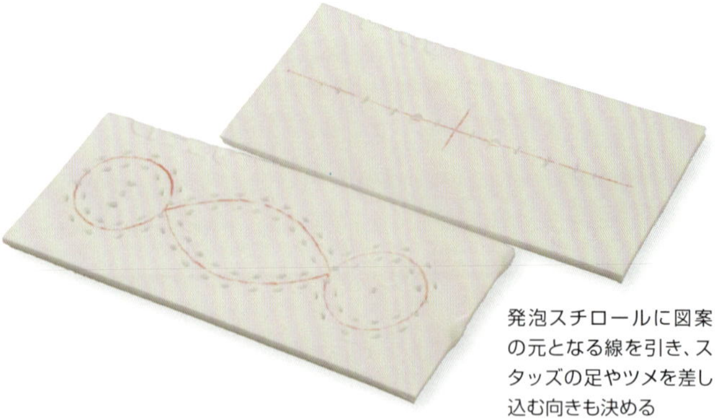

発泡スチロールに図案の元となる線を引き、スタッズの足やツメを差し込む向きも決める

直線図案

ウォレットなどに適した直線的な図案を作る。まず型紙を作っておくと、全体の雰囲気がつかみやすい。

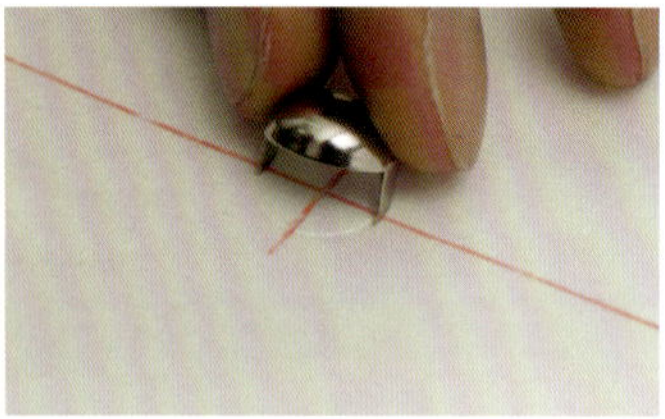

01 中心はスタッズを留める。2ヵ所のツメを線上に立てて、等間隔に差し込む

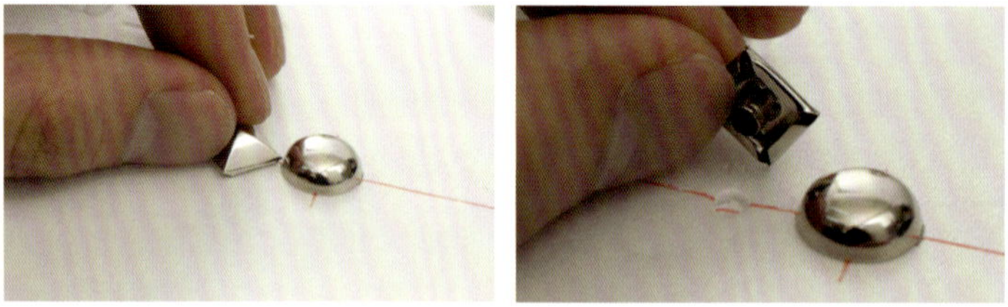

02 カシメを付ける場合は、線上に押し付けて金具の跡を付ける。ここではピラミッドを使う。カシメとスタッズがつかず離れずちょうどよく収まる位置に微調整する

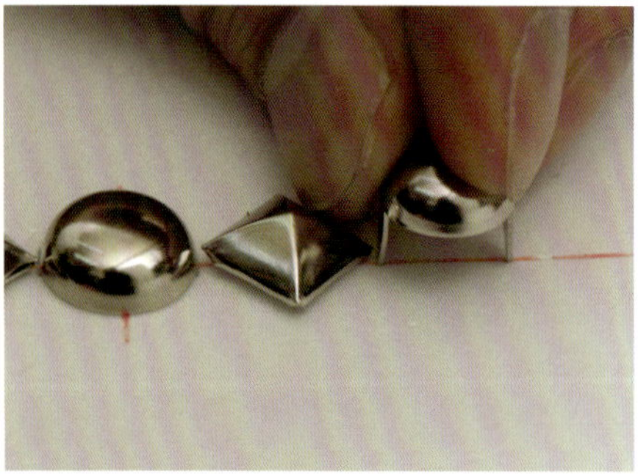

03 線上にツメを合わせて差し込む。発泡スチロールなので、簡単に穴空けでき、実際のイメージも得やすい

！ スタッズが隣り合う時は、同じ穴に2個のツメを刺す

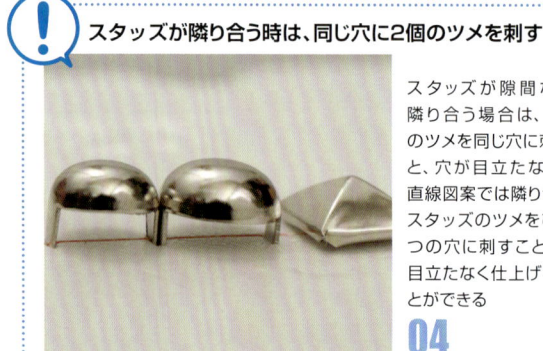

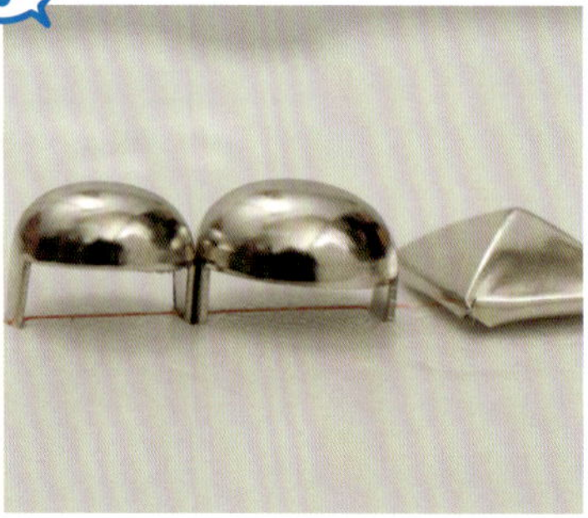

スタッズが隙間なく隣り合う場合は、2個のツメを同じ穴に刺すと、穴が目立たない。直線図案では隣り合うスタッズのツメをひとつの穴に刺すことで、目立たなく仕上げることができる

04

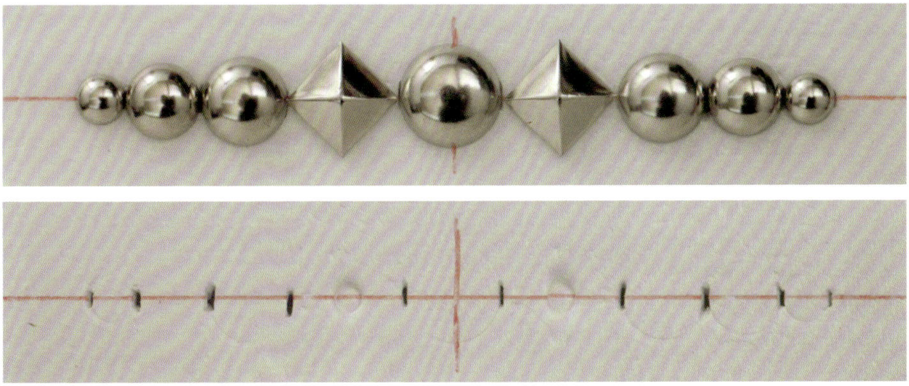

発泡スチロールの線上にスタッズやカシメを取り付け、イメージ通りに収まったら取り外す。取り付ける部分にツメの穴やカシメの丸穴の跡が付いている。これをコピーして革に転写する

05

06 革と同じサイズのチケン紙を用意し、型紙とする

07 飾り金具を取り付ける位置にコピーをとった紙を貼り、型紙を作る

08 レースギリで穴の位置を上から突き、位置を革に記す

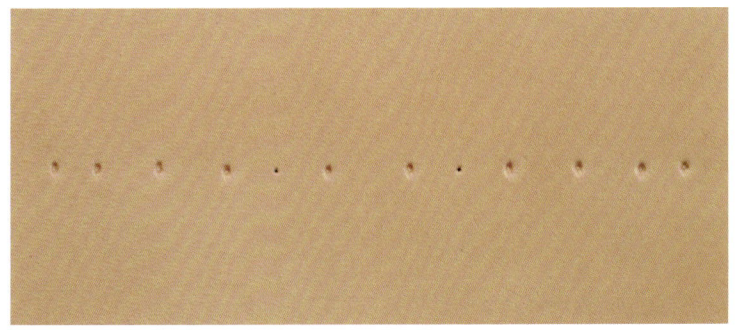

09 革に穴空け位置を転写したところ。カシメを打つ位置は丸ギリで点を打ち、目安とする。革は薄すぎると歪み、厚いと固定できないので、2.0mm～4.5mm厚までがおすすめだ

10 丸ギリで付けた位置にハトメ抜きを当てて、穴を空ける

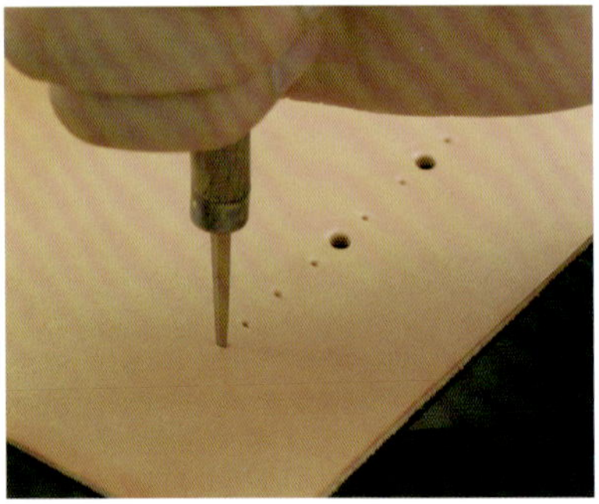

11 菱ギリで突いてスタッズの足を差し込む穴を空ける

ツメの幅だけ、菱ギリを奥まで差し込んで穴を広げる

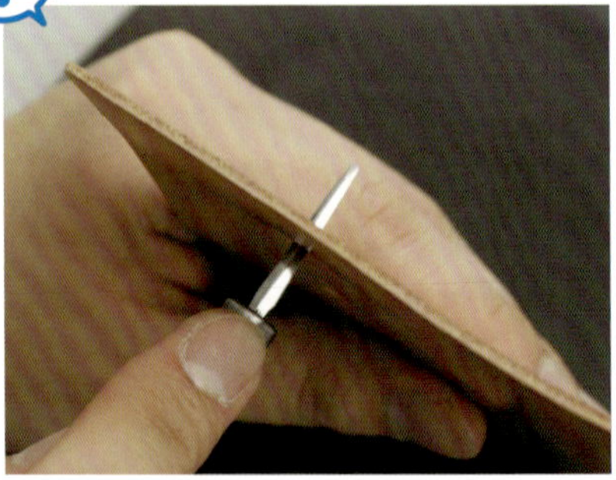

ゴム板の上においた状態での穴空けでは、スタッズのツメが入るほどのサイズにならないので、革を手に持ち、菱ギリを奥まで差し込んで広げておく

12

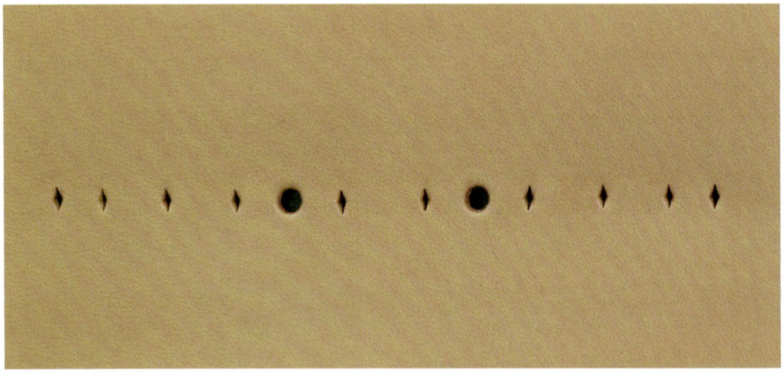

13 カシメとスタッズを取り付ける位置に穴を空けた状態。事前に正確な型紙を制作しておくことで、革を傷付けることなく取り付け位置を決めることができる

カシメは専用のものを使う

飾りカシメは形状により、適合する専用の打ち具が必要となる

14 オールマイティプレートに革を乗せ、カシメをセットして打つ

15 スタッズを穴に差し込む。トコ面から2個のツメが出ている。スタッズが浮いたりしないように、ツメは奥までしっかりと差し込むこと

スタッズが浮かないよう注意

写真左は差し込みが不充分な状態。写真右のようにギン面とぴったり一致し、隙間のない状態まで差し込むこと

ツメは引っ掛けたりしないように内折りする

16 スタッズのツメを差し込んだら、金槌などで押し曲げる。衣服などに引っ掛けないよう、90°より奥まで曲げる

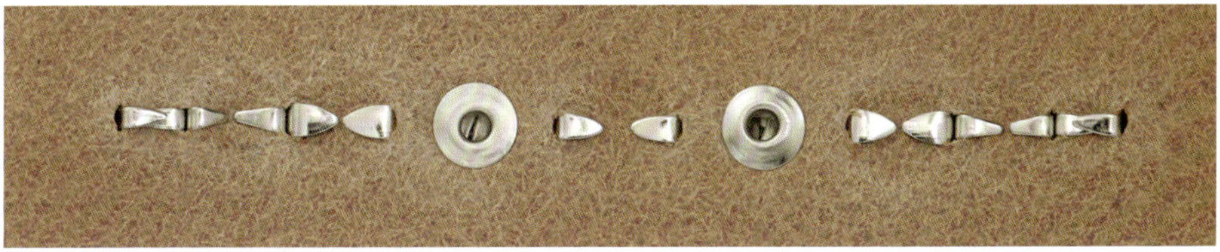

カシメとスタッズをすべて固定した状態。スタッズのツメは、曲げが不充分だと引っ掛けて怪我をしたり、衣服に引っかかってしまう。表面を触って引っかからない角度まで曲げること。一部小さいスタッズのツメは重なり合って曲がるため、ツメを重ねてしっかり曲げる

17

曲線図案

カーブをきれいに見せるため、ツメの向きを一定に整えたり、スタッズが等間隔に収まるように微調整して作成する。

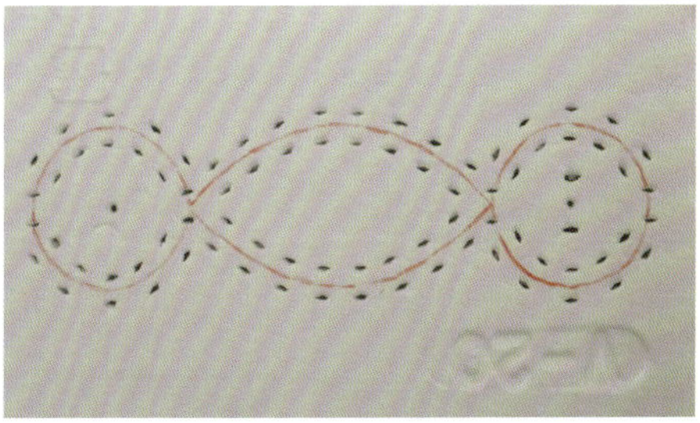

ベルトに適した長細い図案を作成する。発泡スチロールに図案のガイドラインを描き、スタッズが等間隔に収まるように微調整しながら刺す。コンチョは円の中心につける

01

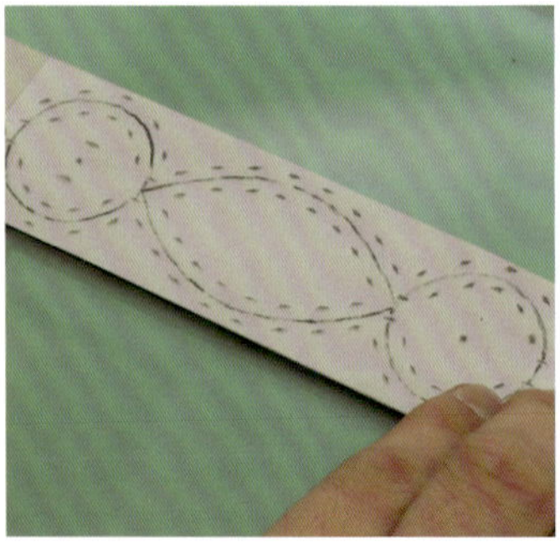

02 取り付け位置を決めたらコピーを取り、チケン紙に貼り、型紙として革に当てる

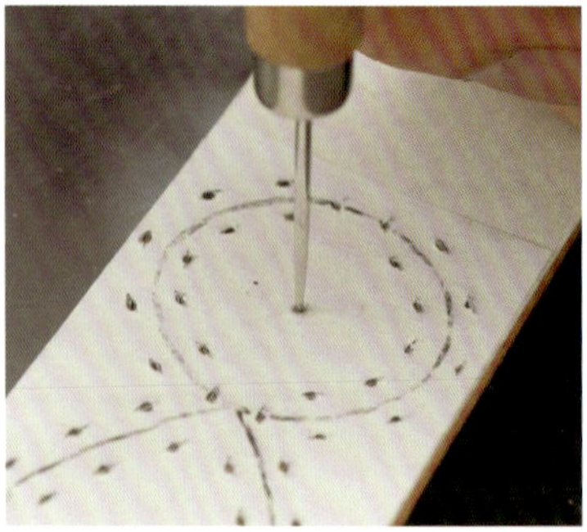

03 スタッズのツメを差し込む位置をレースギリで革に転記する。コピーを2枚以上取っておけば、一気に複数箇所に転記できる。コンチョを取り付ける位置は、丸ギリで印を付ける

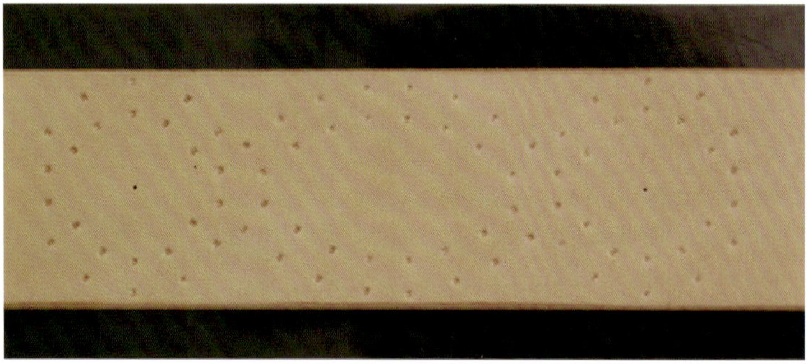

04 型紙を作ることで、革を傷つけず正確な取り付け位置が示せる。左右の円と中央のゆるいカーブが接する部分は、スタッズのツメの向きを90°変え、倒しやすくしている

05 コンチョを取り付ける位置に、ハトメ抜きで穴を空ける

06 菱ギリでスタッズのツメを差し込む位置に穴を空ける。穴は菱ギリで突くだけでは小さいので、革を空中に持ち奥まで差し込んで3mm程度の穴になるようにすると、差し込みやすい

07 取り付け位置を転記した位置に、穴空けをした状態。ベルトなどは複数箇所にスタッズやコンチョなどを取り付けることが多いので、まとめて転記～穴空けを行なうとよい

スタッズをすべて差し込む

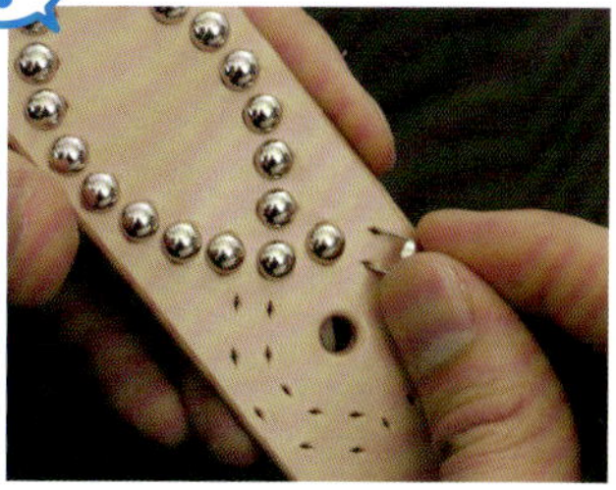

08 スタッズの間に隙間がある場合は、まとめて刺してしまって構わない

09 金槌でひとつずつツメを倒す。引っ掛かりのないよう、平らに曲げること

10 すべてのスタッズを取り付けた状態。写真の円形やゆるいカーブの場合には、ガイドラインをまたぐようにスタッズのツメを刺す

11 すべてのスタッズを固定したら、最後にコンチョを取り付ける。革が歪まない程度にネジをしっかり締める

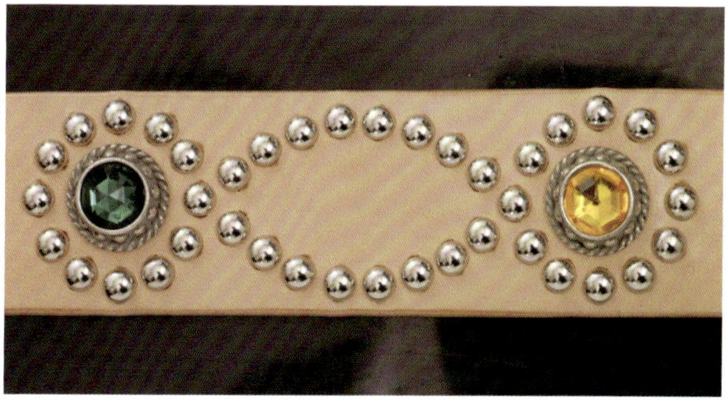

12 スタッズの間隔を微調整し、バランスを取って位置を決める場合は、事前に型紙の用意があると、きれいに取り付けられ、同じ図案も簡単に作れる

金具の取り付け穴の大きさ

金具の取付には、適したサイズの取り付け穴を空ける必要がある。ここでは主な金具の取り付け穴を空けるために必要な、ハトメ抜きのサイズを表として記しておく。ただし、ここで示しているサイズはあくまでも推奨なので、革の厚みなどによって変わってくることもあることを覚えておいて欲しい。ハトメ抜きはなるべく多くのサイズを揃えておきたいが、使用する金具に合わせて増やしていくのが経済的な負担も少なく、現実的な揃え方だろう。

金具と打ち具の適合表（2011 年 2 月・クラフト社）

品　番	品　名(金具)	推奨ハトメ抜き	品　番	品　名(打ち具)
1001	片面カシメ 極小(4mm)	6 号	8270	特製カシメ打(極小)
1002	片面カシメ 小(6mm)	8 号	8271	カシメ打(小)
1004	片面カシメ 中(9mm)	10 号	8272	カシメ打(中)
1005	両面カシメ 小(6mm 足長)	8 号	8271	カシメ打(小)
1007	両面カシメ 小(6mm 並足)	8 号	8271	カシメ打(小)
1006	両面カシメ 中(9mm 足長)	10 号	8272	カシメ打(中)
1010	両面カシメ 大(12mm 足長)	12 号	8273	カシメ打(大)
1014	飾りカシメ中(9mm)	10 号	8275	飾りカシメ打(中)
1016	角カシメ中(9mm)	10 号	8279	角カシメ打(中)
1018	片ビス(9mm)	12 号	―	―
1041	ホック 小(10mm)	8 号&15 号	8281	ホック打(中)
1042	ホック 中(12mm)	8 号&15 号	8281	ホック打(中)
1045(46)	ホック 大(13mm)	10 号&18 号	8282	ホック打(大)
1064	ジャンパードット 中(13mm)	10 号	8285	ジャンパードット打(中)
1066	ジャンパードット 大(15mm)	12 号	8286	ジャンパードット打(大)
1161	ハトメリング 極小 300	15 号	8331	ハトメリング打 300
1165	ハトメリング 中 20	25 号	8288	ハトメリング打 20
1167	ハトメリング 大 23	30 号	8289	ハトメリング打 23
1169	ハトメリング 特大 25	30 号	8290	ハトメリング打 25

パンチング

様々な形状が用意されているシェイプパンチを使って、図案を作り上げていく。図案はもちろん、裏側に当たる素材やその色によっても雰囲気が大きく変わるのもこの技法の魅力だ。個性を主張する図案と、組み合わせを考えたい。

4 パンチング

パンチングとは、シェイプパンチという色々な形をした穴空け用の打ち具を使い、革に透かし模様のデザインとしての穴を空ける技法である。数種類のシェイプパンチがあれば複雑なデザインを表現することができるので、図案の完成方法を見ていこう。様々なデザインをシェイプパンチで作ることはできるが、まずは基本となる直線的なものと放射状なデザインの作り方から練習するとよいだろう。パンチングは特徴的で繊細なアイテム制作のための技法として使用され、写真のようにウォレットやカードケースなどのアイテムにアクセントとして施すと面白い。パンチングはどのような図案をどこに作るかを決め、またその図案を正確に作ることが重要となるため、そのための技術を身に付けよう。直線的なものと放射状の図案の作り方をそれぞれ解説していく。

パンチングで抜いた部分から色をのぞかせると、作った図案が鮮明になり、アイテムのイメージも変わる

全体に放射状のパンチングを施し、ゴージャスな印象のアイテム

折りたたみ方向に直線状の図案をパンチングしている。直線の作り方の一例的な作品

パンチングの使用法

パンチングは革に穴を空ける技法であり、穴の模様によって打ち具（シェイプパンチ）が異なる。ここでは、数種類のシェイプパンチを使い分けて作る、直線的な図案2種類と、放射状の図案2種類の打ち分け方を解説する。

■直線1（連続模様）

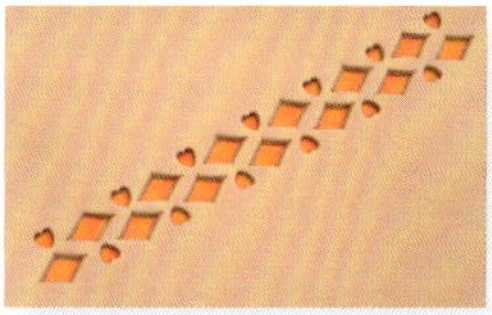

■直線2（反復模様）

■放射1

■放射2

直線状の図案1（連続模様）

まずはパンチングを横に伸ばす図案に対する打ち方を解説する。

☑使用するパンチ

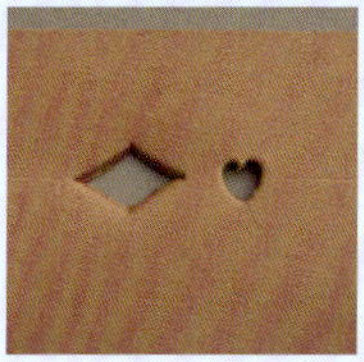

「ダイヤ」と「ハート」の2種類を使用する

01 まずは革に基本となる直線をケガく

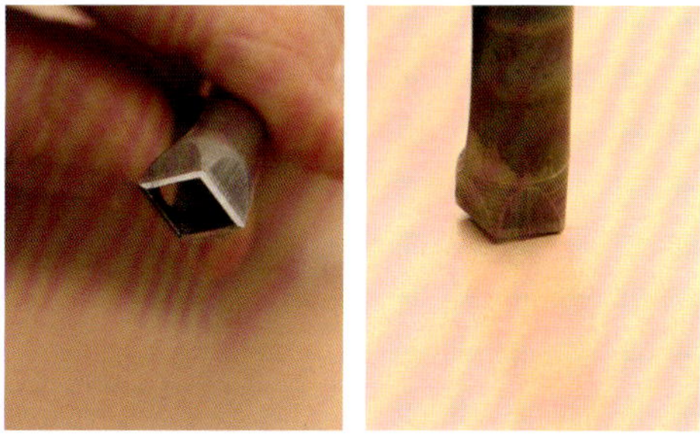

02 線に合わせてシェイプパンチを合わせて、あたりを付ける。ダイヤの場合は角と角を合わせるとよい

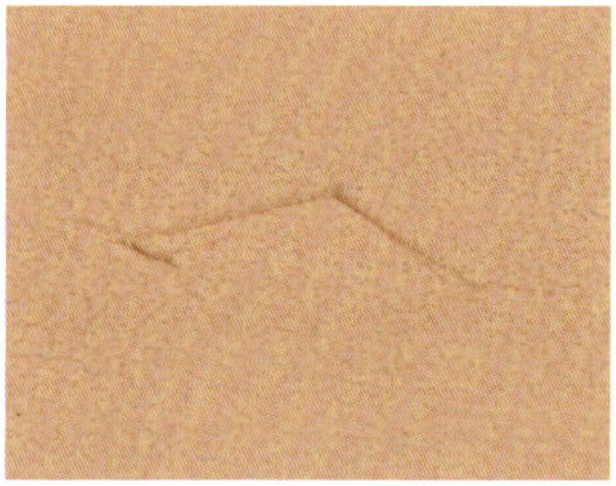

03 線の上にダイヤのあたりが付いた状態。見える程度の強さで付ける

04 あたりに合わせて、シェイプパンチを真上から打つ

05 真上から打つことで、このようにまっすぐに穴を空けることができる

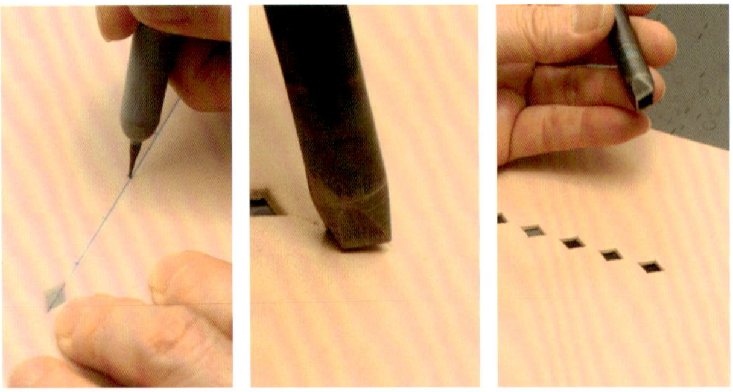

06 ひとつ穴を空けたらそれを基点として、トレーシングペーパーなどを使い均等な位置に印を付ける。そしてそこに合わせて穴を空ける

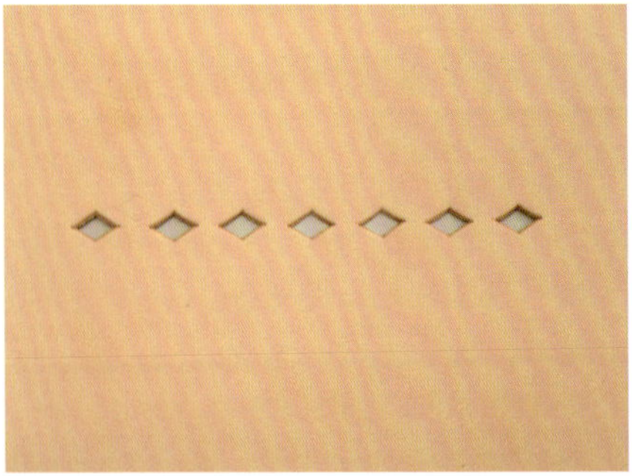

07 ダイヤの穴が直線に空いた状態。この直線を基本として、模様を作る,

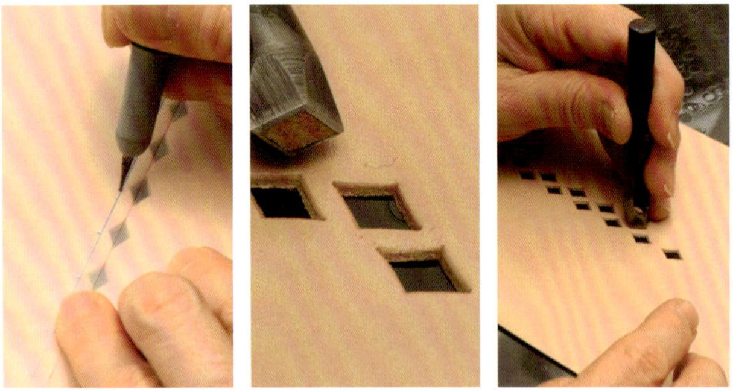

08 ダイヤが均等な格子状に並ぶようにトレーシングペーパーで印を付け、穴を空ける。常に均等を取ることが直線の図案を作るポイントだ

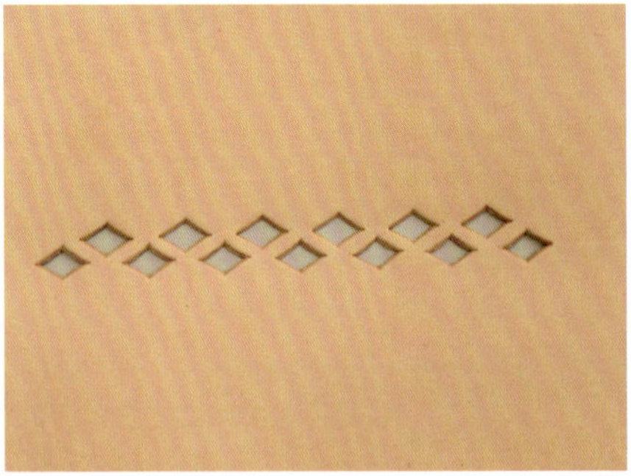

09 このようにダイヤで2列を作ったら、次はハートのシェイプパンチで仕上げる

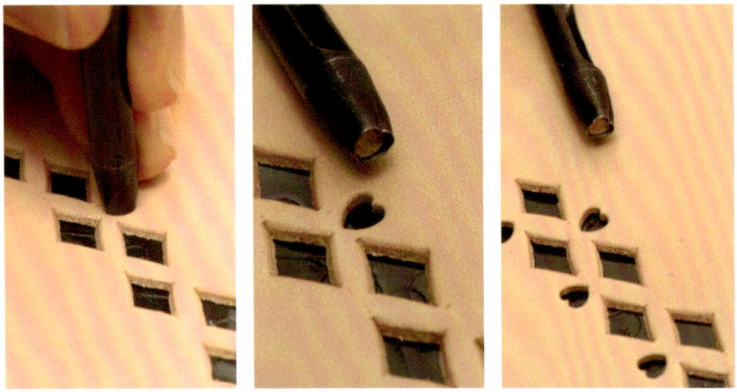

10 ダイヤの間にハートを打つコツは、先に打ったダイヤの先端にハートの下を合わせること、水平のダイヤに対して垂直に打つことだ

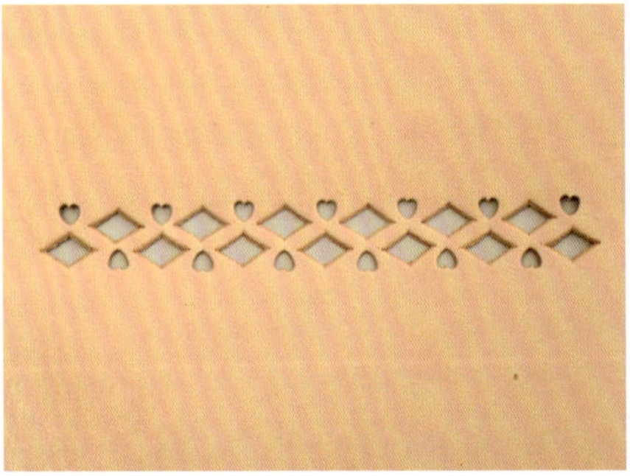

11 これで直線状の図案が完成だ。この図案制作の考え方が直線の図案を作るときの基本となる

直線状の図案2（反復パターン）

ここでは4種類のシェイプパンチを使って、複雑な直線図案の作り方を説明する。

使用するパンチ

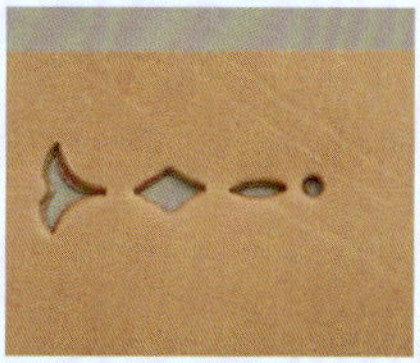

「カモメ」「ダイヤ」「ねこ目」とハトメ抜きを使用

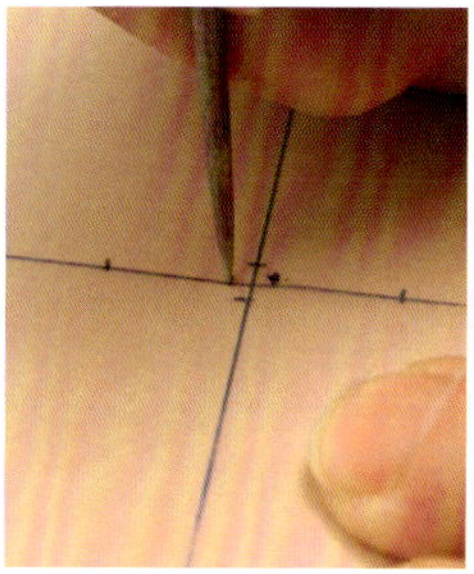

01 十字を作るために、トレース紙から点を取る

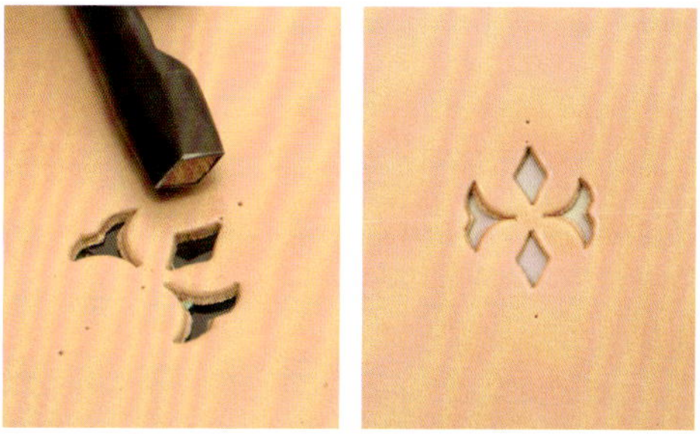

02 写した均等な点に合わせて、カモメとダイヤを打ち、十字を作る

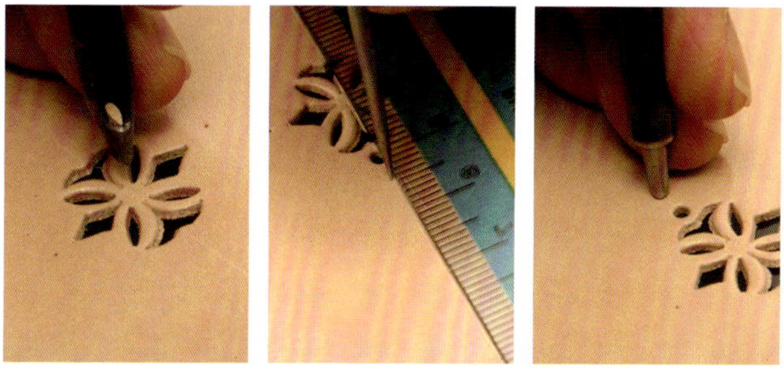

03 カモメとダイヤの中心にねこ目を打ち、カモメの端から均等な幅でハトメ抜きを打ち、丸穴を空ける

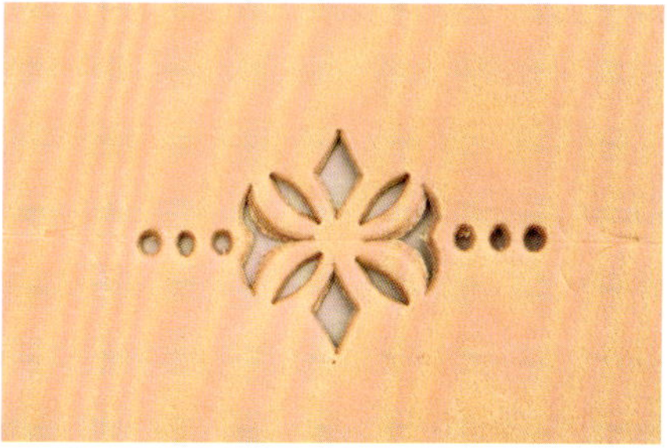

04 これが図案モチーフの基本になる。この模様を直線に作る

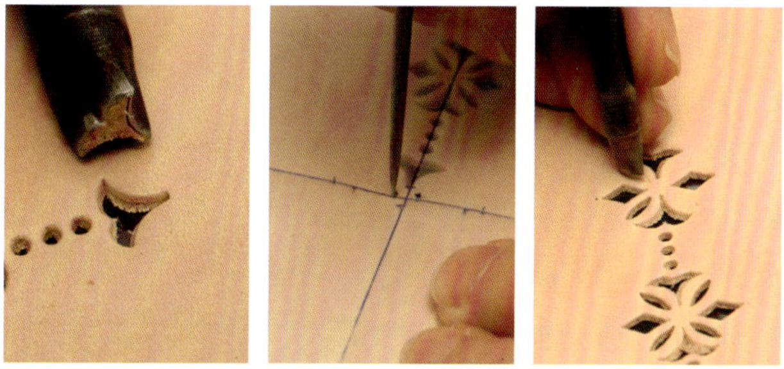

05 ハトメ抜きで空けた穴から均等な位置にカモメを打ち、トレース紙で十字を取る。あとは**02**からと同様の手順で、直線を意識しながら打ち進める

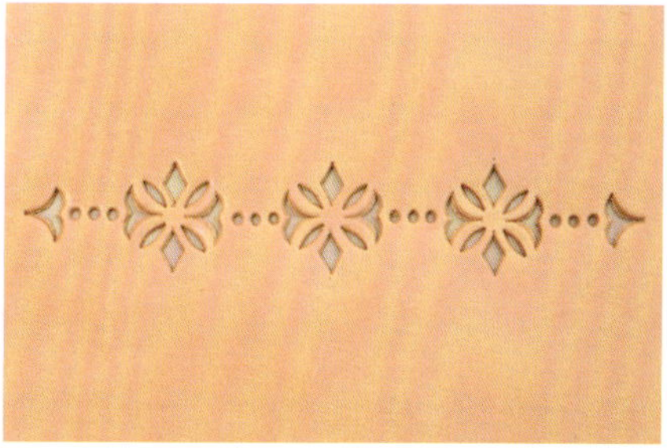

06 このように同じモチーフの連続を、直線で作ることができる

放射状の図案1

放射状に広がる図案をシェイプパンチで作る基本的な方法を説明する。

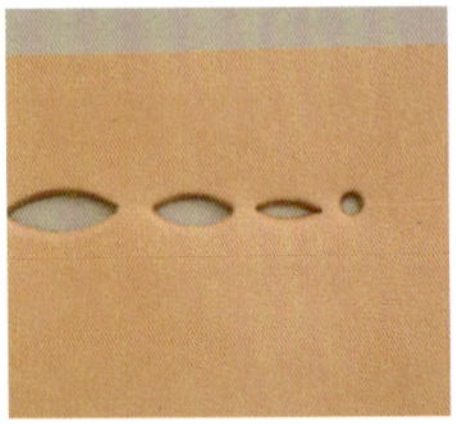

01 「ねこ目」大・中・小3種類と、ハトメ抜きを使用

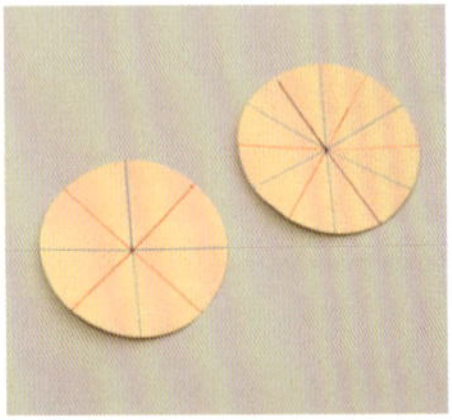

02 円形に切り出した紙に放射線状の線を書く

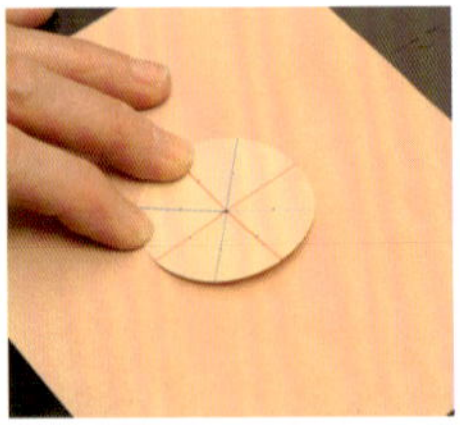

03 図案を作りたい位置に紙を合わせる

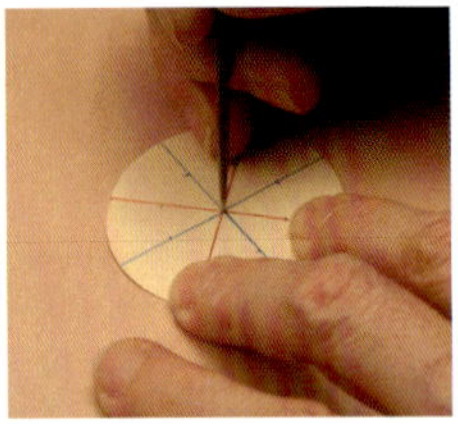

04 キリなどで中心に印を付ける

05 紙に描いた線をキリなどで空け、革に印を付ける

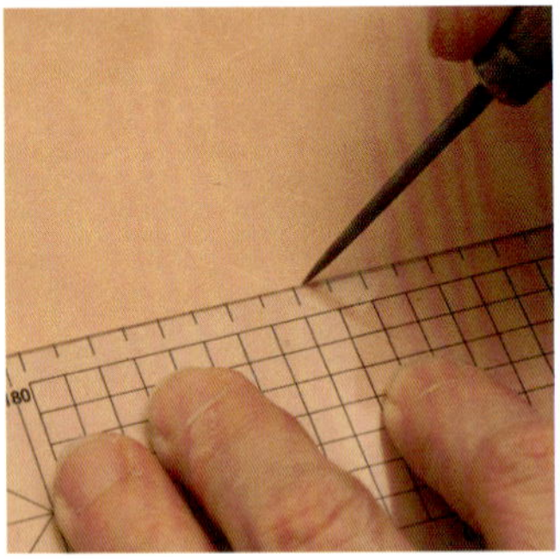

06 **05**の点を繋ぎ、革に線をケガく。これが放射状の図案を作るコツだ

07 **06**でケガいた線上に、中心から均等な位置に印を付ける

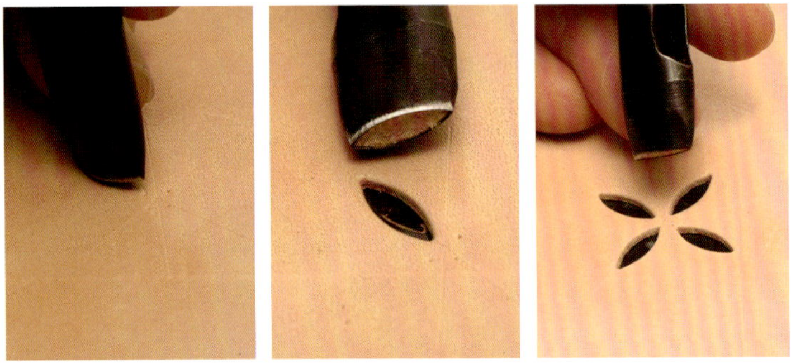

08 **07**の印に合わせてねこ目(大)のシェイプパンチで穴を空ける。線状にパンチングの端と端を合わせてあたりを付けることがポイントだ

09 ねこ目で4つの穴を空けた状態。これが放射状の図案の作り方の基本だ

10 ねこ目（中）のシェイプパンチを打つ。これも06で引いた線上に、07で付けた印を起点として打てばよい

11 このように、中心とケガキ線を意識しながら模様を広げていく

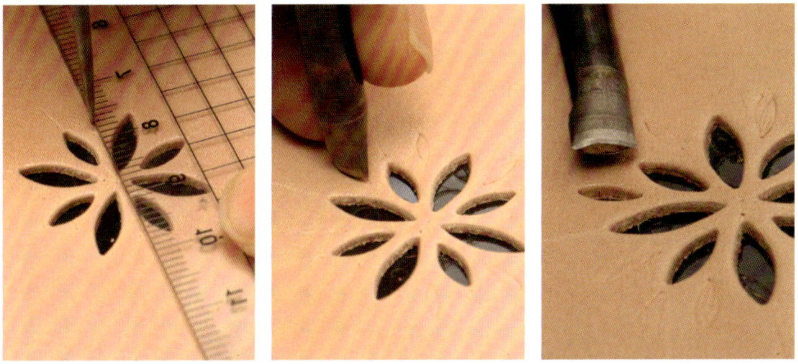

12 さらにねこ目（小）を空ける。線をケガいていない場合は、写真左のように定規などで中心からの位置を測り、印を付けてからシェイプパンチで穴を空ける

13 ねこ目だけでも、このような広がりのある模様を作ることができる

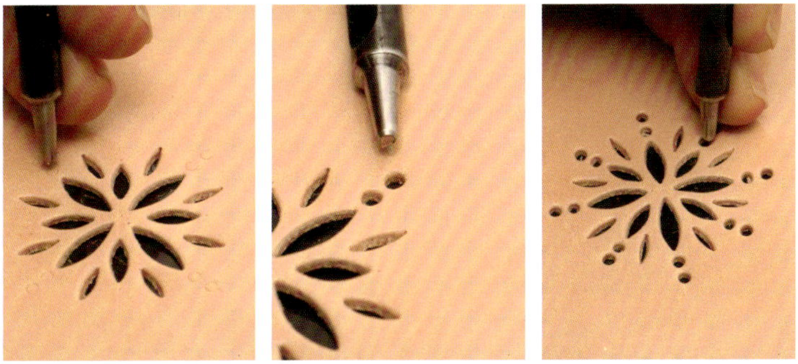

14 ハトメ抜きで模様を広げる時も同様に、線に合わせてあたりをつけて、均等に打ち穴を広げていけばよい

15 大小3種類のねこ目とハトメ抜きで、放射状の模様ができあがる

放射状の図案2

ここではシェイプパンチの種類を増やして、より複雑な模様を作るポイントを説明する。

使用するパンチ

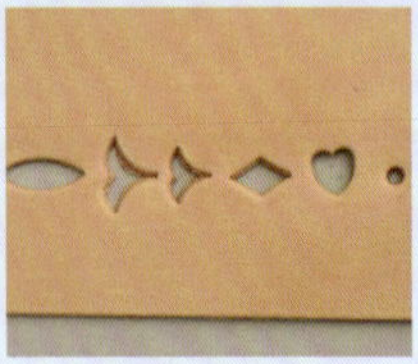

「ねこ目」「カモメ」「ダイヤ」「ハート」とハトメ抜き

01 p.52と同様に放射状にねこ目の穴を空けたら、シェイプパンチの上下をケガキ線に合わせて、カモメを空ける

02 模様が複雑になっても基本は同じだ

03 ねこ目の端からの距離をそれぞれ均等に取り、ダイヤを空ける。また、写真右のように、穴の間にパンチングするときは正確な位置にあたりを付けることが大切だ

04 位置を測ることと、目で見て微調節することが重用となる

05 ハートやカモメの先端や、中央の谷の部分、ダイヤの先端など、シェイプパンチの中心が分かりやすいものを起点として考えるとズレが少なくなる

06 このような複雑な放射状の図案も制作可能だ

スタンピング

刻印の組み合わせで図案を作り出すスタンピングは、技法としてはかなりシンプルなものだ。しかし、刻印は様々な種類があるため、その組み合わせで個性的な図案を生み出すことができるはずだ。

5 スタンピング

刻印を使い、革に模様を付けることをスタンピングと言う。刻印はさまざまな種類があるので、どのような図案を制作するかを考えるのも楽しい。写真下の作例ように、スタンピングに染色を加えて、小物作りの素材としても美しい。また、ブレスレットなど装飾品に好きなデザインでスタンピングを施すこともできる。まずはどのような道具を使い、どのように図案を制作するのかを見ていこう。

基本的に、刻印の打ち方というのはそれほど難しいものではない。しかし、思った通りの図案を作るのは簡単ではない。まずは解説を見ながらポイントを押さえ、少数の刻印で易しいデザインを作る練習するのがよいだろう。ただし、ここで制作する図案は、あくまでも説明用なので、手持ちの刻印を使い自分なりのオリジナルな図案を完成させられることを目標にしよう。

直線的な図案を活かし、横長なアイテムに落とし込んだ作例。描いた図案で何を作るかを考えるのも楽しみたい

放射状の図案を面積の広いスペースに施した好例。デザインが作品の印象を決めている

染色を加えることでシンプルな図案が活きている。図案を正確に作ることがポイントだ

刻印で美しい図案を制作する

数種類の刻印を使い、いろいろな図案を制作する方法を説明する。基本的な形として、直線的な図案と放射状の図案を制作する中で基本的な刻印の使用方法を学んでいこう。

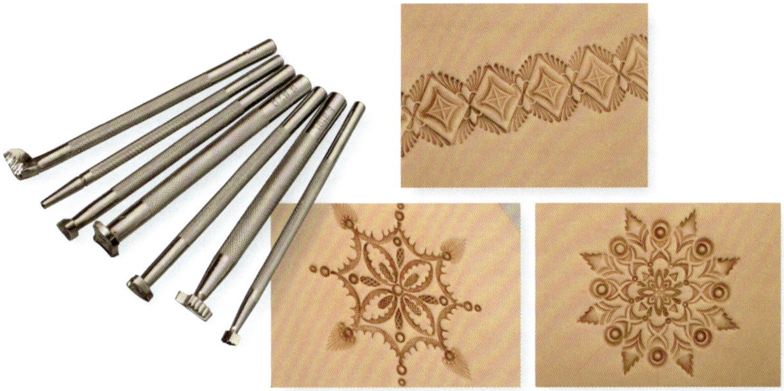

直線的な図案

ここでは直線にスタンピングを打つことで、横に長い図案を作る方法を解説する。

使用する刻印

直線的な図案の制作例として、「G870」「E319L」「E319R」3種類の刻印を使用する

まずはスポンジを使い、革全体に水分を含ませる。水分が入っていないと刻印の柄をしっかりと打ち込むことができない

01

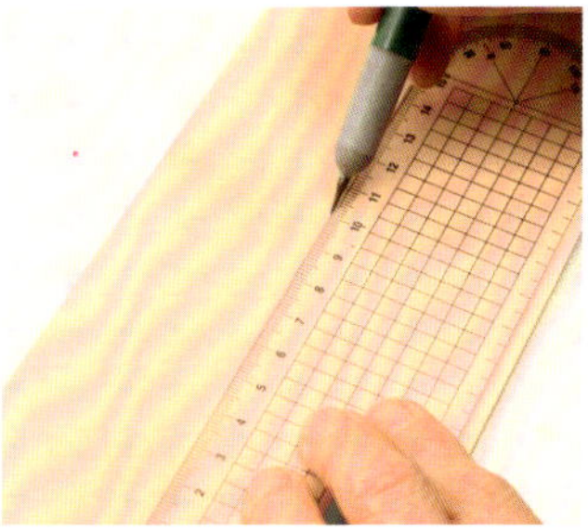

02 定規で直線を取り、鉄筆などで軽くケガキ線を引く

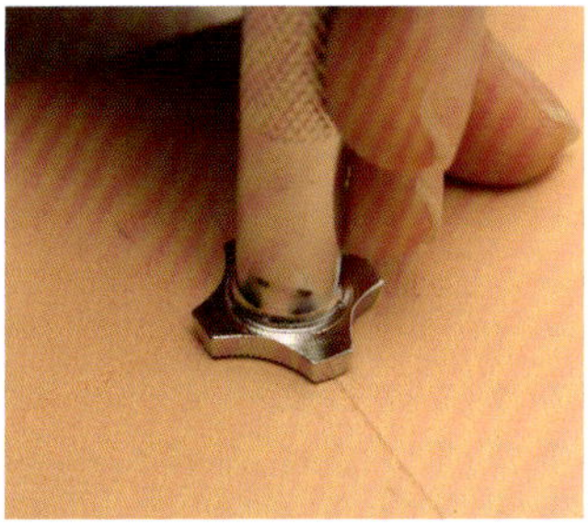

03 線に合わせて「G870」を打つ。刻印の端を線上に合わせる

04 刻印を打ち込むときは垂直に持ち、真上から木槌で打つ

05 最初の刻印が打たれた状態。このひとつ目を起点とする

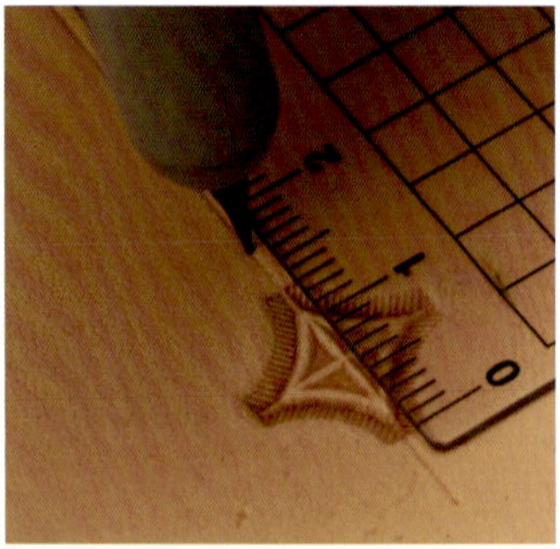

06 ひとつ目の刻印から位置を測り、ケガキ線上に印を付ける

07 刻印と刻印の間を3mm空けて、印を付けている

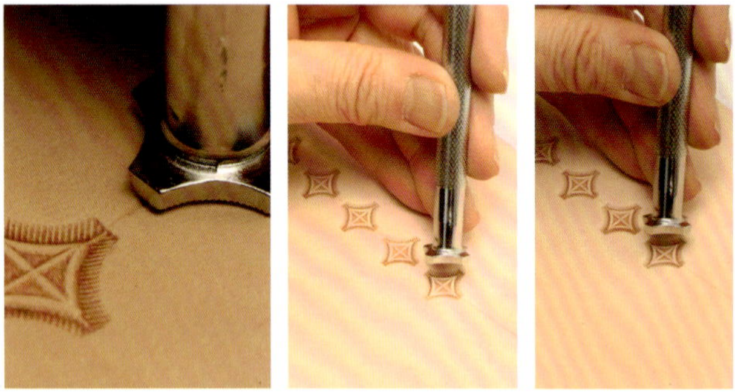

08 印に合わせてふたつ目、3つ目と刻印を打ち進める。ケガキ線と印を見ながら直線に打つことを意識する

09 「G870」が直線上に打たれた状態。ケガキ線に合わせてスタンピングするのがポイントだ

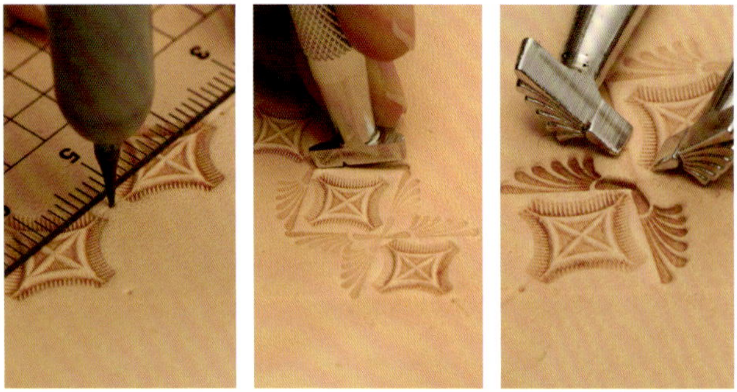

10 刻印と刻印の中心に印を付けて、そこを起点として「E319L」と「E319R」を打つ。このように左右対称の刻印を打つときは間違えないように注意する

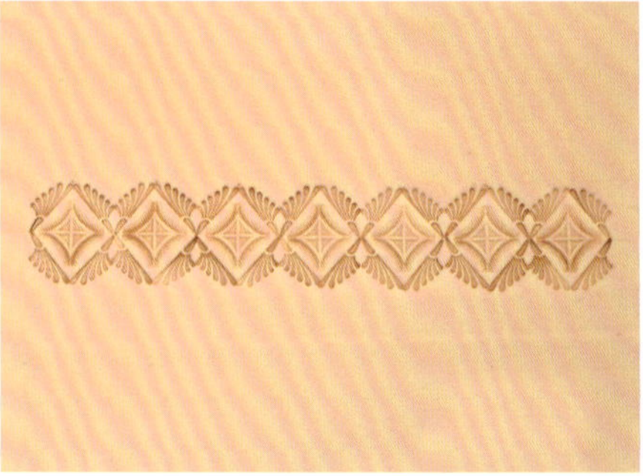

11 端まで打ち、この直線状の図案は完成だ。ケガキ線に合わせることで直線の図案を作ることができる

放射状の図案1

放射状に広がる図案を作るための方法を解説する。ここでは正確なケガキがポイントとなる。

使用する刻印

放射状の図案1では「V407」「V406」「N301」「A104」「A888」「S633」「S632」「S631」の8種類の刻印を使用する

01 まずは革に水分を含ませる。これは刻印を打つときには必ず行なうことなので覚えておこう

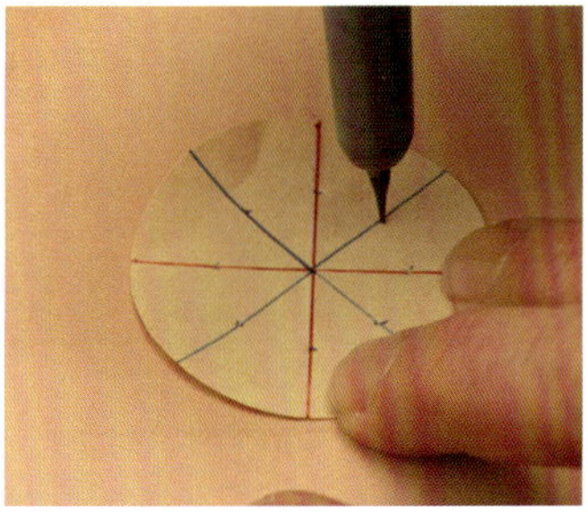

02 放射状に線を書いた台紙を円形に切り出し、キリなどで革に印を付ける

03 **02**の印を繋ぎ、革に放射状のケガキ線を引く

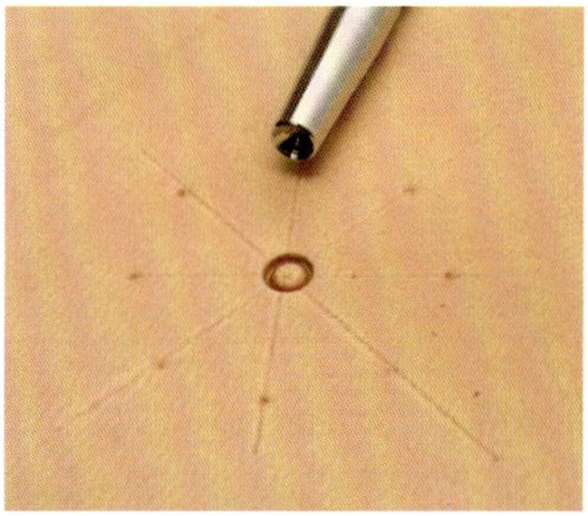

04 中心にくる刻印を打つ。ここでは「S633」を使用

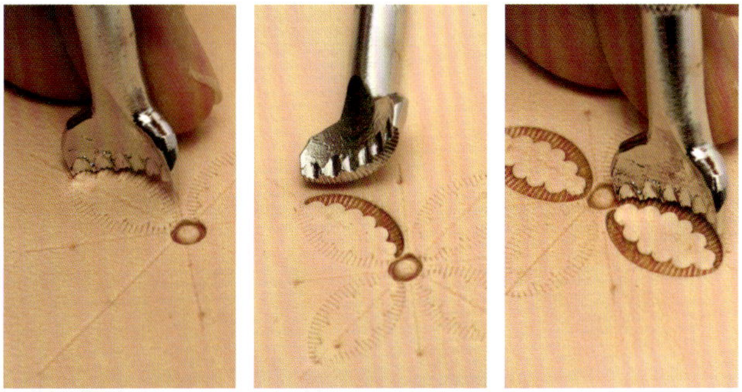

05 「V406」で、**03**の線と**04**の刻印を繋ぐ。刻印の端と端を線に合わせて、中心に打った刻印とわずかに重なるくらいの位置に打つ

06 四方に「V406」を打った状態。この十字状の模様を基礎として広げていく

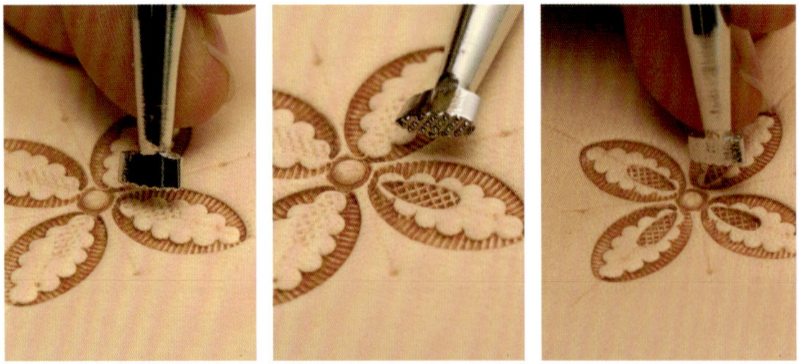

07 「V406」で作った模様の中に「A104」を打つ。中心を線に合わせて打つのだが、まずはあたりを付けて位置を決めてから（写真左）、実際に打っていく

08 このように中心とケガキ線を基にして図案を作るのが基本だ

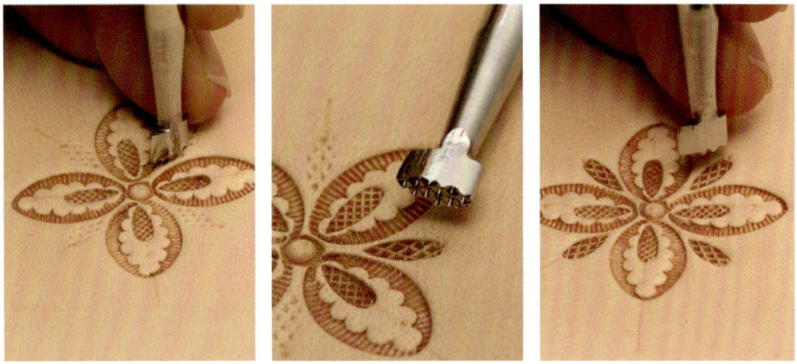

09 「V406」の間に「A888」を打つ。刻印を打つことで革が伸縮するため、計測と目測の両方で位置を決めることがきれいに仕上げるポイントとなる

10 ここまでが放射状の図案を作るための基本となる

11 八方向のケガキ線に、それぞれ中心からの距離を測り印を付ける。その印に合わせて「V407」を打つのだが、ここでもしっかりとあたりを付けてから作業をする

12 中心からの距離を正確に取ることも重要だ

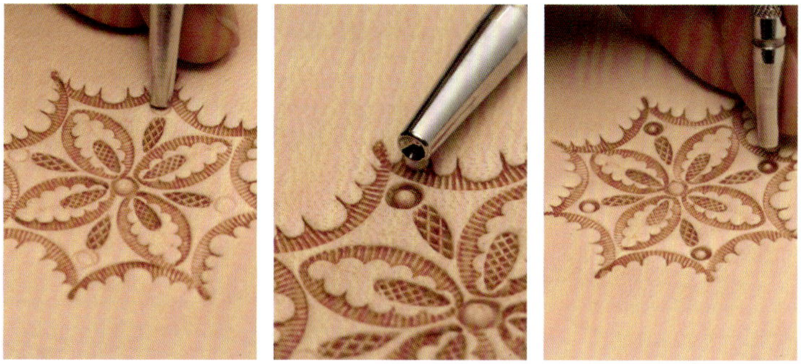

13 空いたスペースに「S632」を打つ。このように空いたスペースに刻印を打つ場合は、刻印同士が重ならないように注意しよう

14 図案を広げる場合も、繋げる場合も、中心とケガキ線を意識すること

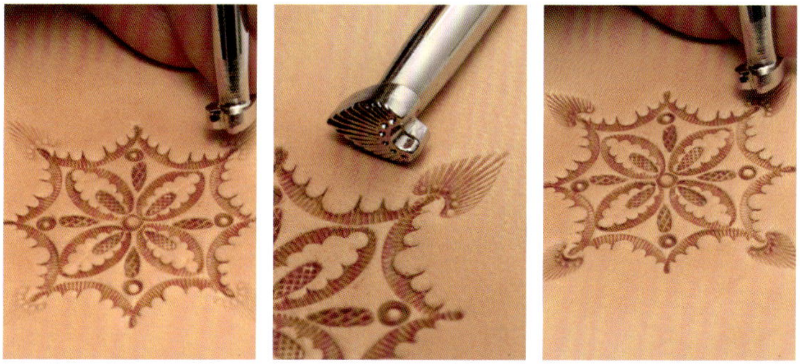

15 「N301」を打つのだが、位置の決め方は、**11**の刻印から離れすぎず重ならないように、まずはあたりを付けてから実際に打つ

16 このように、バランスを考えながら広がりを作る

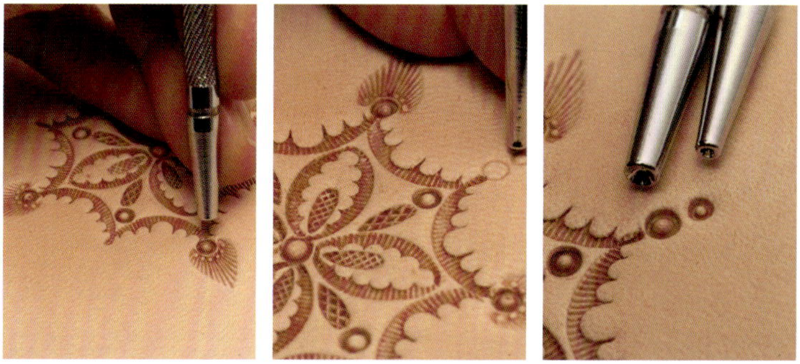

17 「S632」と「S631」を空いたスペースに打ち、この図案は完成だ。バランスを見ながら打つ位置にあたりを付けることが重要だ

18 すべて打ち終わったら放射状に伸びる図案の完成だ

放射状の図案2

さらに複雑な図案では、中心とケガキ線を意識しながら目で見て刻印の位置を調整する。

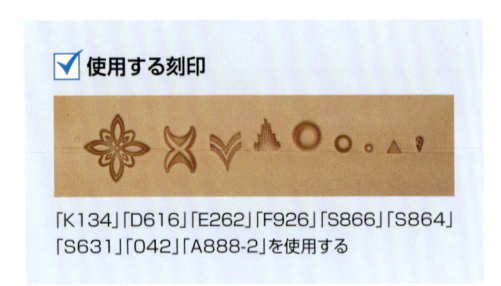

使用する刻印

「K134」「D616」「E262」「F926」「S866」「S864」「S631」「042」「A888-2」を使用する

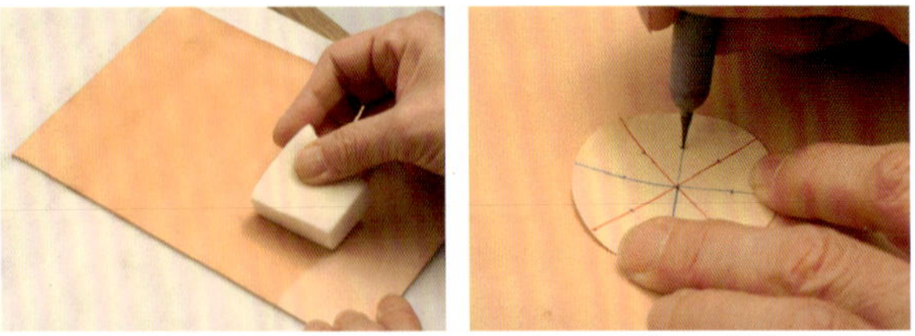

01 水分を入れた革に、放射状の線を書いた型紙を合わせて中心の点と、線をケガくための点を印付ける

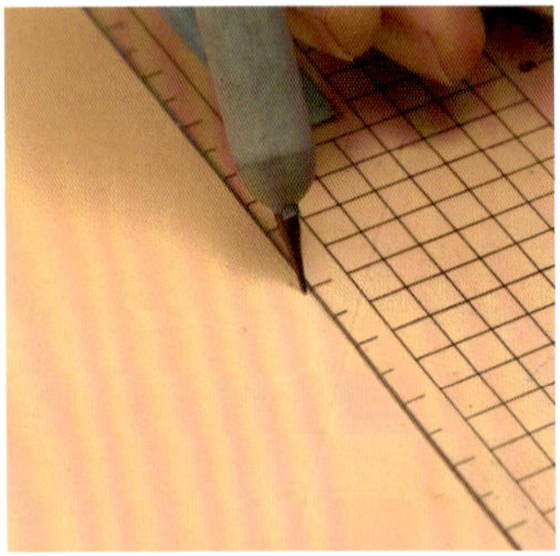

02 点をつないで放射状のケガキ線を革に引く

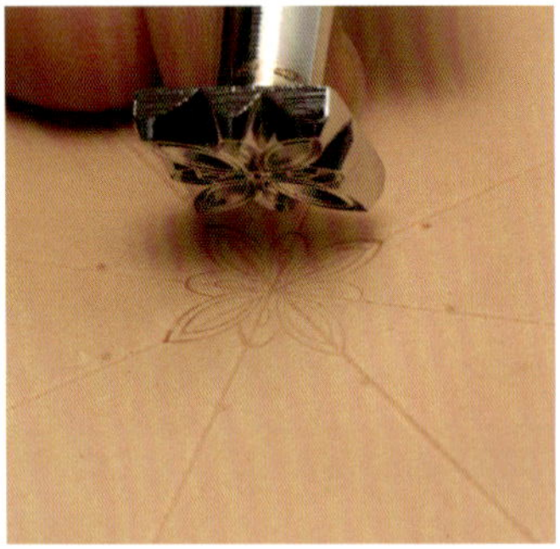

03 「K134」を中心とケガキ線に合わせて打つ

04 中心に打った「K134」の刻印が起点となる

05 中心の刻印との距離を見ながら、ケガキ線に合わせて「042」の刻印を打つ。あたりを付けて位置を決めてから打つ

06 このように、ケガキ線と起点となる中心の刻印を見ながら図案を広げていく

07 中心からの距離を均等に取り、八方向に伸びるケガキ線上に「D616」を打つための印を付ける。そしてあたりを付けてから刻印を打つ

08 中心から均等な位置を取ることで、正確な図案を作ることができる

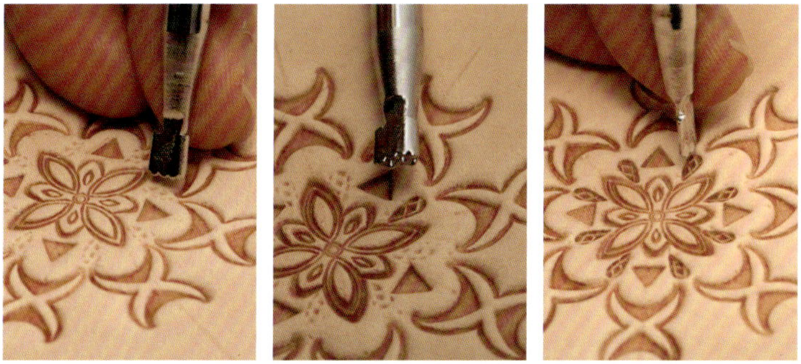

09 「A888-2」を打つ位置は、中心に打った刻印のスペースだ。使用する刻印の形を見て、八方向が均等になるようにあたりを付ける

10 革の伸縮があるため、目で見てバランスを整えることも重要だ

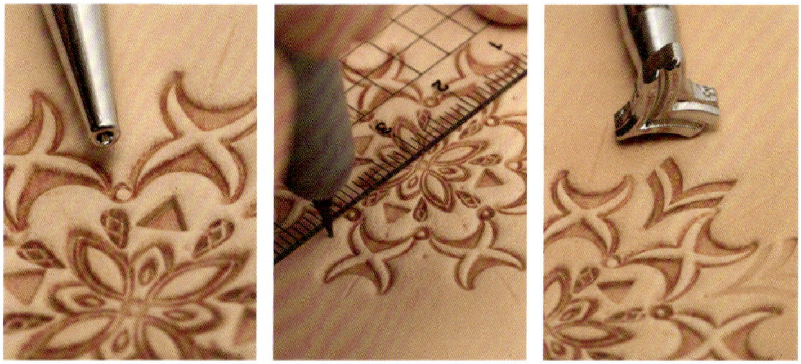

11 07で打った「D616」の内側に「S631」を打ち、「E262」を外側に打つ。「S631」は重なる位置にあたりを付ける。「E262」は余白が均等になるようにあたりを付けてから打つ

12 このように、スペースを見ながら図案を広げていく

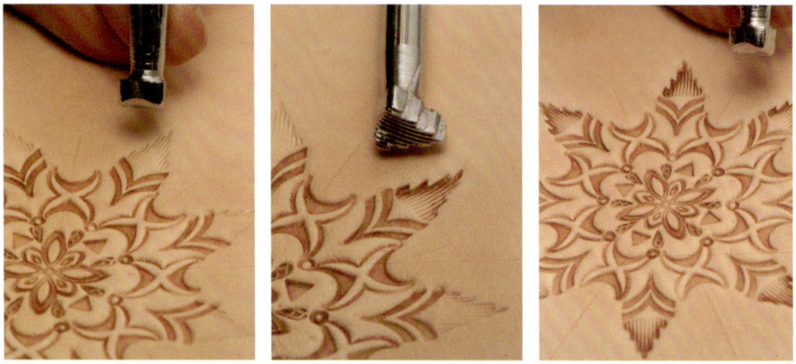

13 「E262」の上に「F926」を打つ。このように刻印同士の幅が合う刻印を打つときは、ずれないように丁寧に打つ

14 どこまで図案を広げるかは、どのようなアイテムに使うかで決めればよい

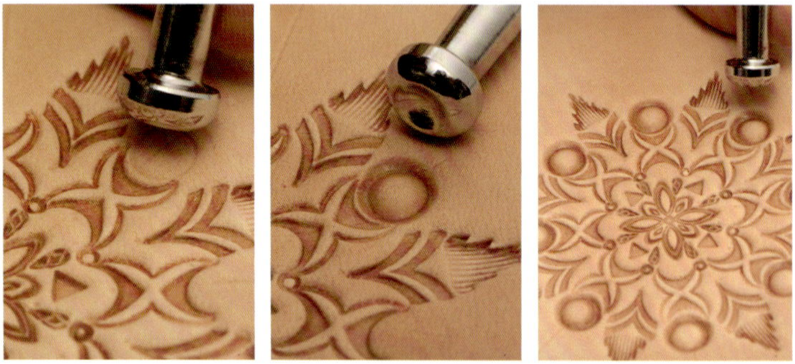

15 「D616」の外側に「S866」を打つ。これは**13**と同じように、中心をずらさないように注意して打てばよい

16 好みの大きさまで広げたら、バランスを見て仕上げる

17 「S864」を「S866」の中に打つ。打つ前にあたりをつけて、すべて同じ位置に打てるように調整をする

18 このような複雑な図案も基本を押さえておけば作ることができる

カービング

レザークラフトにおける装飾技法の中で定番でもあり、ある意味での究極とも言えるのがこのカービングだ。図案は複雑に見えるが、基本的なスーベルカッターと刻印の使い方を学べば、後はその応用だと言っていいだろう。

6 カービング

カービングはレザークラフトの装飾技法の中でも、最もレベルが高いと言っても過言ではないだろう。図案は複雑にしようと思えばいくらでも複雑にできるし、当然複雑であればある程技術も必要とされる。一番のポイントである刻印の使い方は、ある程度の法則はあるものの制作者のセンスによって大きくアレンジされることもある。刻印を使いこなすためには、その刻印の形や特性をしっかり理解することが必要になる。ここではごく基本的なカービングの方法を紹介する。

各部にカービングを配したバッグ。パーツの形に合わせて図案をはめ込み、作品の中で最大限にカービングがアピールするようにデザインされている

ロングウォレットの表革にカービングを施した作例。比較的広い面積が取れるので、ロングウォレットはカービングの素材としては適していると言える

カービングとカットワーク（刻印を使わず、スーベルカッターだけで描いた図案）を組み合わせたウォレット。全体に施された複雑な図案が、重量感を演出している

ボーダーラインを持たない、オープンデザインのカービングが施されたウォレット。クローズドタイプ（ボーダーラインの中に図案が収まるもの）とはまた一味違う

幅広のバングルも、カービングの素材としては魅力的だ。面側の全面に入れられたカービングが、バングルの存在感をアピールしている

図案が二つ折りになるタイプのウォレット。こうすることで、同じ図案であったとしてもまた一味違ったデザインになる。図案の使い方にも、気をつけてみたい

図案のトレース

カービングの図案を自分で描くのは非常に難しいので、個人の趣味として楽しむ場合は、自分で描けるようになるまでは図案集や過去の作品などからもってくるのが一般的だ。図案を決めたら、まず材料となる革にその図案をトレースする。トレースにはトレスフィルムと呼ばれる専用のフィルムに図案を転写し、それを革の上にセットしてさらに転写する。図案の写し忘れが無いように注意が必要だ。

トレースに必要な主な道具類。ボウル、スポンジ、トレスフィルム、ガラス板、定規、鉄筆。これに加えてボールペン、のびどめシートも必要になる

01 トレスフィルムに、元絵となる図案を写す。最初からオリジナルを描くのは難しいので、図案集などから写す

02 トレスフィルムに写された図案。必要な線の写し忘れがないように注意する

03 カービングする革（クラフト社ではツーリングレザーを勧めている）を用意し、ギン面にスポンジで水を入れる

04 トコ面からも水をいれる。作業を始めるとトコ面にはのびどめシートを貼ってしまうので、少し多めに水を入れておく

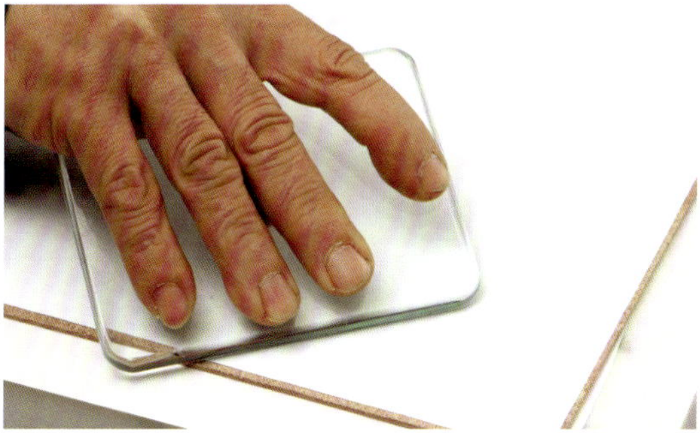

05 革に水が染み込んだらのびどめシートをトコ面に貼り、ガラス板で擦ってしっかり密着させる

06 図案をトレースしたトレスフィルムを革の上に置き、位置を合わせて鉄筆を使ってボーダーライン（※）から革に写していく

07 ボーダーラインを写したら、図案のひとつひとつを丁寧にトレースして、革のギン面に写していく

08 トレスフィルムをめくって、図案の写し忘れが無いかどうかをしっかりと確認する

※:図案と図案の入らない部分の間に引かれる線。この線の中に収まるように描かれるデザインがクローズド、はみ出すのがオープンと呼ばれる

図案のカット

革に転写されたカービングの図案は、スーベルカッターと呼ばれる専用のカッターでカットされる。このカットしたアウトラインに刻印を重ねて打っていくことで、カービング独特の表現が完成される。スーベルカッターを使う前には、直線、カーブ、円の練習をしておくようにする。

■図案のアウトラインをカットするスーベルカッター

ベーシックなタイプのスーベルカッター。刃の交換と、高さの調整ができるようになっている

■基本的な持ち方

まず角度を45°程度にしてカッターを立て、人差し指の腹をカッターの上に乗せる。そのまま親指と中指を、自然にカッターのグリップ部分に添えるようにする

■線を引く練習をする

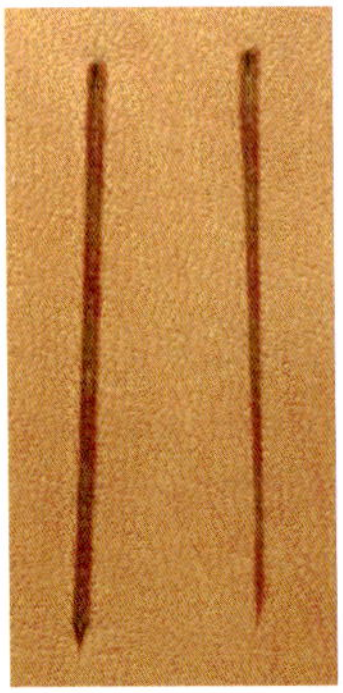

左側は均等な力で引いた直線、右側は線の終に向けて力を抜いていった線。線は主にこの二種類を使い分ける。力を抜いていくカット方は、「フェザーアウト」と呼ばれる

■円を描く練習をする

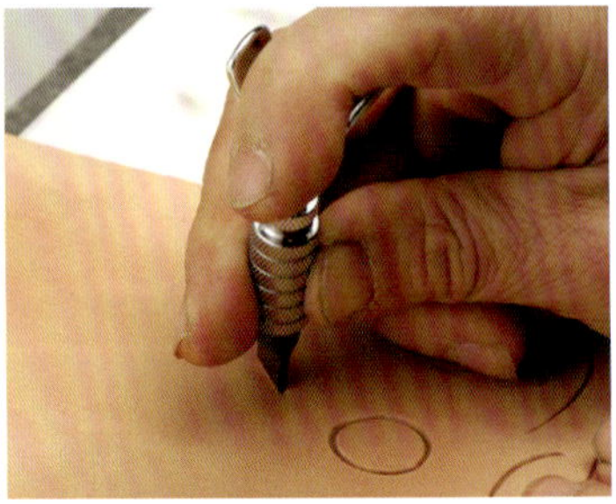

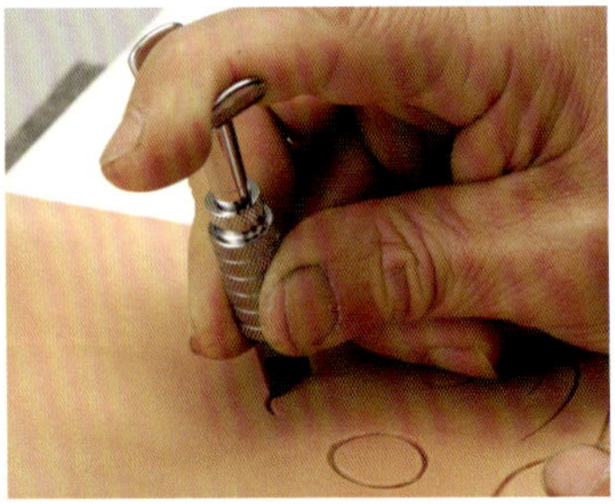

円を描く場合、親指と中指でカッターを回転させる。カッターは半周程度しか回転させられないはずなので、一度止めて持ち直して再度カッターを回転させる

■実際に図案をカットする

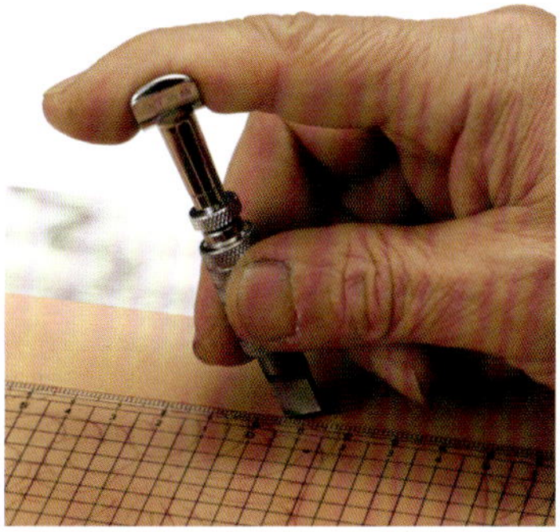

カットはボーダーラインから始める。直線部分は定規を使ってカットするとよい

01

02 ボーダーラインをカットした状態。図案がこのようにボーダーライン内に収まるものを「クローズド」と呼ぶ

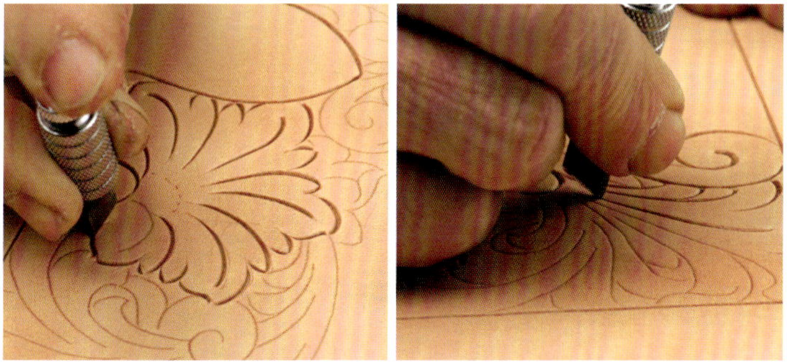

03 図案の上になる部分からカットしていく。ほとんどの線はフェザーアウトさせて収束させる。図案をよく理解して、カット作業を進めること

04 カットが終了したフラワー。中心に向かって収束していくイメージでカット

全ての図案をカットした状態。基本的には外側から中側に向かってカットし、フラワーは中心、ペタル（※）は根本に向かってカットする

05

※:フラワーやつぼみなどが付いている茎の部分

刻印を打つ

図案のアウトラインをカットしたら、刻印を打ってテクスチャーを付けていく。刻印は100種類以上あるが、ここで使用している7種類が「基本刻印」と呼ばれる最も基本的な刻印だ。刻印にはそれぞれ角度や重ね方など、打ち方にコツがある。刻印の形と打ち方を理解して作業したい。

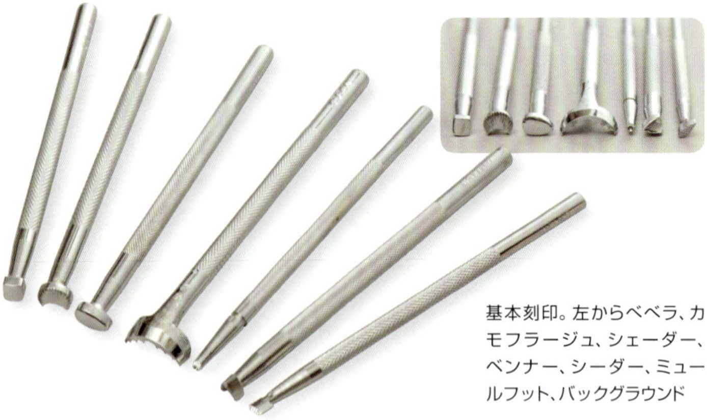

基本刻印。左からベベラ、カモフラージュ、シェーダー、ベンナー、シーダー、ミュールフット、バックグラウンド

■ベベラ

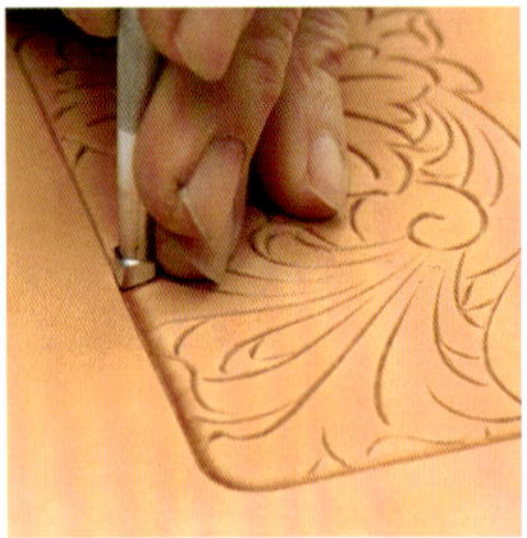

01 まずボーダーラインの内側にベベラを打つ

ベベラの基本

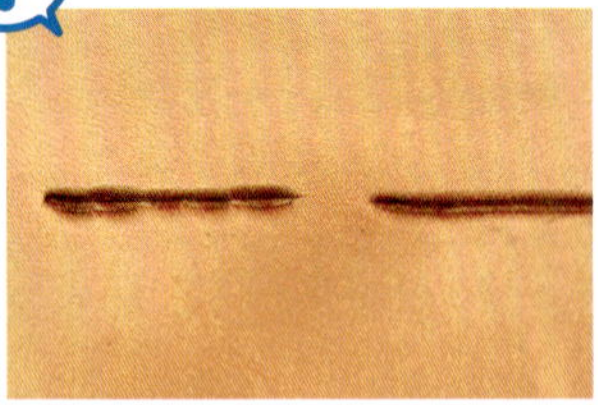

02 ベベラは滑らすようにしながら打つ。左側はダメな例

03 ボーダーラインにベベラを打ち終わった状態

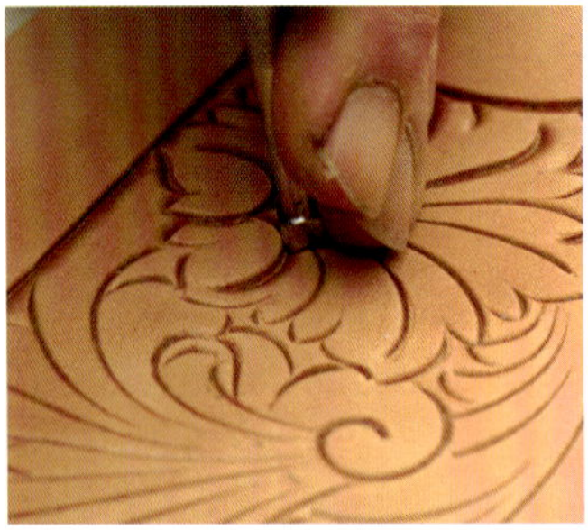

04 中の図案にベベラを打つ。なるべくカットした方向と同じ方向で打つ

05 フェザーアウトさせた部分は、ベベラもそのイメージで打つ

06 方向によっては、カットした方向と逆側からベベラを打つ場合もある

07 フェザーアウトしたラインに逆方向からベベラを打つ場合は、角度と力の入れ具合に注意して打つ

08 ベベラを打ち終わった状態。ラインの重なり方がはっきりと分かるようになった

■カモフラージュ

01 カモフラージュで、表面にテクスチャーを付けていく

打つ角度に注意する

カモフラージュは打つ角度が非常に重要だ。また、打つ間隔と強さにも注意する

02

03 スクロール(※)、ペタル、フラワーに打っていく

04 カモフラージュで付けたテクスチャーは、カービング独特の立体感を表現する。打ち具合いは感覚による部分が大きい

05 カモフラージュを打ち終わった状態。画面に立体感が出て、抑揚が付いてきた

※:ペタルの先端の渦巻状になっている部分

■シェーダー

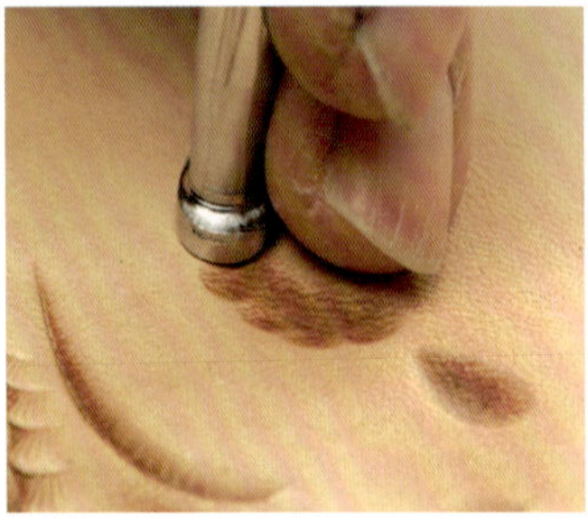

01 シェーダーは少しずつずらして、重ねて打つ。ずらし方を練習しておく

02 フラワーの中心、ペタルの根本に向かってずらしながら打つ

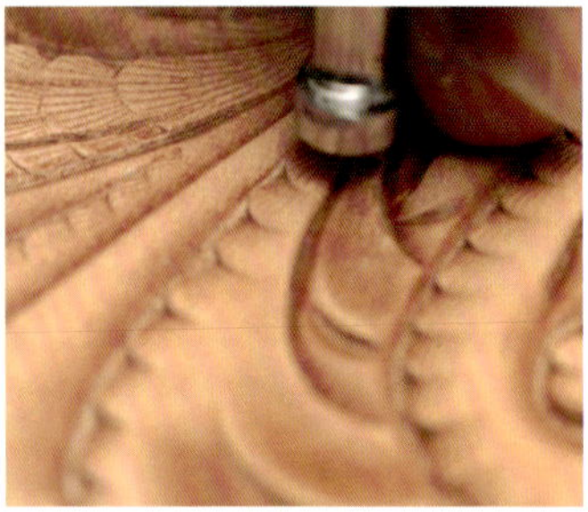

03 少しずつずらして、ペタルは根元に向かって影を薄く(弱く)する

04 フラワーはセンターに向かって打っていく。少しずつ打ち方を軽くして、フェードアウトするように打つ

05 ペタルやスクロールにも、シェーダーで陰影を付けて立体感を表現する。強く打ち過ぎないように注意する

シェーダーを打ち終わった状態。柔らかく陰影が付いたことで、図案の立体感が強められた

06

■ベンナー

01 ベンナーで花びらのテクスチャーを付ける。角度、間隔に注意する

02 花びらや葉脈は、ベンナーとカモフラージュを組み合わされる

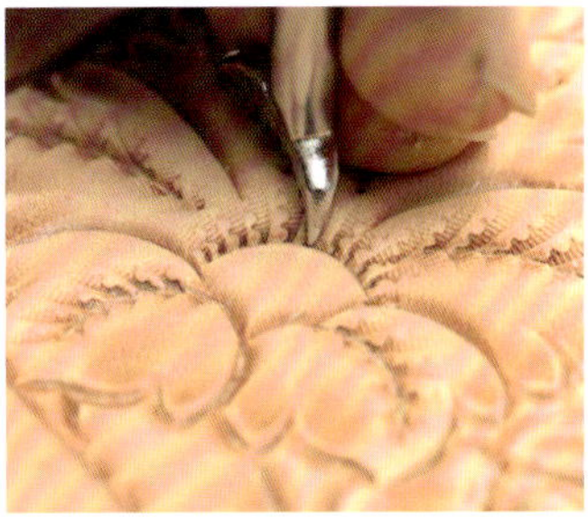

03 花芯の周り部分も、ベンナーで表現する

04 ベンナーでテクスチャーを付けたことで、フラワーの図案が引き締まって見える

05 リーフの葉脈もカモフラージュとの組み合わせで表現される。カモフラージュのみで表現されたものとの違いを見て欲しい

ベンナーを打ち終わった状態。図案がより細密に表現されてきた

06

■シーダー･ミュールフット

01 花芯の部分を、シーダーを打って仕上げる

シーダーの使い方

スクロールの中央部分にシーダーを打つ場合もある。刻印の使い方は、サンプルなどを参考に、自分なりの方法を見つけたい

02

03 ミュールフットは角度を変えて、大きさを調整する

04 花芯に打ったシーダーと、花びらに打たれたミュールフットでフラワーの図案が完成される

05 リーフに打ったミュールフットは、先に行くほど刻印の角度を倒している。角度の具合は感覚なので、練習して身につけたい

シーダーとミュールフットを打った状態。これで図案表面のテクスチャーは、ほぼ完成したことになる

06

■バックグラウンド

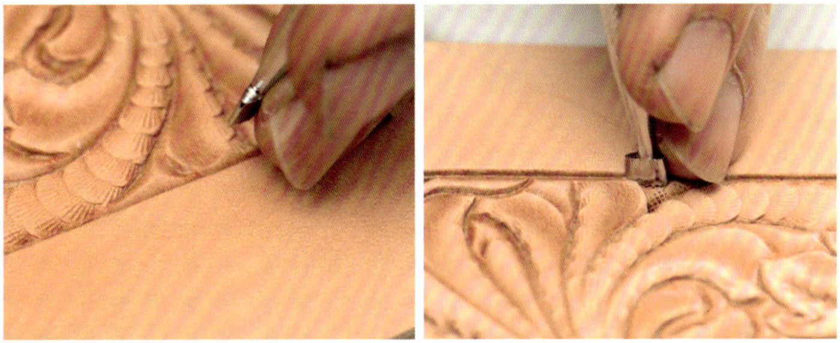

01 バックグラウンドは図案の中の地になる部分に打つことで、図案を浮き立たせる。打つ際は図案をしっかり検討して、残すべき所に打ったりしないように注意する

02 バックグラウンドは、このように地になる部分を潰すように打っていく

03 細かい隙間の部分などは、元の図案を参考に打ち忘れないようにする。また、今回の図案はプレーンな部分と繋がっているので、斜めに打ってフェードアウトさせる

04 バックグラウンドはしっかり打つことで、このように色が出てくる

バックグラウンドを打ち終わった状態。バックグラウンドが打たれたことによって、画面から図案が浮き出し、立体感が強調された

05

■フィニッシュカット

01 図案の流れに沿って、スーベルカッターで飾りのカットを入れる

02 スクロールは中心から外に向かう感じで、フィニッシュカットを入れる

03 ペタル部分も流れに沿って、根元に向かってカットを入れる

04 フラワーは花びらに、花芯に向かってフィニッシュカットを入れる。入れる強さや、角度に注意する

05 フィニッシュカットの入れ方は、制作者の個性が出る部分でもある。色々試して、自分なりの手法を見つけ出したい

フィニッシュカットが終わった状態。これで図案の制作作業は終了だ
06

仕上げ

スーベルカッターと刻印による作業が終了したら、染料による仕上げを行なう。仕上げに染料を使わない方法もあるが、ここでは定番のバックグラウンドを染料で染め、アンティックで図案のエッジを際立たせる方法を紹介する。染料やアンティックの色を変えることでも雰囲気は変わる。

左から防染剤として使用するレザーコート、アルコール系のWA染料、ペースト状染料のアンティックダイ。それぞれ、ウエス、筆。歯ブラシで塗る

■バックグラウンドを染色する

01 まず、バックグラウンドを打って潰した部分を染料で染めていく

02 はみ出さないように染料を入れることが重要。縁取りから始める

03 染料を入れる部分の、縁取りができた状態

04 残っている中の部分を塗り潰すように、染料を入れていく

05 染料を入れ終わった状態。全てのバックグラウンドを染める

06 全てのバックグラウンドに染料を入れた状態。図案がしっかりと浮き上がってきた

■レザーコートとアンティックダイ

01 バックグラウンドに染料を入れた状態の上から、レザーコートをしっかり塗る

02 レザーコートが乾いたらアンティックダイを歯ブラシで塗り込み、乾く前に乾いたウエスで拭き取る

03 アンティックダイの上から、レザーコートを塗る。これはアンティックを定着させるためだ

04 レザーコートを塗ると、表面にツヤが出て完成度も上がる

05 今回制作したウォレットの表側の全体。半分はボーダー刻印（※）を打って仕上げているが、もちろん両面にカービングを施しても良い

※:ボーダーラインに沿って打つ装飾刻印

レザーバーニング

レザーバーニングは先端が加熱されるペンを使って革の表面を焦がし、図案を描く技法だ。ペンは使い方に慣れれば、非常に自由な図案を描くことができるので、装飾用の道具としての性能は高い。染色と組み合わせて使いたい。

7 レザーバーニング

ウッドバーニングで有名な熱で柄を焼き入れる技法は、レザークラフトにも使われる。電気ペン（※商品名「マイペン」「マイペンα」）という道具で、トレースした図案を焼き描く。繊細なタッチの表現が可能であるほか、染色との相性もよく、オリジナリティや作家性を作品に反映させたい方には必見の技法と言える。電気ペンの技法を覚えることで、写真のようにバッグや小物の素材に柄を入れることで、特徴のある作品を作り上げることができるようになる。

バッグの表にカラフルな柄をデザインしている。このように、レザーバーニングは、染色との相性が抜群だ。シンプルな形のバッグが特徴的な作品に仕上がっている

季節感のある柄を描き、ポーチに仕上げた作例。細かいタッチで図案を表現できるほか、焼いた部分には染料が入らないという特性を活かした染色も可能である

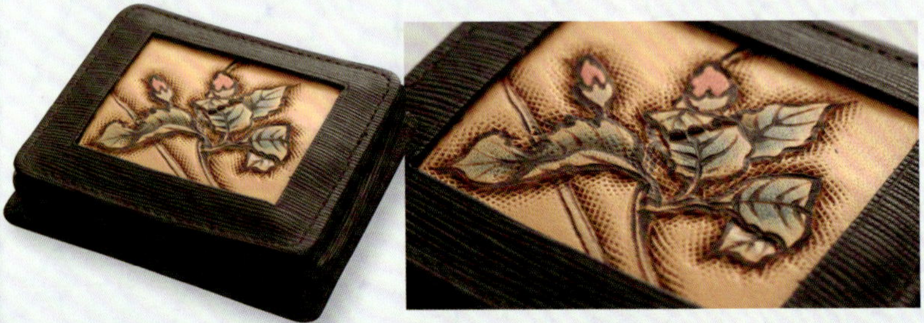

ボックスドル入のような小さなアイテムに合わせた小さな図案。紙に絵を描くように柄を作れるので、このような小さなスペースの図案を作り出すこともできる

電気ペンの使用法

マイペンαは本体のほか、ペン立てと、引き抜きパッドからなり、9本のペン先を変えることで、いろいろなタッチを表現することができる。微妙な温度や、ペンを入れる角度でも線は変わる。また、スイッチを入れるとペン先が高温まで熱されるため、作業の際は細心の注意が必要となる。

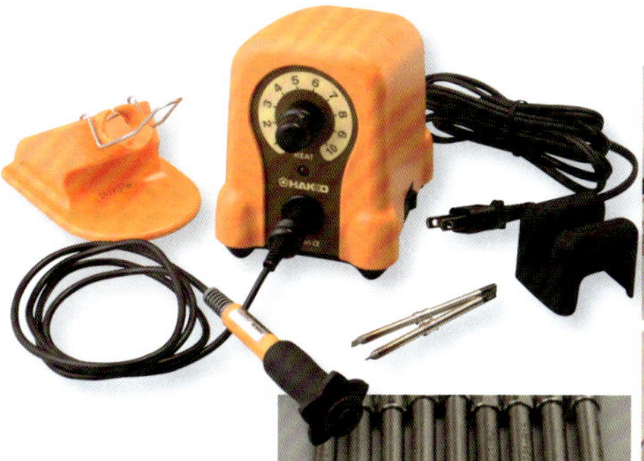

■図案1　一種類のペン先で描く

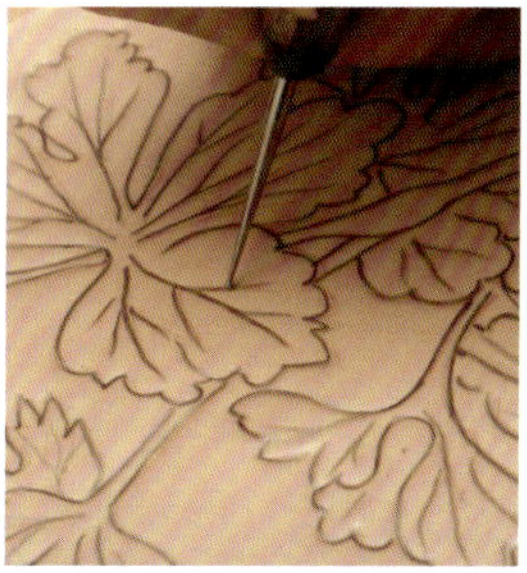

01 まずは図案のトレースをする。湿らせた革に図案を描いたトレスフィルムを重ね、セロテープで数ヵ所固定し、鉄筆などで図案をトレースする

02 革を乾かしてから（※）電気ペンで描く

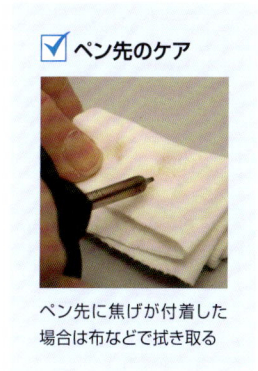

03 電気ペン本体の、温度調整のつまみを7～8あたりに合わせる。革の上でペンを止めると焦げついてしまうので、線をつなげる時は力を抜き、その上をなぞるように重ねて図案を描く

☑ペン先のケア

ペン先に焦げが付着した場合は布などで拭き取る

※革の表面が湿っていると焦げません

試し描き

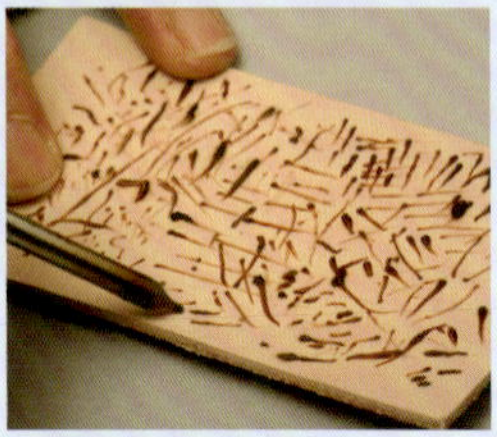

端革でペンの動きを確認しながら進めるとよい

04 まずは輪郭をすべてなぞる

05 図案の輪郭が描けた。足りない線がないかなど、確認をする

06 細い葉脈などを描くときは、ペン先を立てて弱く当てる

07 花の陰影を描くときも同様に、ペン先の力加減に注意する

08 図案のトレースは完成した。あとは影を付け、染色をして仕上げる

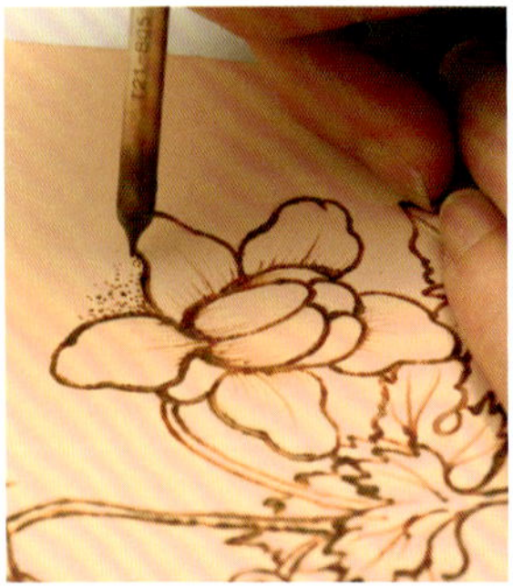

09 ペン先を立てて細かい点の集合で影を描く

10 影を描くことで、このように図案に立体感を出すことができる

染色をする前に

11 染色をする前に、革に水を充分に含ませる

12 皿に染料を取り水で薄め、筆で色を入れていく。端革などで色合いを見てから行なおう。染色では、一度に濃い色を作るのではなく、何度か色を重ねて濃淡を作る

13 花びらの色を入れたら、次は葉に色を入れる

14 葉の染料だが、ここでは陰影を出すために、薄い紫(花の色)を薄く塗り、その上から緑を入れている。細い幹は筆を立てて色を入れる

15 染色して色が定着したら完成だ

■図案2　複数のペン先を使い分ける

このような丸いペン先は、直線や円などを描いたり、立てて使うことで点を描くことができる。定規を使う場合は必ず金属製の物を使用する

01

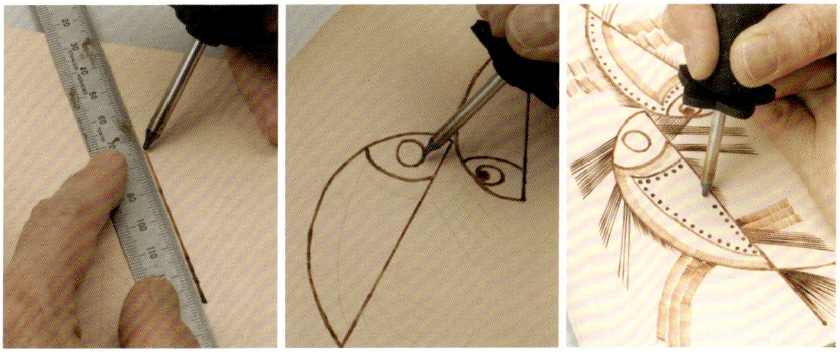

02

刃状になったペン先は、横にして使うことで太い線や波模様を描いたり、縦にして使うことで細い線を描くことができる

ペン先の交換

ペン先は高温になるため、交換の際は必ずパッドを使う

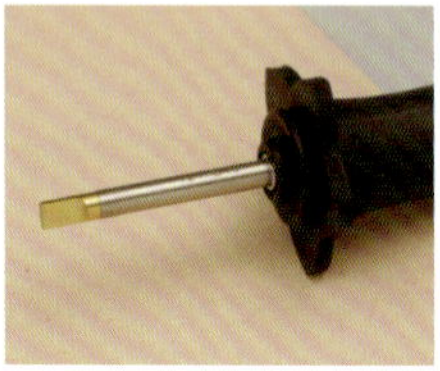

03

ヘラ状のペン先は、太い濃い線や波模様を描くのに有効だ。波模様でも**02**のものとは違う、一定の模様を描くことができる

04 棒状のペン先は、本来は好みの形に切り出して使うものだが、そのままでもこのように太い点を描くのに使うことができる

05 複数のペン先を使うことで、このようないろいろなタッチの入り交じった図案を描くことができる

染色

染料を使って革の表面を染める染色は、防染、つまりいかにして必要なところだけを染色するかというのがポイントになる。ロウ、スライサー、ソメノンといった防染素材は、染色の仕上がりに特徴があるので使い分けたい。

8 染色

革に色をつけるにはいくつかの方法があるが、ここでは「染め」を行なうための技術を説明していく。染めと言えば古来日本の伝統文化から、現代生活の中にも溶け込んでいる馴染みのある装飾技法のひとつだ。もちろん革の染めも昔から行なわれている技法である。革を染めることで色彩鮮やかな作品や、繊細な作品を作ることが可能になる。染料は基本となる色と、混ぜることによる色変化を合わせれば無数の色を作ることができるため、図案を具体化してオリジナリティを出すことができる。

表胴に「ろうけつ染め」を施したトートバッグ。ヒビ割れ模様が特徴的な繊細な作品に仕上がっている

「スライサー染め」をした革で作られたペンケース。図案を活かした防染、染色を行なうことで可愛らしい雰囲気の作品に仕上がっている

「ろうけつ染め」の技法を使った作品。強めにトレースして、ぼかすように染色、ロウで防染してエッチング後に濃い色（縁の部分）を染色することで、絵画のような繊細な図案の作品となっている

「マーブル染め」は図案を描くというよりは、流線型を楽しむといった技法となる。このような小さなアイテムも、マーブル染めをすることでダイナミックな印象に仕上がる

染めと防染

ろうけつ染め、スライサー染め、ソメノン染め、マーブル染めと紹介していく。下の写真を見ていただければ分かるが、その仕上がりはそれぞれ特徴的なものである。しかし使用する染料やハケなどに違いは無い。基本的な道具を確認しよう。

染色に必要な道具は染料と溶き皿、水を入れるボールと、ハケや筆などである。筆の太さや種類はさまざまだが、まずは写真のように3～4種類を揃えて、作りたい模様や、技法に合わせて増やせばよい

■ろうけつ染め

p.92~

■スライサー染め

p.98~

■ソメノン染め

p.103~

■マーブル染め

p.109~

図案のトレース

ろうけつ染め、スライサー染めとソメノン染めは、すべて同じ図案をもとにしてその方法を紹介している。まずは図案をどのようにトレースしたらよいのかを見ていこう。まずは、図案を写したトレーシングペーパーと革を用意する。

01 トレース線を写すため、革を湿らせる

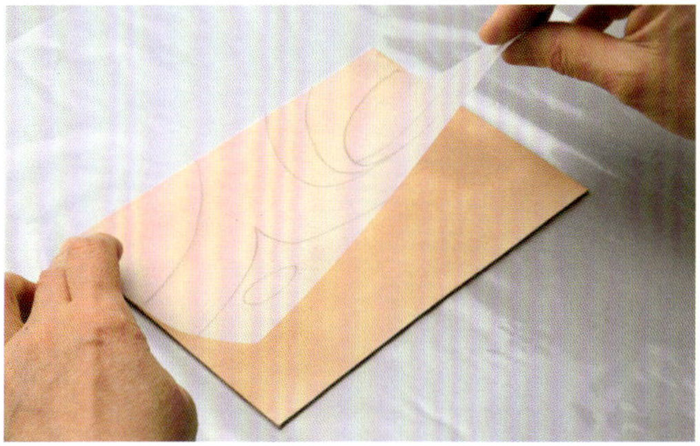

02 湿った革に図案をトレースする位置を合わせて、革にトレーシングペーパーを重ねる

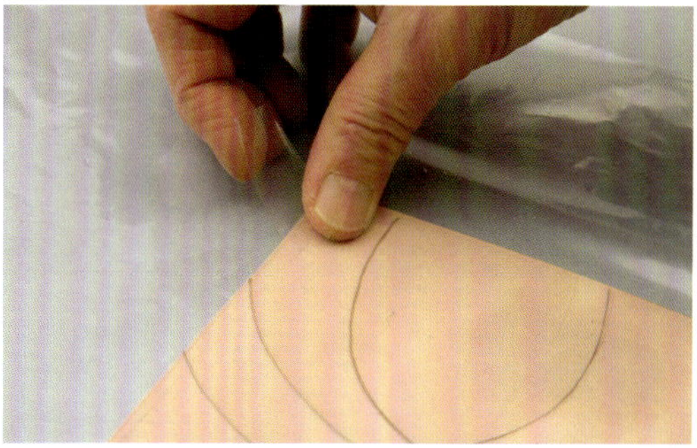

03 トレースの際、ズレが生じないように、テープなどでトレーシングペーパーと革を固定する

04 トレーシングペーパーの図案を、鉄筆などで革にトレースする。描き忘れがないようにすべての線をトレースする

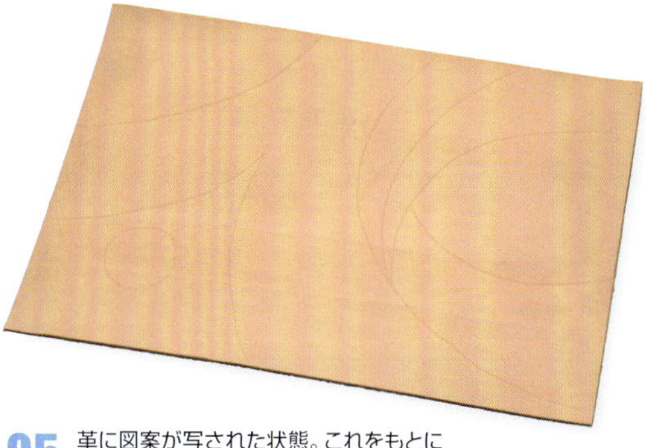

05 革に図案が写された状態。これをもとに防染、染色を行なう

ろうけつ染め

布染め技法で知られるろうけつ染めは、レザー染色でも用いられる技法のひとつである。熱で溶かしたロウを革に置くことで防染し、ヒビを入れ、染色することで、独特な仕上がりを楽しむことができる。

■ロウ配合比

	白ロウ	木ロウ
春•秋	5	5
夏	6	4
冬	4	6

下準備の方法

まずは革に水を含ませ、2種類のロウを溶かして、ろうけつ染めの準備を整える（ロウの配合比は表を参照）。

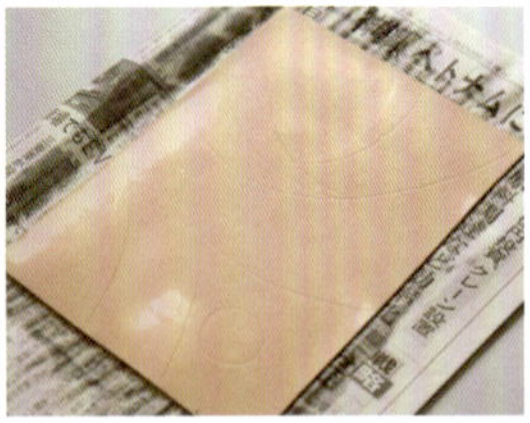

01 高温に熱したロウを使うため、焦げないようにトコ面から水を含ませる。表に返して、水の含ませが足りない部分は再度水を含ませる

02 カービングなどの技法でも革に水を含ませるが、それよりも多めにたっぷりと水を含ませる。水分量の目安は表面に水が残らず、強く押すとにじみ出す程度（※1）

☑ろうけつポッドの温度調整

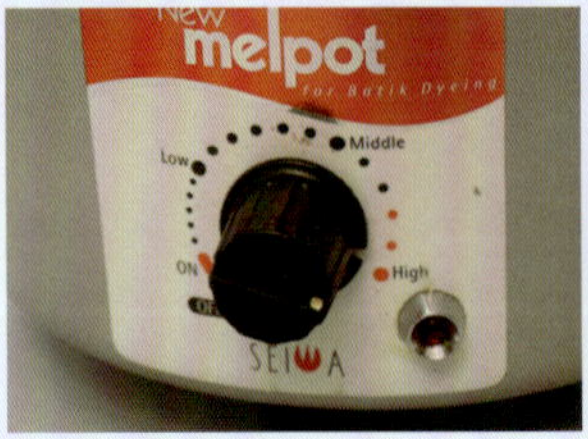

ろうけつポッドを高温にして（写真左）ロウを溶かし、使用するときは適温（110℃前後）まで下げる（写真右）

☑筆の準備

新品の筆は水洗いし、ノリを落として乾かす（※2）

※1:水を含ませ過ぎるとロウが革に密着せず、剥がれやすくなり、逆に水分が少ないと革が焦げる
※2:70～80℃くらいの低温のロウに入れ、筆を馴染ませてから熱いロウに入れる。いきなり熱いロウに入れると毛先が焼けて縮れてしまう

ろうけつ染めで革に染色する

ロウで防染し、革に染色していく。ロウは筆に含ませてロウ容器から運び、革の上に置くように塗る（※3）。

トレース線に合わせて、色を入れない箇所にロウを置く（※4）。ポッドから筆を水平にしてロウを置く場所まで持っていき、筆を立ててロウ防染する場所に一定の厚みで置く

01

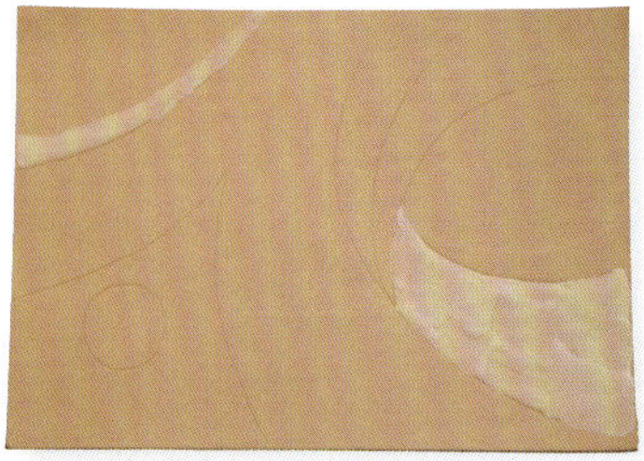

白くなっている部分がロウを置いた場所だ。ここには染料が入らないので、防染の効果が得られる

02

ロウの取り方

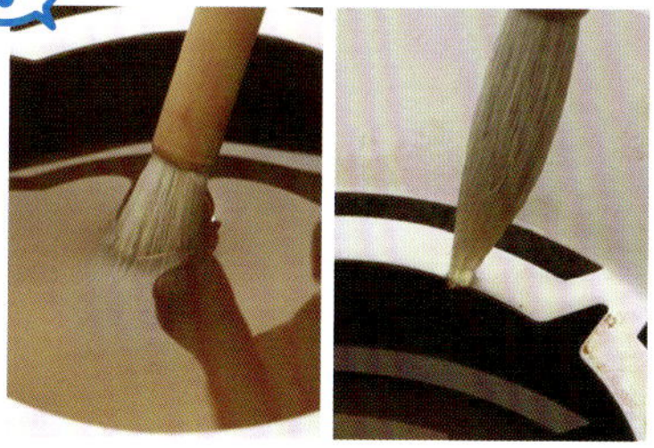

03 筆に充分にロウを含ませ、ポッドの縁を使い垂れないように調整する

乗せたロウが乾いたら、指先でヒビを入れる。このヒビがろうけつ染め独特の、仕上がりを生み出している

04

革全体に染色する。ロウが乗っている部分は防染された状態なので、上から全体にハケで染める

05

06 染料を入れた状態。このようにロウで防染していない部分が均一な色になるように染める

※3:「置く」というのは、毛先をわずかに接して穂先から革の上に垂れ落ちるのを誘導するようにして広げるという意味
※4:筆の先を革にわずかに触れる程度にして、筆を動かすことでロウの溜まりを広げる

色を重ねる方法

色を重ねるには、はじめに入れた色を残したい部分にロウを置き、染料を重ねて染める。

はじめに入れた黄色を残したい部分にロウを置く。トレースの線を見ながらはみ出さないように作業をしよう

01

ロウを置いた状態。このように、細かい防染が可能である点はろうけつ染めの特徴のひとつだ

02

03 はじめの色を入れた時と同様に、ロウの上からハケで染めていく

04 ロウにヒビを入れる。色の濃度は染料を重ねる回数で決まるので、様子を見ながらヒビを入れるタイミングを決める

再度ふたつ目の色を重ねることで、ヒビを入れた部分にも染料が入り、独特のデザインを作る

05

06 ふたつ目の染料を入れた状態。ここまでの流れがろうけつ染めの基本となる

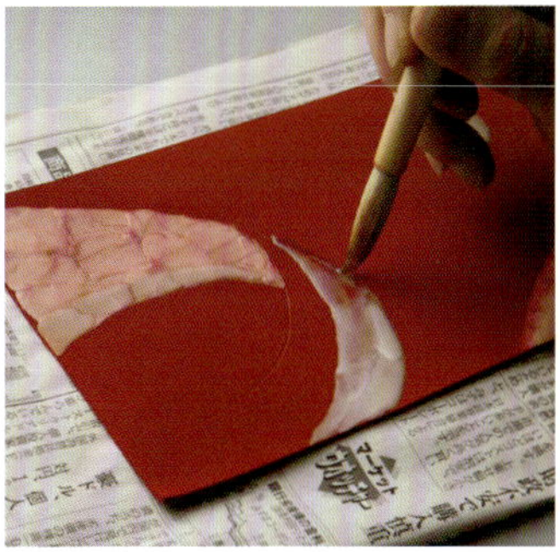

07 ここからは**01**からの工程と同様に、ロウで防染して色を重ねる

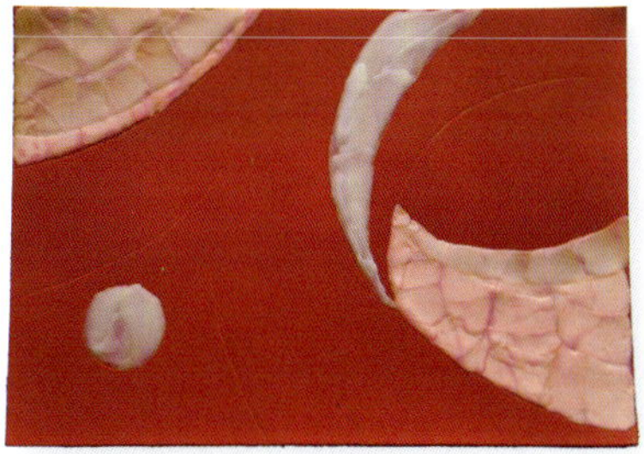

08 ここで新たにロウを置いた部分は赤色に残る

09 3つ目の色を入れていく。染め方はここまでと同じだ

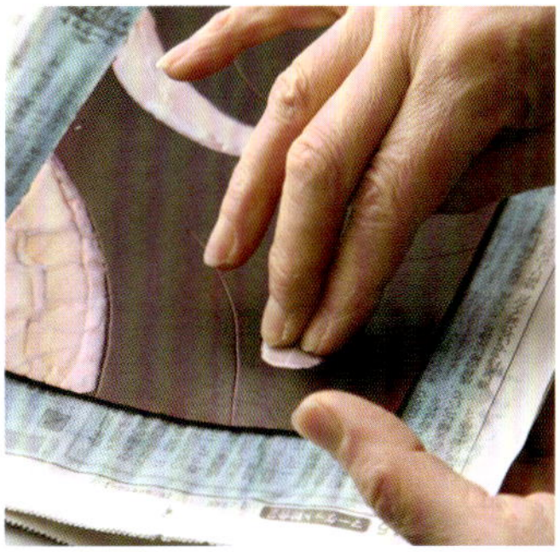

10 同様にヒビも入れる。ヒビの具合は全体の様子を見て決める

11 再度染料を重ねて染めることで、ヒビにも染料が入る

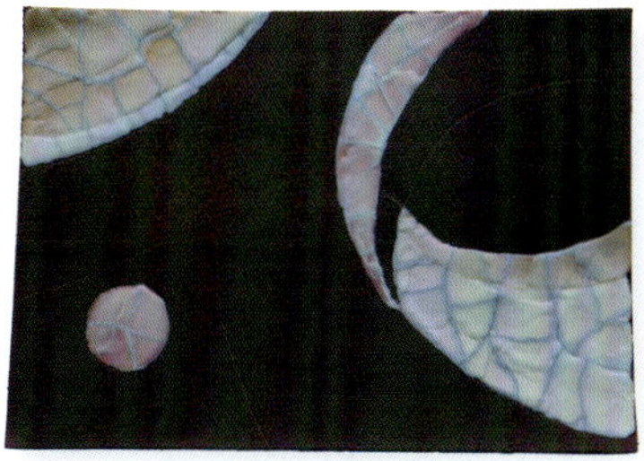

12 染め終わりの状態。このように、色を重ねるほど黒に近い色になる

同様にロウで防染をして染める。筆の角度によって置くロウの量を調整しながら進めよう

13

14 ロウを置いたら冷えて固まるまで置き、また色を重ねる

15 色を入れる。ここではこの4色目が最後の色となる

ヒビを入れる時の注意点

ヒビを入れる時はその細かさや位置は基本的にランダムだが、繋がる部分は意識してヒビも繋がるように入れるのが完成形をキレイに見せるポイントとなる

16

ヒビを入れたら最後の色を重ねる。重ねるたびに革に含まれる水分量が増えるため、染み込み具合を見ながら行なうとよい

17

18 色を入れる作業はこれで仕上がりとなる。あとはロウを剥がして完成だ

仕上げ

染色が終わったら水洗いでロウを剥がし、モデラなどで輪郭を浮き上がらせる。

染色後、30分くらい置き、染料が革に定着したらロウを剥がす。まず、ロウの上に乗っている染料を流水で洗い流してからロウを剥がす

01

革を緩く曲げると、このようにウロコのようにパリパリと剥がれるので、力を入れて剥ぎ取る必要はない

02

03 ロウを剥がしたら表面に無地の紙を乗せ、新聞紙ではさみ、上から押して水分を取り除く

04 少し湿気があるときに、モデラで輪郭線を浮き上がらせて立体的に仕上げる

05 このようにモデラの淵を使い輪郭を浮かせることでメリハリが生まれる

これでろうけつ染めが完成となる。色の重なりと独特なヒビ模様が印象的な染めの技法だ。一枚革の作品や、バッグなど制作物の素材にしても面白い

06

☑ ヒビの具合を調整する

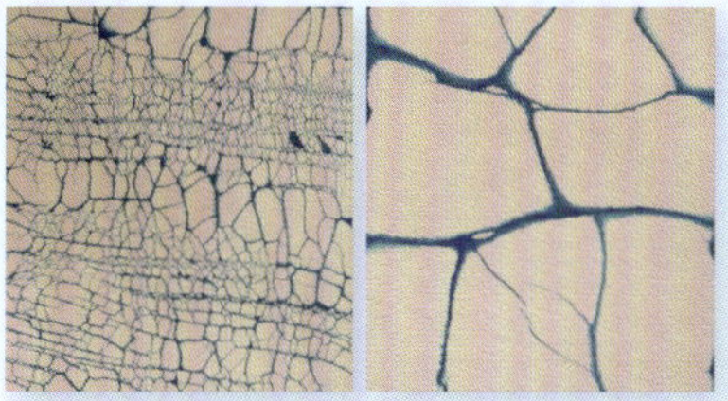

好みによるが、細かいヒビ（左）よりも、ある程度の大きさ（右）の方がキレイに色が入りやすい

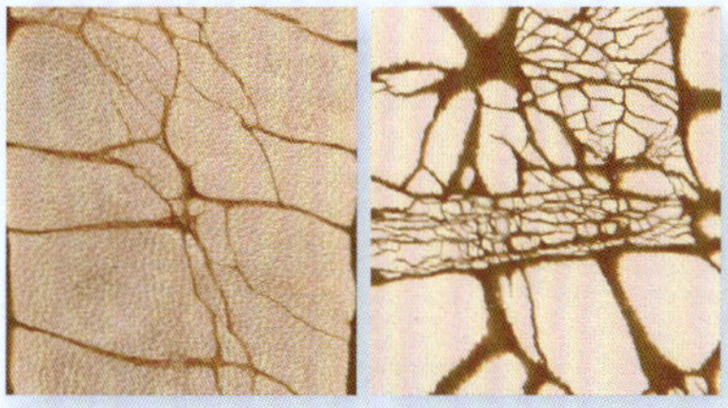

ヒビの太さがバラバラに混在する模様（左）や、ヒビの細かさが混在する模様（右）はキレイではない

スライサー染め

スライサー防染もろうけつ染めと考え方は同じ。色を入れない部分にスライサーを貼ることで防染をする。ヒビなどの効果は出せないが、自由な形に切ることで、ピタリと形に合わせた防染をすることができる。

スライサーを貼り、染色をする

防染用としてのスライサーの使い方、色の入れ方を説明する。

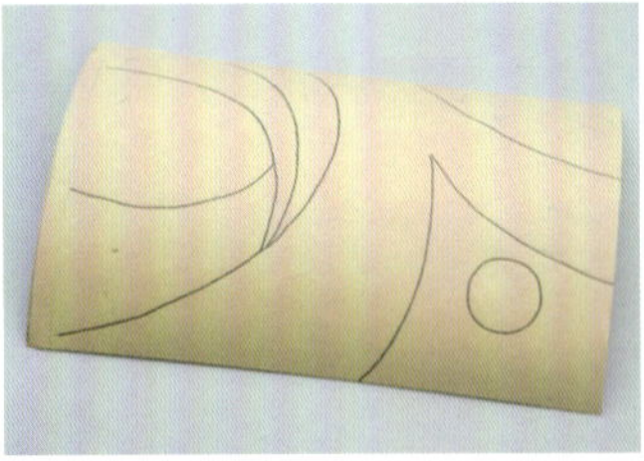

01 スライサーに図案を写し、革と同サイズに切り出す

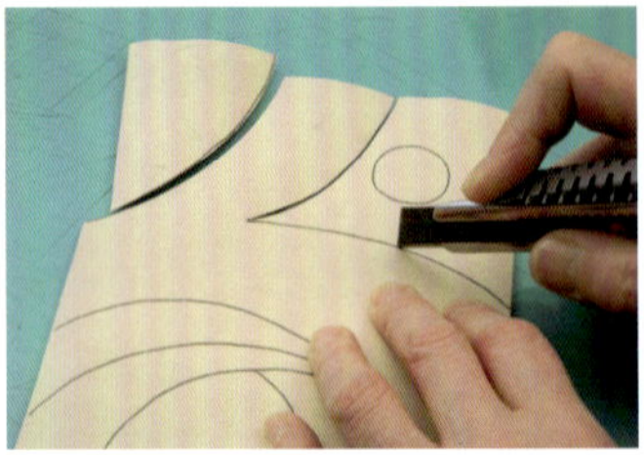

02 カッターなどで図案の線に沿って素材パーツを切り出す

03 スライサーはこのようにシールのように台紙から剥がして使う

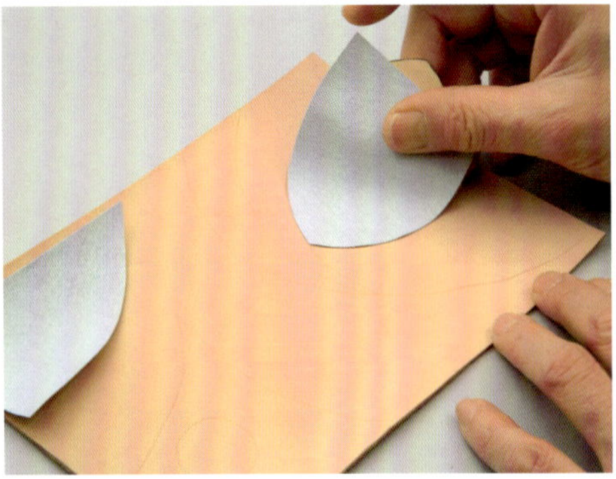

革に図案をトレースし、トレース線に合わせて、防染したい箇所にスライサーを貼り付ける

04

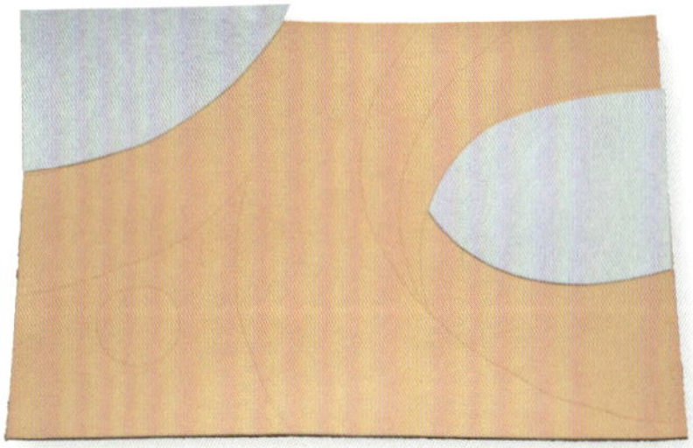

05 スライサーが貼れた状態。スライサーが貼ってある箇所には染料が入らない

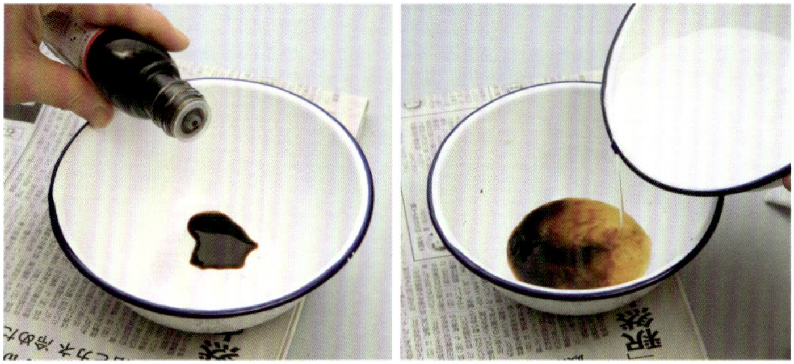

06 染料をボールに入れて、水で薄める。分量は好みの濃さを端革などで試しながら決めればよい。ハケで回数を重ねて染色するため、イメージする濃さより薄めに作る

07 ハケに染料を含ませ、ボールの縁で含ませる量を調整する

08 染め方はろうけつ染めと同様に、少量ずつ革に染料を染み込ませる

水で湿らせた革に染料を含ませたハケで横方向に端から端まで動かし、次に同じように縦方向に端から端まで染め重ねる

09

08と**09**を数回くり返し、全体的に均一な色になるように意識しながら目的の色になるまで染色をする

10

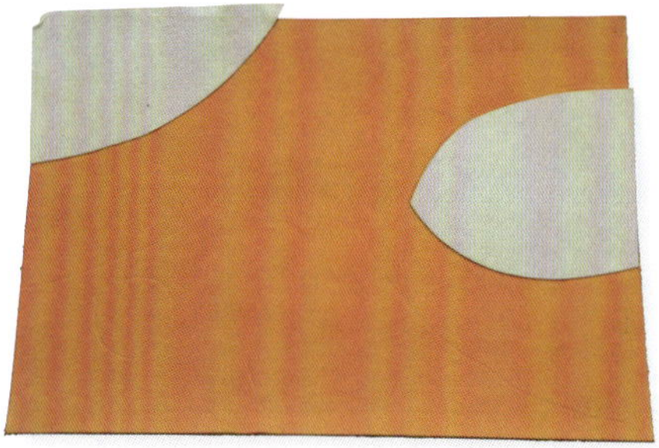

11 1回目の染色が終わった状態。切り出したスライサーの形がそのまま防染される

重ね塗りの方法

ここからはスライサーで防染をしながら、色を重ねる方法を説明する。

革に含まれる水分量が多いと、次に貼るスライサーが革に貼り付きにくいので、30分ほど乾かし（※）、スライサーをトレース線に合わせて貼る

01

スライサーを貼った状態。この上から2色目の染料を塗り、色を重ねる

02

染料の入れ方は、1色目と同様に横･縦方向にそれぞれ端から端までハケを左右に動かし染色する

03

04 2色目が塗り終えた状態。このまま30分ほど置き、適度に乾かす

05 ここまでと同様に、スライサーで防染して色を重ねる

06 スライサーの上からは染料は入らないので、普通に塗っていけばよい

07 細かい箇所も、ハケで回数を重ねて均一に染める

※乾かす時はドライヤーは絶対に使用しないこと。スライサーの接着のりが革に密着して剥がしにくくなってしまう

15～20分ほど置き、染料を定着させて、スライサーを剥がしたら完成となる。接着ノリが残らないように丁寧に剥がす

08

09 すべて剥がし終わったら基本図案の染色の完成。これがスライサーを使った防染方法だ

仕上げ

ここからは容易に自由な形を切り出せるスライサーの特徴を活かして、アレンジを加えて仕上げとする。

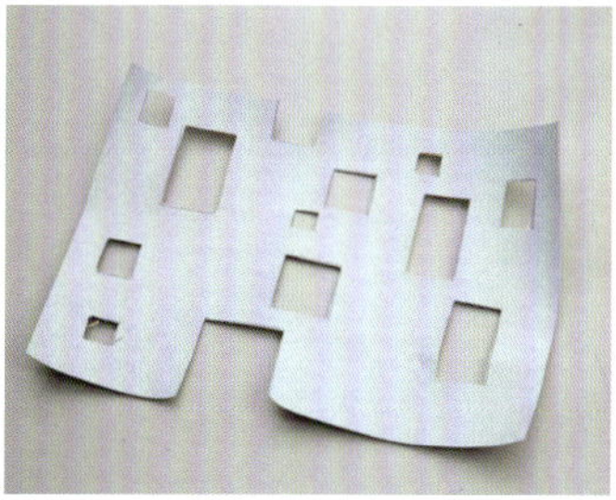

革と同サイズのスライサーを用意して、窓枠のような形に切り出す

01

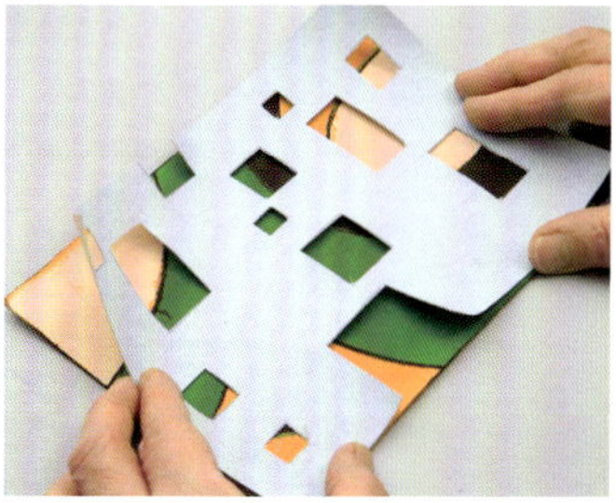

革に合わせて窓枠状に切り出したスライサーを貼り付ける

02

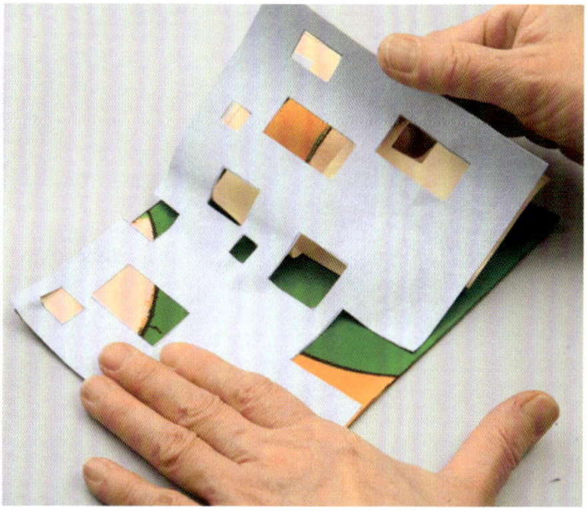

空気が入ってすき間ができてしまうと、そこから染料が染み入ってしまうので、大きいスライサーを貼るときは特に注意が必要だ

03

04 窓枠状のスライサーが貼れた状態。あとは枠の上から染めていく

数種類の染料を梅皿に入れて、好みの位置に好みの色を入れる

05

このようにそれぞれの枠に色を入れていくのだが、色が混ざらないようにスリ込み刷毛を何本か用意する、もしくはしっかり洗ってから他の色を使うようにする

06

07 塗り終わりはこのように状態。一部分だけに染料を入れる場合はスリ込み刷毛を使う

スライサーを剥がす。防染箇所が広い場合は、剥がす際にスライサーののりが革に残りやすくなるので、丁寧に剥がす

08

09 このように広い面を一気に防染できるのも、スライサー防染の特徴のひとつだ

ソメノン染め

ここではソメノンというゴム質の液体を使って防染、染色を行なう技法を説明する。革にソメノンを乗せるための道具に決まりはなく、今回の説明では段ボールを丸めたものや、筆の頭の部分、布などを紹介しているが、それ以外にも、身の回りにあるものを利用してみても面白い。

ソメノンの使い方

防染用液体、ソメノンの使い方は、小皿に適量を出し、それを革に塗布することで防染効果を得るというもの。

01 まずは小皿を用意して、ソメノンを適当量入れる

段ボールを丸めた物の先端を、ソメノンに浸ける。ソメノンを革に付ける前に、新聞紙やいらない紙で分量を調整する
02

03 基本の図案をトレースした革の、防染したい箇所にソメノンを乗せていく

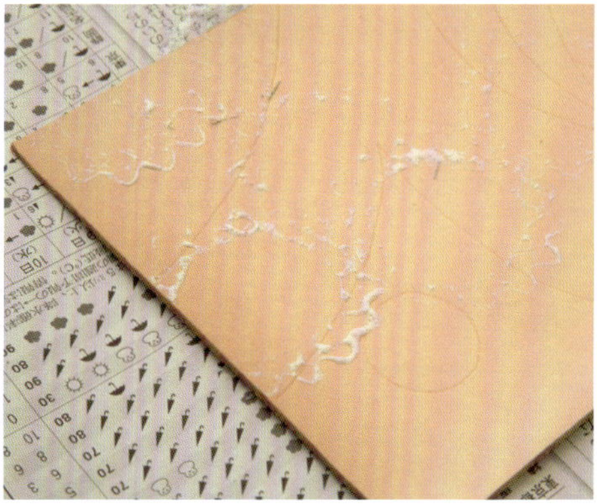

ソメノンは数分でゴム状になり革に貼り付く。しばらく置くと、ソメノンが透明になるので、それが乾いた目安となる
04

染色をする

ソメノンを革に乗せて、乾いて透明になったら防染効果が生じる。そこから染色をしていく。

01 ソメノンを革に乗せて、このように透明化したら染色をはじめる

02 染料と水を混ぜ、均一の色を作る。ハケに染料を取り、ボールの縁で含ませる量を調節する

濃い色で一度に染色するのではなく、薄い色を重ねる。まずは横方向に端から端まで染め、次に縦方向に重ねて染める。回数を重ねることで濃さを調整して、ハケムラが無いように均一に染める

03

ソメノンが乗っている以外の部分に染料が入った状態。段ボールなど、道具の模様に防染できるのがソメノンの特徴だ

04

色を重ねる方法

ここからはソメノンを使った防染で、色を重ねる方法を解説する。

01 小皿に入れたソメノンを筆に取る

トレース線に合わせてソメノンを塗布する。先に塗ったソメノンが剥がれないように注意しよう 02

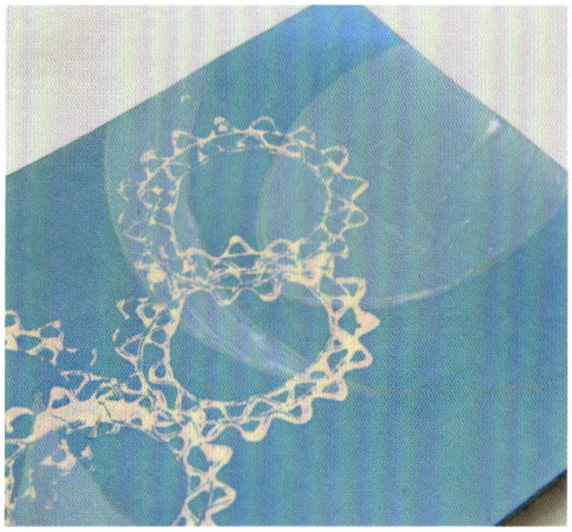

03 ここでも塗り終わったあと10分ほど置き、透明化するのを待つ

04 革の上のソメノンが透明になったら、次の色の染料を塗る。色の重ね方も考えよう。ここでは青と赤を重ねて、紫色にしている

ソメノンならではの色の入れ方

乾いてゴム状になったソメノンは、このように簡単に剥がすことができる。一部分だけを丁寧に剥がすことで、色が増える

05

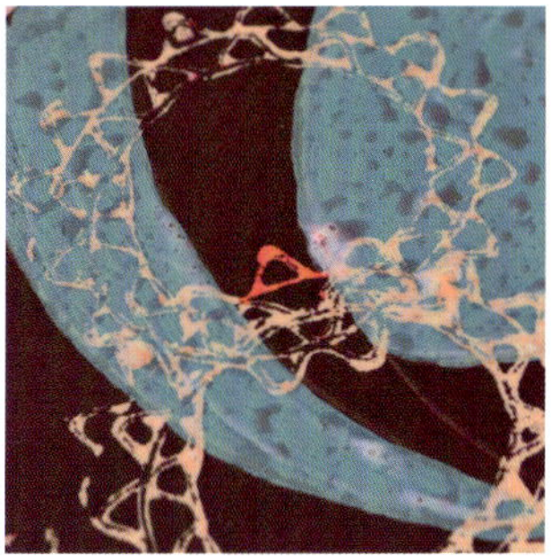

剥がした部分はもとの革のままなので、赤の染料を入れればそのまま赤い色が出る

06

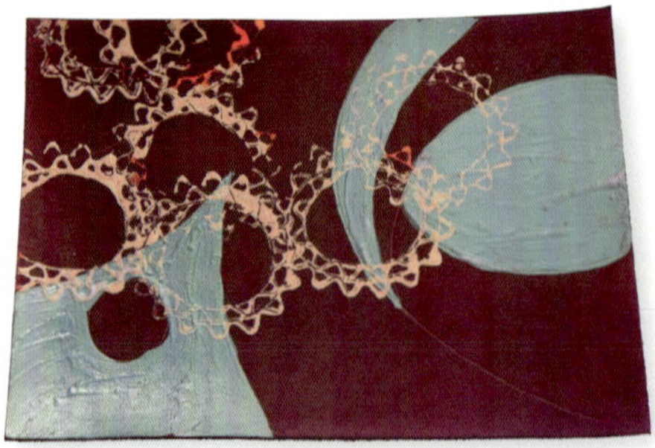

07 ふたつの色を入れた状態。一部ソメノンを剥がした部分には赤色が出ている

さらにソメノンで防染箇所を作り、3色目の染料を入れていく 08

トレース線に合わせてソメノンを塗り、防染箇所を作る。革に含む水分量が多くなると、ソメノンが革に密着しにくくなり剥がれやすくなる。下の新聞紙を取り替えて時間を置き、次のソメノン防染の作業に入る 09

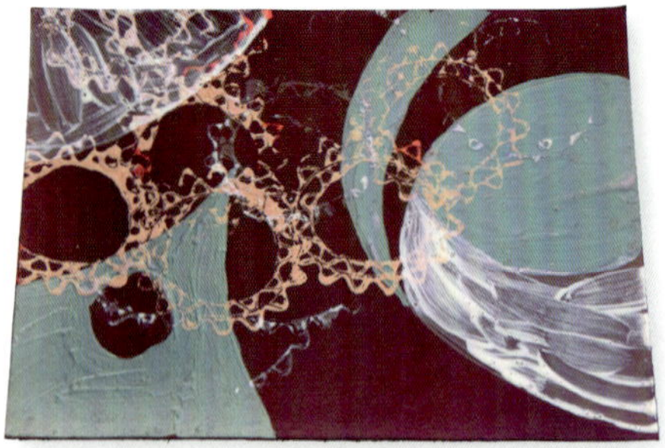

10 塗り終わったらしばらく置き、ソメノンが透明になるのを待つ

ソメノンが透明になったら次の染色をする。染色することにより革が水分を含むので、革の水分量の様子を見て乾かす時間を取るとよい 11

12 染色が終わったら20〜30分置き、染料を定着させる。生乾きの状態でソメノンを剥がして完成(※)

※:ソメノンが完全に乾いてしまうと剥がしにくくなってしまう

ソメノンを剥がす。ゴム状になっているので、端から簡単に剥がすことができる

13

細かく残ってしまったソメノンは、指で転がすように丸めて取り、完全に取り除く

14

15 使った染料は3色だが、**05～06**で剥がした部分にも染料が入るため、4つの色が定着する

16 最後に図案の輪郭部分を浮き上がらせて仕上げる。まずは革を湿らせる

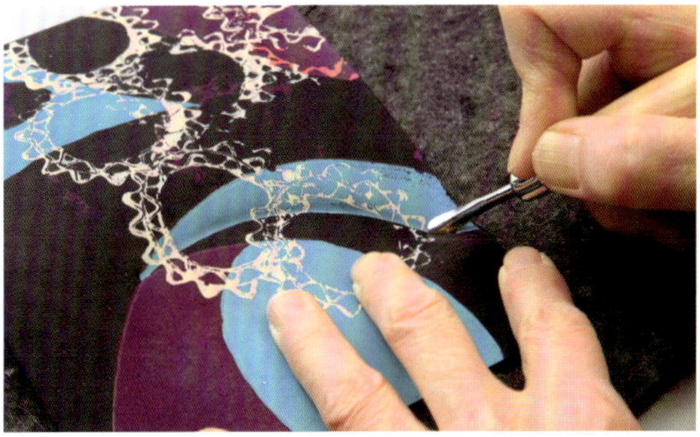

17 革が適度に湿ったら革の下にフェルトを敷き、モデラを使って輪郭部分を浮き上がらせる

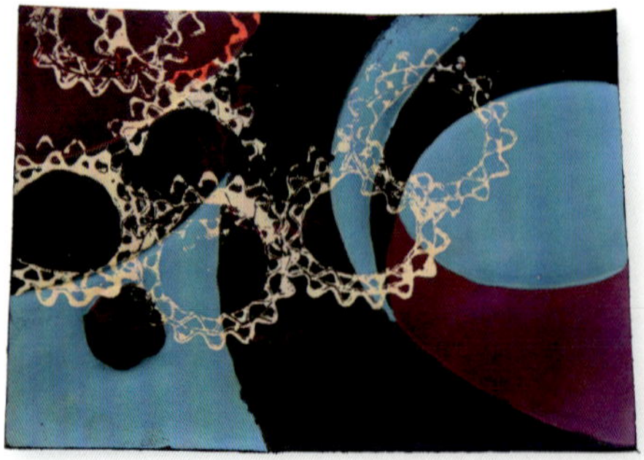

18 輪郭を浮き上がらせて完成。図案の再現と、身近な道具を使った模様の両立がソメノンの特徴だ

ソメノンの注意点

小皿に入れたソメノンを放置しておくと固まってしまうので、このようにフタをする

筆も同様で、ソメノンが付いた状態だと固まってしまうので、水で流してウエスなどで拭き取っておこう

身近なものを利用する

筆の頭やボトルのキャップなどで丸い防染をする

段ボールの切れ端を四角くまとめる

布を利用して、繊維特有の模様で防染する

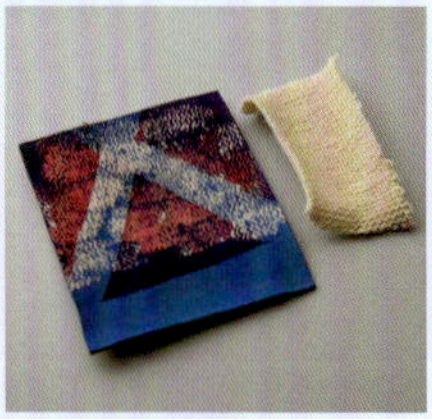

布も色々あり、繊維の目や方向で雰囲気が変わる

マーブル染め

マーブル染めは防染ではなく、マーブル糊の上に染料を垂らしてかき混ぜることで、不思議な模様を革の上に作り出す染色技法だ。マーブル糊、サランラップ、受け台と、かき混ぜるための棒を用意する。

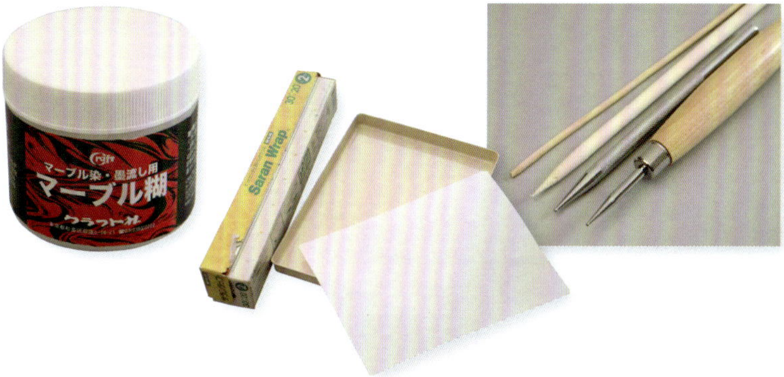

01 マーブル糊を50g容器に入れる

02 水、またはお湯1リットルを徐々にかき回しながら加え、数時間置く

03 再度かき混ぜ、一晩放置する

04 このようにマーブル糊を完全に溶かす

05 受け台にサランラップを敷き、その上からマーブル糊を注ぐ。量はこぼれない程度に多めに入れておく（サランラップを敷いておくと使用後の処理に便利）

注ぐときにマーブル糊に気泡ができるので、しばらく放置して、気泡が完全になくなるまで待つ

06

気泡を取り除く

針など先端がとがったもので気泡を潰すと、より早く準備ができる

染料を混ぜ合わせる

マーブル糊の気泡が消えたら染料を混ぜ合わせて模様を作る。

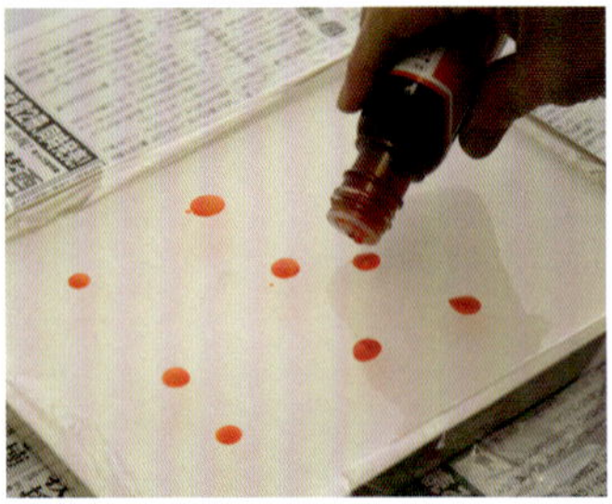

マーブル糊の上に染料を垂らしていく

01

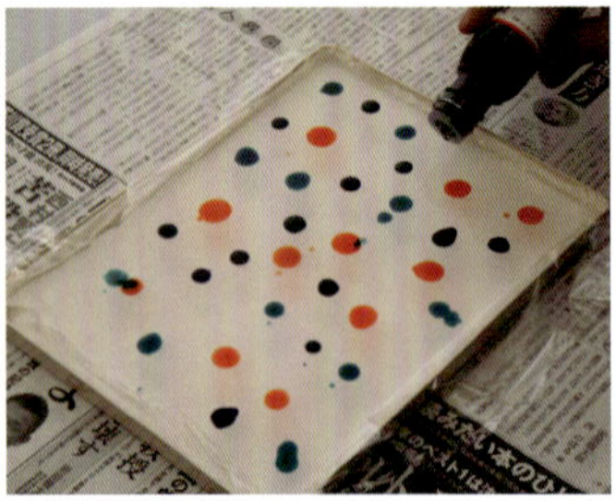

何種類かの染料を落とす

02

03 筆の柄や竹串など、棒状のもので染料を引き伸ばし、模様を作る

04 さらに違う方向に引き伸ばし、マーブル模様を作る

受け台の中に模様が完成した。この模様が革に写される

05

06 革をゆっくりと受け台のマーブル糊の上に乗せ、上から軽く押さえて15分ほど置く

07 革をマーブル糊から引き上げ、5分ほど置く

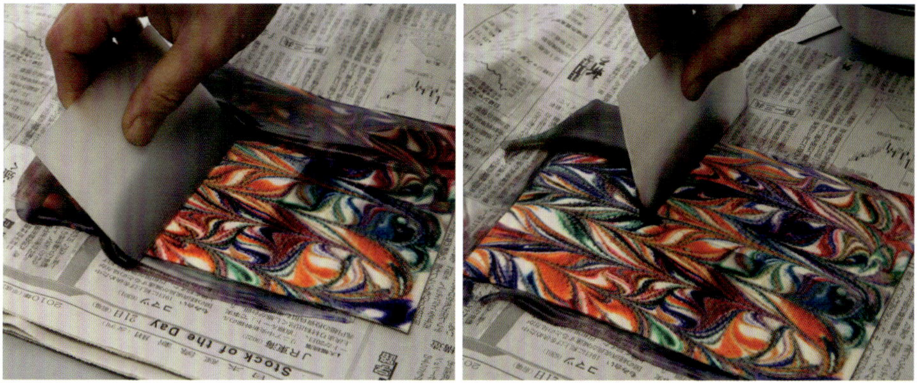

革に付いた糊をヘラなどで取り除く。このあと水で洗うので、こすり取る必要はない

08

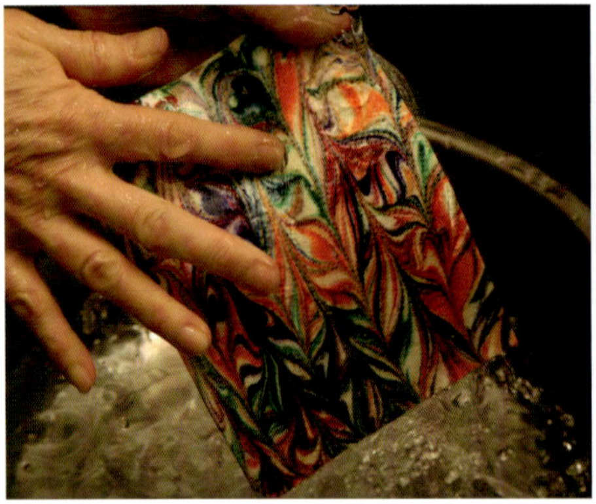

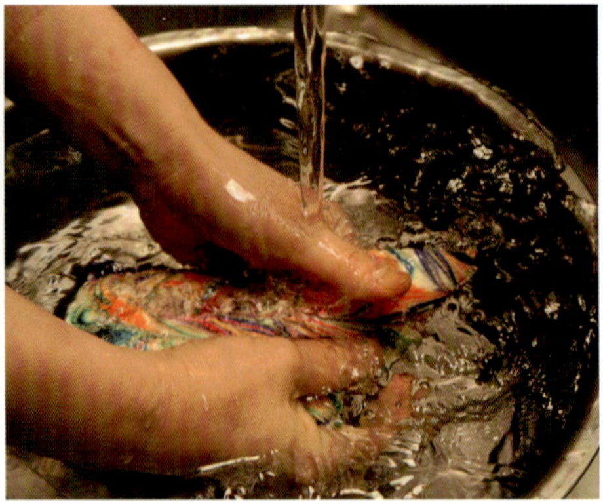

水で流し、マーブル糊を完全に取る。傷付けない程度に強くもみ洗いしても大丈夫

09

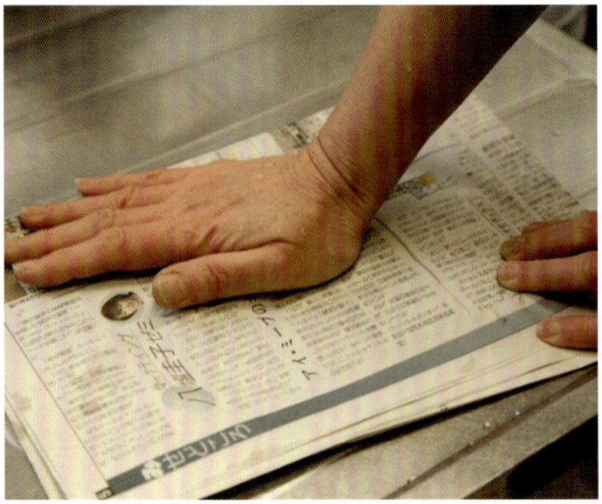

水洗いしたら新聞紙で余分な水分を取り除く。表面には無地の紙を乗せる（新聞紙の印刷が模様に付かないようにするため）

10

水分が取れたら、さらに陰干しで1日ほど乾かす

11

1日乾かした状態。これでマーブル染めの完成だ。ノリの上で色が混ざり合う、独特の模様が特徴的な染め技法である

12

組み合わせや混ぜ方の違い

魚の形をスライサー防染して、さらにその形に色を入れた作例

スライサーで魚の形に防染した状態で、マーブル染めを行なった作例

マーブル糊の上で、円状と線状で模様を作った作例

作品制作のアイデアが満載

装飾の技法を活かすことで、様々なデザインの作品を制作することができるようになる。様々なアイテムの仕立てのアイデアが詰まった書籍を手に入れて、自分だけのアイテム制作にチャレンジして欲しい。

ハギレで作る革小物

●B5判変型　192ページ
●価格2,625円(税抜2,500円)

主にビギナーの方に向け、安価で入手できる「ハギレ(端革)」で制作が可能な作品の作り方を収録。その点数は合計14点にも及び、難易度も易しいものからやや難しいものまでを紹介しているので、レベルアップをしながらレザークラフトを学ぶのにも最適だ。

手縫いで作る革のウォレット

●B5判変型　200ページ
●価格2,625円(税抜2,500円)

本書では、職人によるオリジナルウォレットの制作過程を6作品紹介する。カービングを取り入れたアイテムや高い機能性を誇る留め具を採用したウォレットなど、すべての作品はデザインや機能性が異なり、それぞれが個性的な特徴を持っている。

誰でもできる 手縫い革カバンの作り方

●B5判変型　192ページ
●価格2,625円(税抜2,500円)

本書は革のカバンを、手縫いで作る方法を分かりやすく解説した書籍。実用性がありつつカバン作りの基礎から応用までを学べる4つのアイテムの制作を解説する。特に制作解説は難易度の異なるカバン作りを、圧倒的な数の写真を使い詳しく解説している。

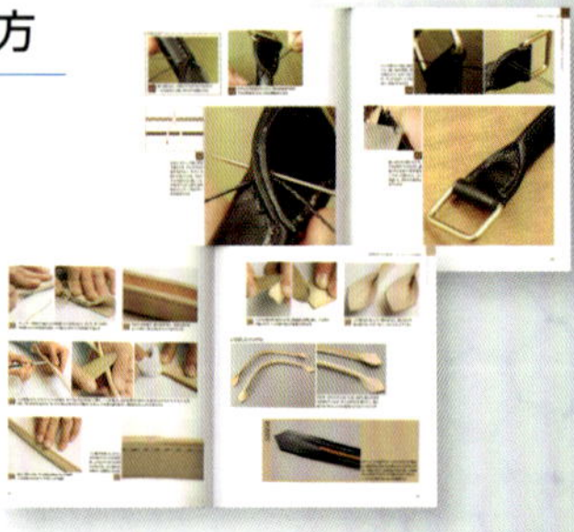

ステッチ

ミシンは、レザークラフトの幅を広げてくれるアイテムだ。それは装飾技法においても同様で、手縫いでは手間がかかりすぎた装飾を、スピーディに仕上げることができる。ミシンの扱い方をマスターして、装飾の幅を広げたい。

9 ステッチ

ミシンを使って縫製を行なうことで、正確で素早い縫いが可能となる。また、ステッチやキルティングなどを施し、手縫いでは制作が難しいアイテムを作ることもできる。大きな作品を作りたいときや、たくさんのものを短い時間で作りたいときなど、ミシンを使えるようになっておくことで得られるメリットは多い。ミシンの使い方は布用のものとほとんど同じなので、慣れてしまえば難しいことではない。

ミシンを使えるようになることで、右の作例のような複雑なアップリケや、キルティングのアイテムも作れるようになる。ミシンを使ったレザークラフトには、手縫いとはひと味違った楽しさがあり、より複雑な作品作りをするときに活かせるため、ミシンの技法も身につけておくとよい。まずはここで紹介するような簡単な技法から見に付けて、徐々にオリジナルな作品作りに応用できるようになろう。

可愛らしい赤いハートのアップリケを巾着袋に取り付けた。アップリケは簡単に取り付けられる装飾のひとつなので、覚えておくことで作品作りの幅が広がる

キルティングを施したポーチは、このようにふっくらと柔らかい印象になる。革の直感的なイメージを変えるという意味でも面白い技法だ

キーケースに複雑なアップリケを縫い付けて、ハードな印象のアイテムになっている

独特な形のキルティングが面白いブックカバー。応用的なテクニックが必要だが、制作の幅が広がる

ミシンの使い方

レザークラフトで使用するミシンは、通常のものではなく、専用のものを用意する必要がある。ここで使用する「HOME LEATHER 110」はレザークラフト用の家庭用ミシンとして定番となっている。また、ミシン針も布用とは違い革用のものを使用するため、選ぶ際には注意が必要だ。

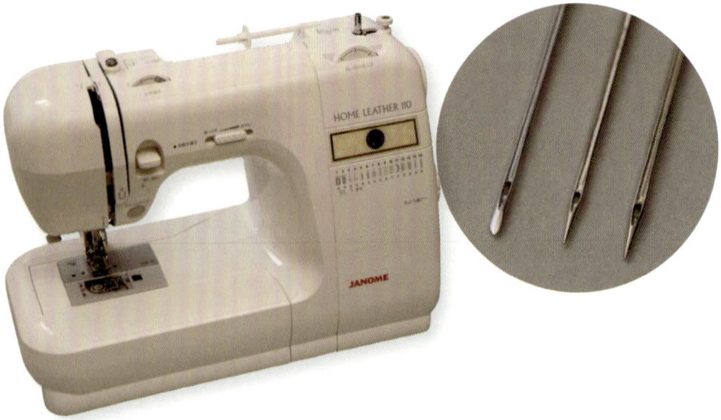

ミシンのセットアップ

ミシンのセットアップ方法は布用ミシンと同じ。ミシン本体に針と糸を付けて試し縫いを行なう。

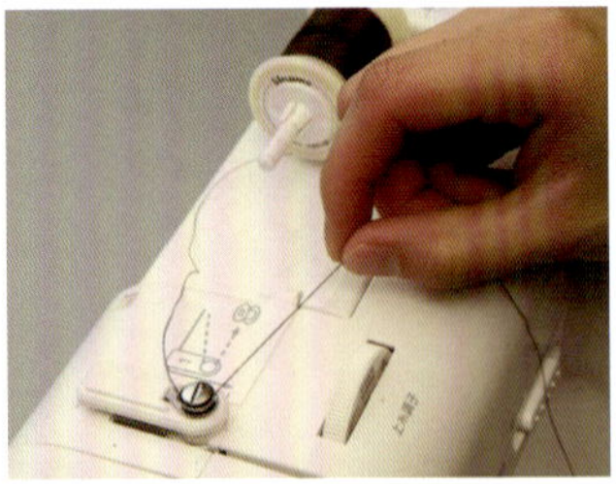

01 下糸を作るために、糸をセットして、糸巻き糸案内を一周させる

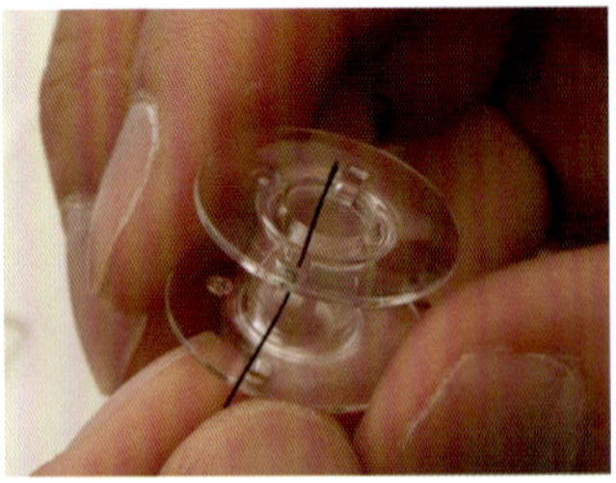

02 ボビン(※)の穴に内側から**01**の糸を通す。ここに巻き付けて下糸を作る

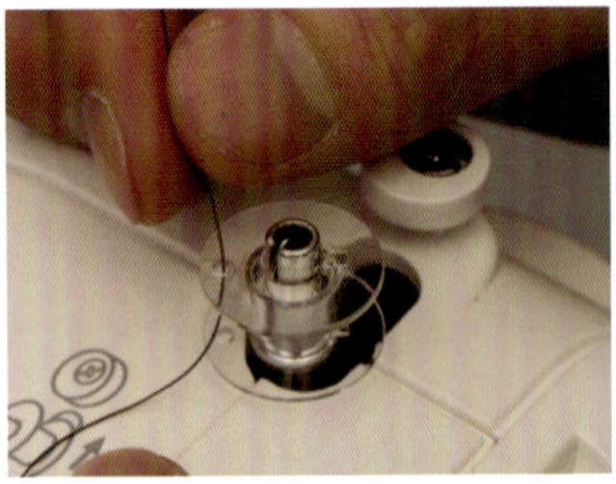

03 ボビンを糸巻き軸にセットする。**02**の糸は手で掴んでおく

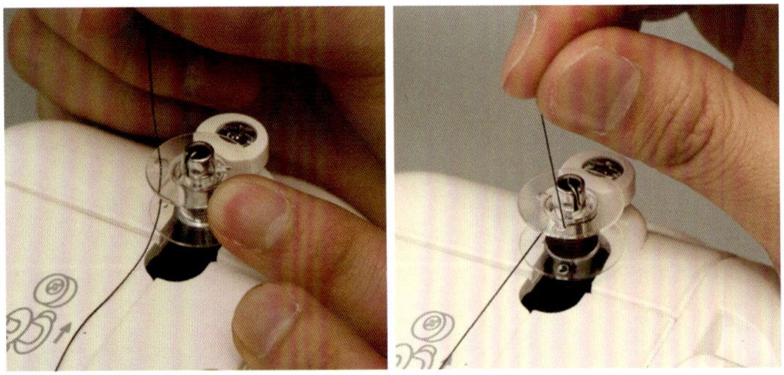

04 ボビンをセットした下糸巻き装置を、ミシン本体の奥に押しセットする。そして糸を持ったままスタートさせる

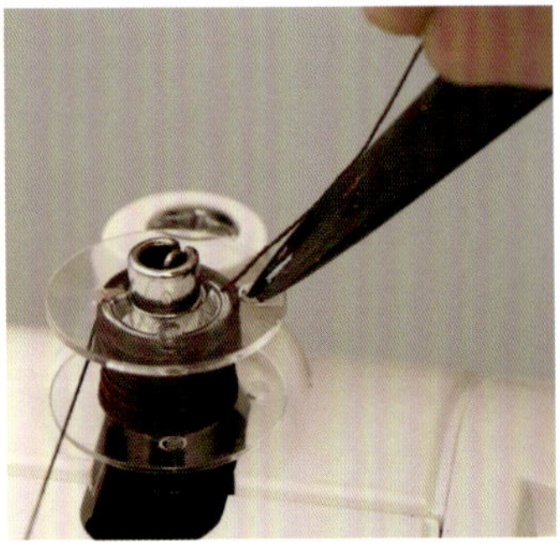

05 持っている糸を穴の根元からカットして、再びスタートさせて糸を巻く

※:糸を巻くための筒状の物。下糸を作るために使用している

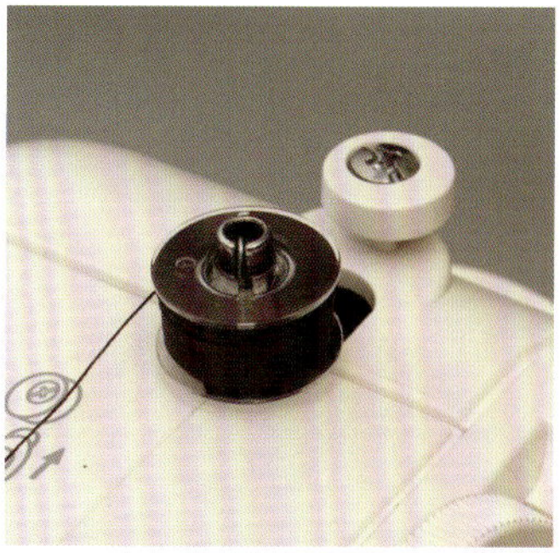

06 糸を巻き終えたら、03の位置に戻し、下糸巻き装置から取り外してカットする

07 上糸をセットするために、糸案内体を通す

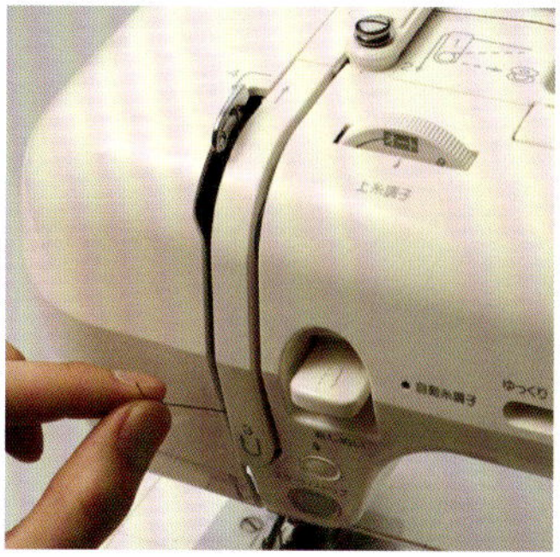

08 糸のかけ方は、ミシン本体に書いてあるので、それに従い通していく

09 糸を天びんに、右から後ろに回して左に出し、スリットから穴先に引き入れる

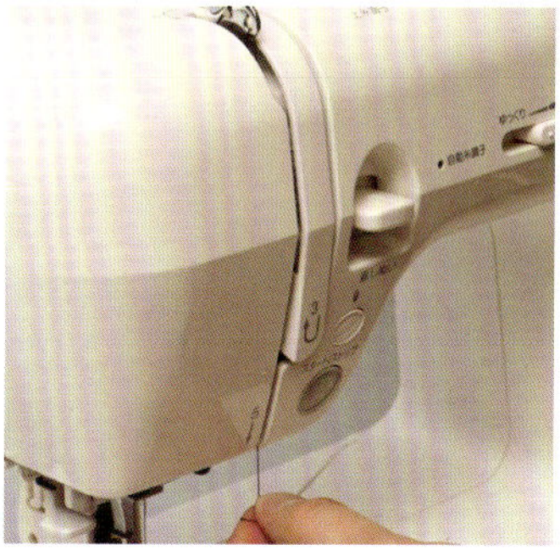

10 フックに掛けた糸をまっすぐ下に下ろして、針の横に出す

11 針棒糸掛け（※）に左から通す

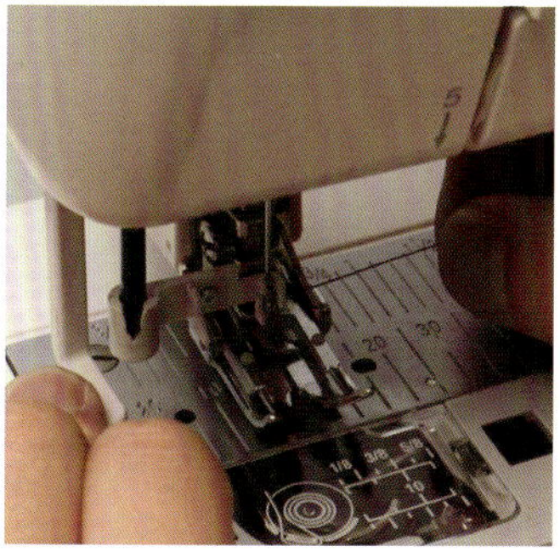

12 針穴に糸を通したら上糸のセットは完成となる

13 10cmほど糸を出した状態でボビンを釜にセットする

14 角板の糸道案内図に従い、掛けた糸を針の方向に垂らし、釜のフタをする

※:糸をセットする際に、上糸が抜けてしまわないようにするためのミシンの部位

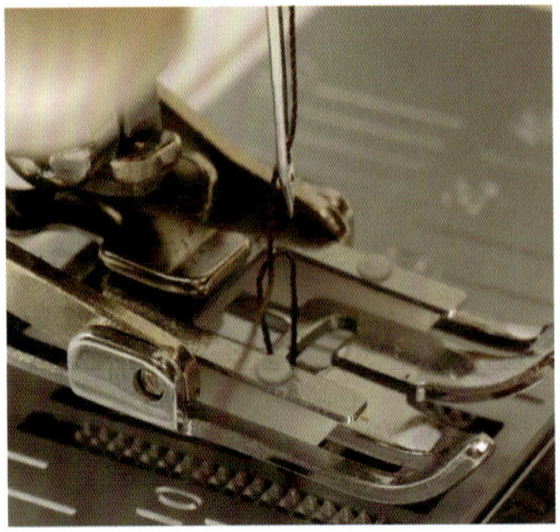
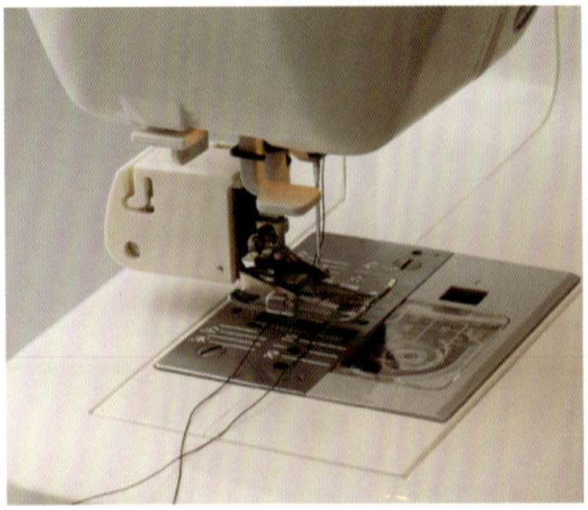

15 押さえ上げを上げ、上糸を持ったままはずみ車を1回転させ、針を上げて下糸を引き出す。このように、ミシンのセットアップは布用と同じだ

16 試し縫い用の革をセットする

17 押さえを下げて、フットコントローラーを踏めば縫うことができる

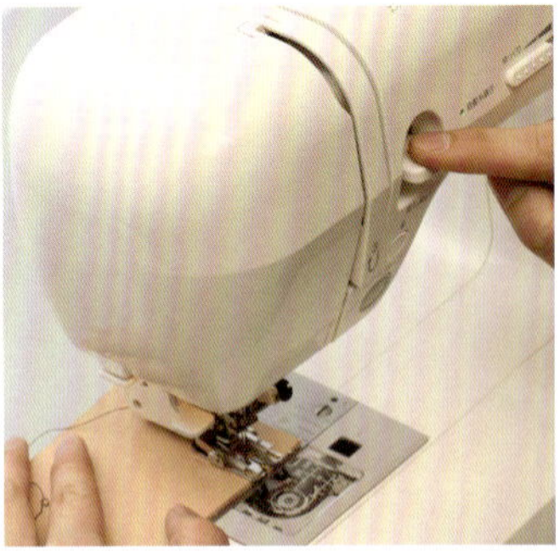

18 返し縫いレバー（※）を下げると返し縫いができる

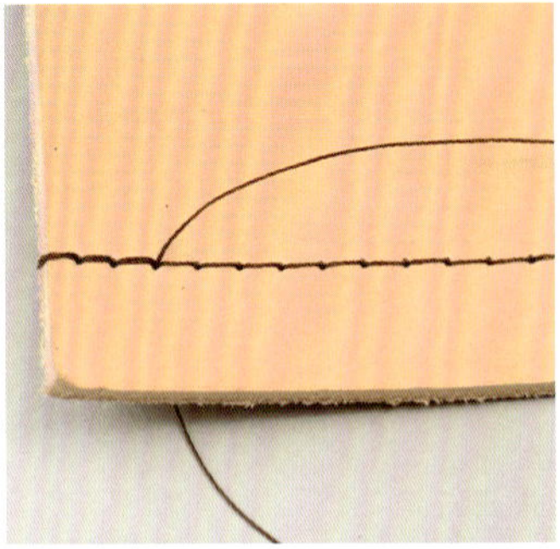

19 ミシンをセットしたら、まずは試し縫いを行なうとよい

☑ 縫い上がりの違いを見比べる

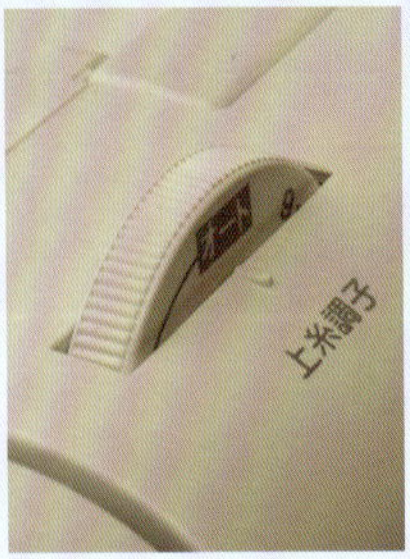

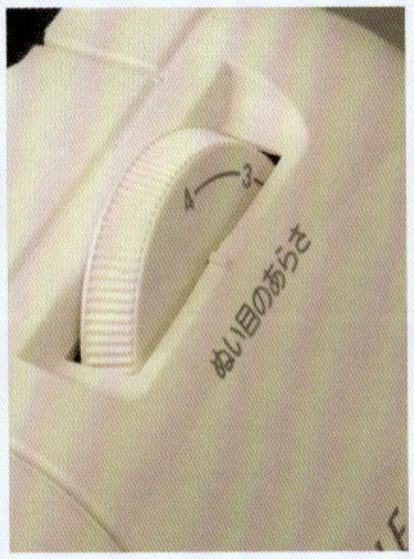

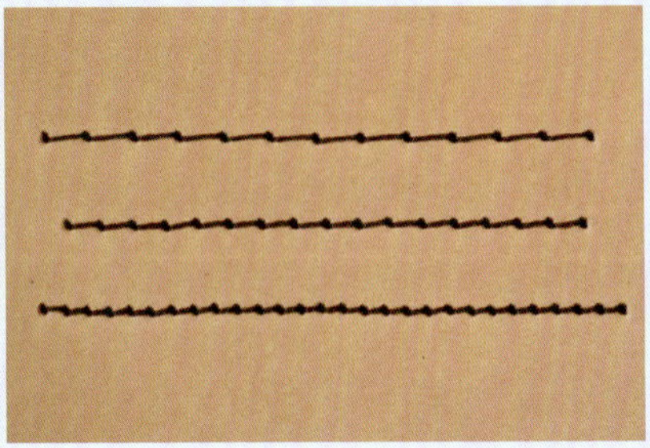

ミシンの縫い目は上糸調子と縫い目の粗さで変えることができる。写真左の例では、縫い目の下にいくほど縫い目の粗さが細かくなっている。上糸調子はオートに設定しておくのがおすすめだ

※:返し縫いをするためのレバー。レバーを下げるだけで返し縫いを行なうことができる

ミシンの機能を知る

縫う革によって、押さえ圧調節ダイヤル（※）を調整して押さえの力を変えられる

本体の表示窓を見ながら縫い模様を変えることができる

アップリケの付け方

ミシンを使用することで、好きなデザインで切り出したアップリケをきれいに、簡単に縫い付けることができる。やり方はアップリケの外周を縫うだけなので、ミシンの使い方の基本が分かっていれば簡単に取り付けられる。

アップリケを接着する

好きな形にアップリケを切り出したら、まずは土台となる革に接着する。

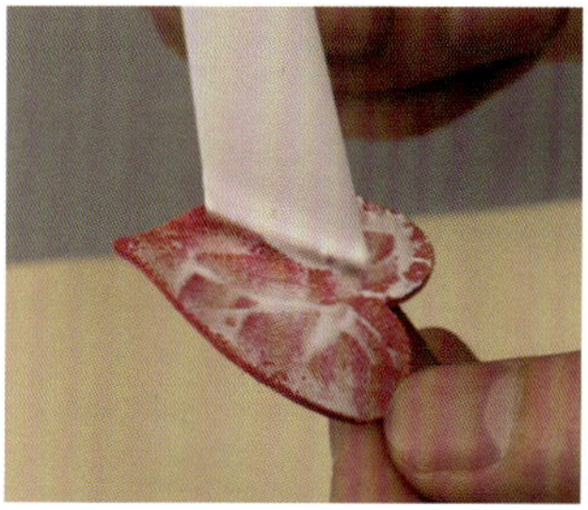

アップリケの裏側に、サイビノールをまんべんなく塗る

01

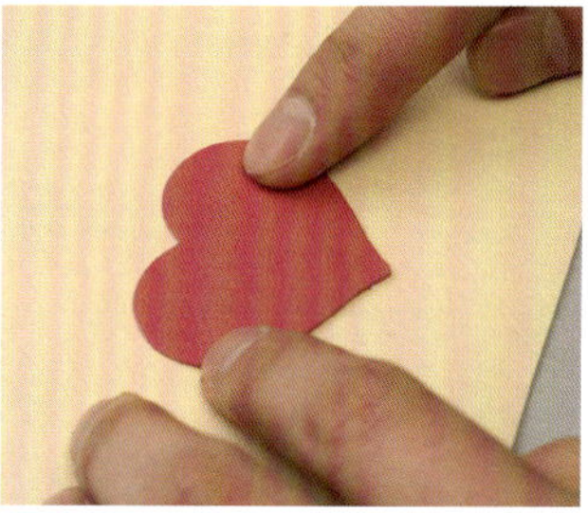

取り付けたい位置に合わせてアップリケを接着する。手でしっかりと圧着する

02

※：押さえの強さを変えるためのダイヤル。厚い革を縫うときはきつく、薄い革の場合は緩くして使う

ミシンで縫い付ける

アップリケの接着ができたらミシンでの縫い合わせを行なう。

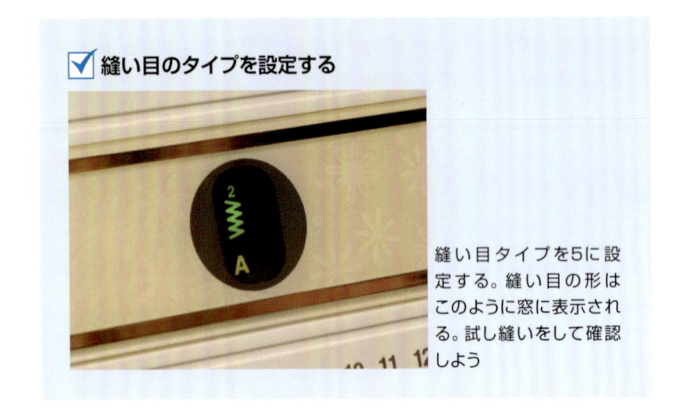

☑ 縫い目のタイプを設定する

縫い目タイプを5に設定する。縫い目の形はこのように窓に表示される。試し縫いをして確認しよう

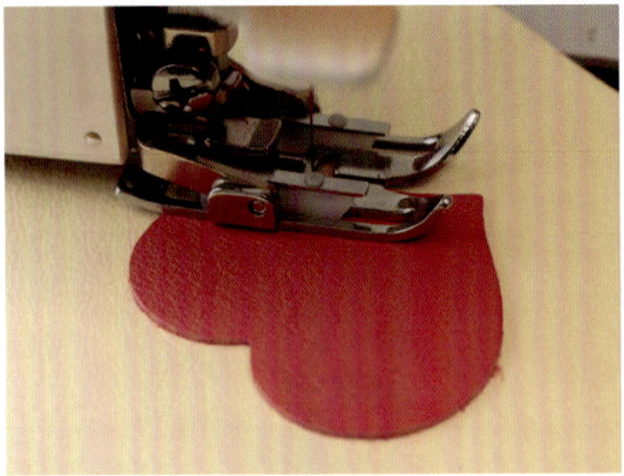

01 縫い始めの位置は、重ね縫いをすることを考えてなるべく直線の部分がよい

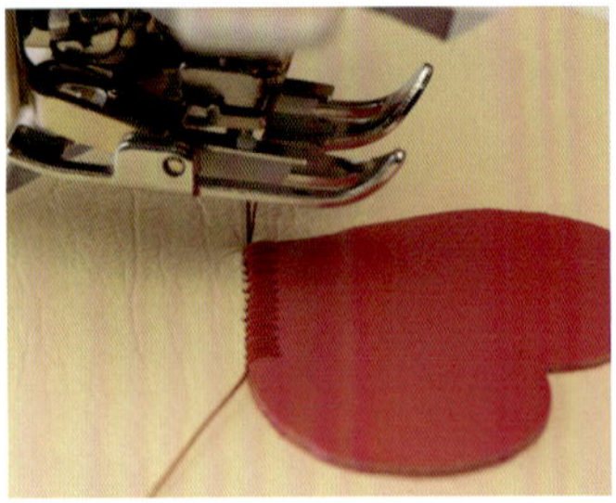

角まで縫い進めたら、いったん止まり、押さえを上げて革を回して方向を変える

02

針を落とした状態で押さえを上げることで、このように鋭角に方向を変えることができる

03

04 縫いはじめの位置まで縫ったら、針穴を合わせて重ね縫いを行なう

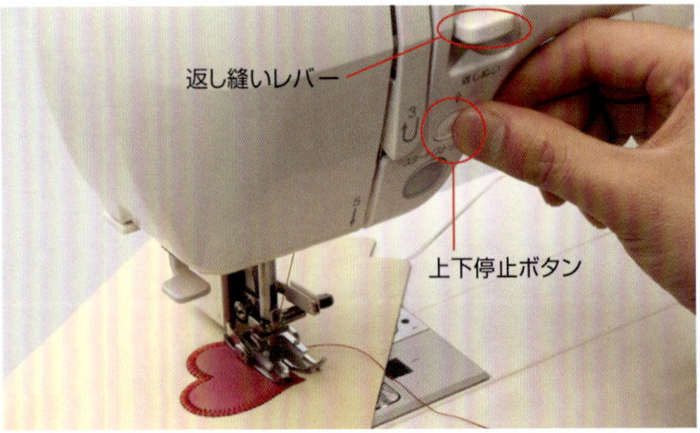

05 3目重ね縫いをする

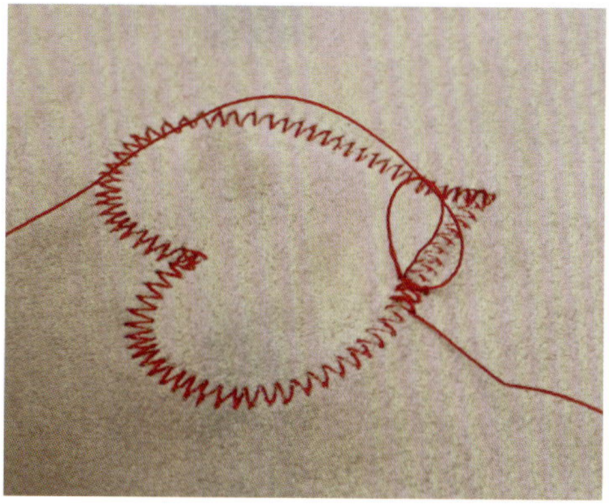

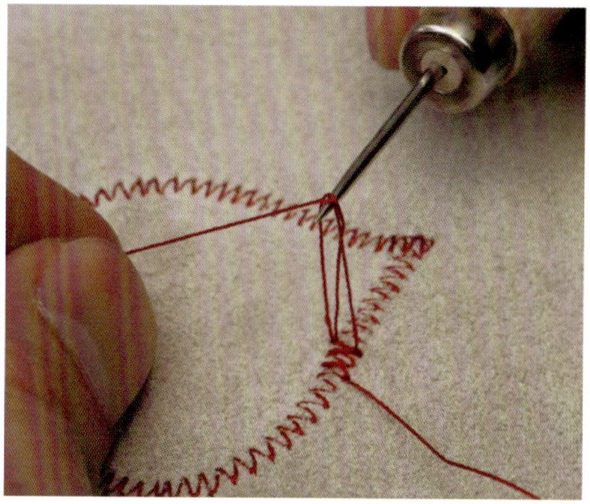

切りっぱなしの表の糸を、丸ギリなどで裏側に引っ張り出す

06

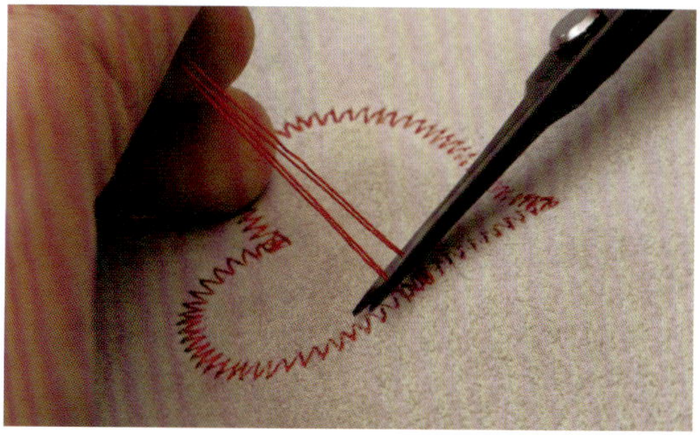

07 引っ張り出した糸を、根元から2mmほど残して切る

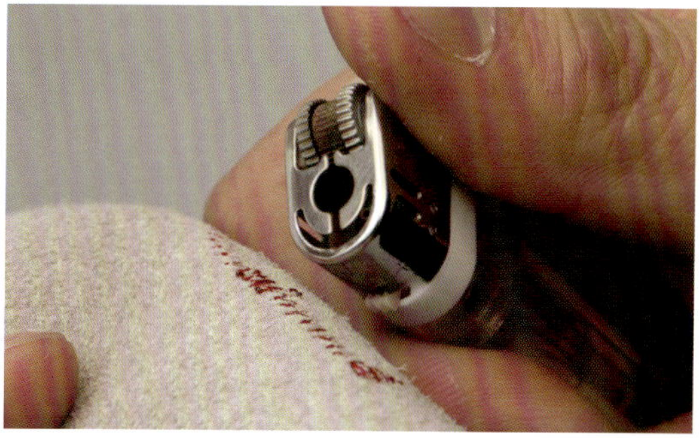

08 ライターで炙って糸を留める

これでアップリケの縫い付けは完成となる。アップリケの縫い付けでは、縫い目タイプ5のギザギザ縫いが定番だ。縫い目の荒さの設定で仕上がりの雰囲気を変えることができるので、いろいろ試してみよう

09

キルティングの作り方

保温機能を持つキルトとは、もともと寒冷地域の防寒着として実用的に作られるようになり、現在ではファッションの定番デザインとして人気が高い。革に別素材を挟み、縫い合わせるため、縫い箇所が多くなるキルトも、ミシンを使えば簡単に作ることができる。

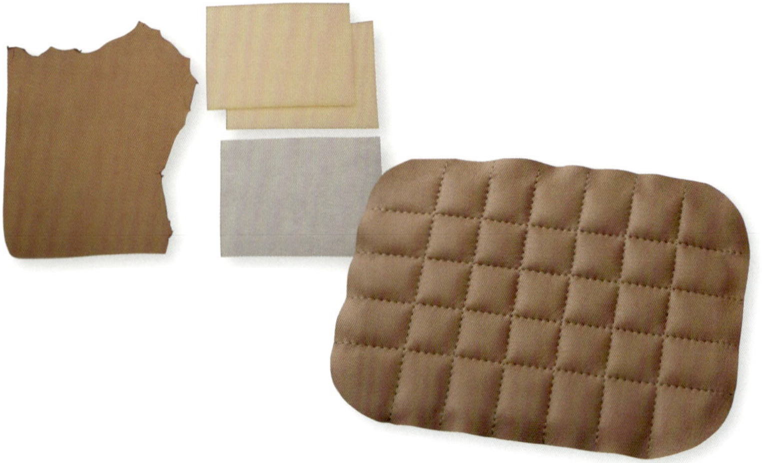

革を切り出しケガキ線を引く

まずは革を切り出して、キルティングを施す箇所にケガキ線を引く。

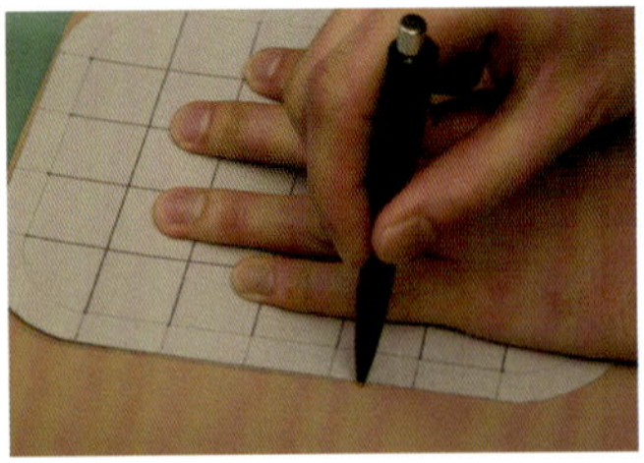

01 型紙をあらかじめ作っておき、それに合わせて切り出す大きさをケガく

02 キルティングを施すためのポイントとして、丸ギリで印を付ける

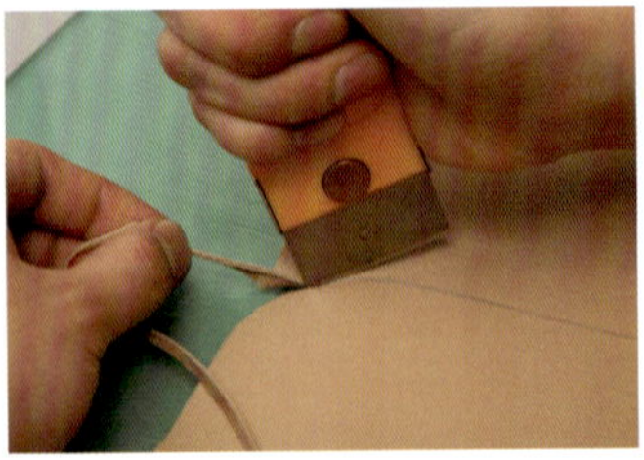

03 別たちで革を使いたい大きさに切り出す

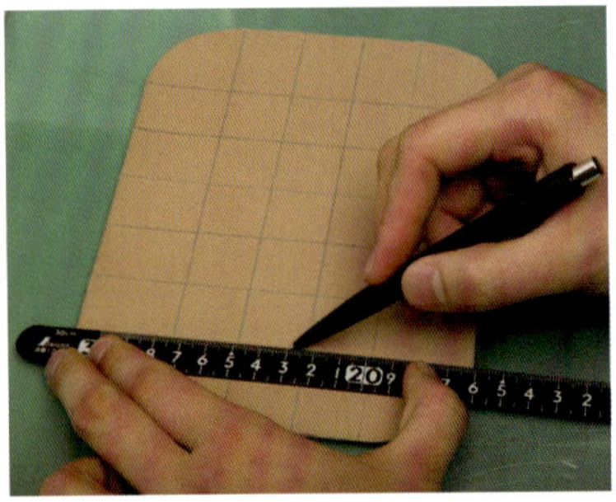

04 02の印をつなぐように、銀ペンで線を引く。この線が縫い付け箇所となる

副資材の挟み込み

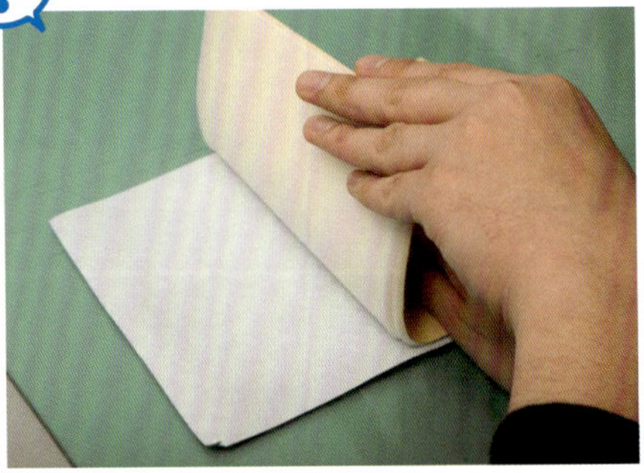

キルティング特有のふっくらした仕上がりを出すため、のり付スポンジを重ねて貼り、それをスライサーの土台に貼り合わせる

05

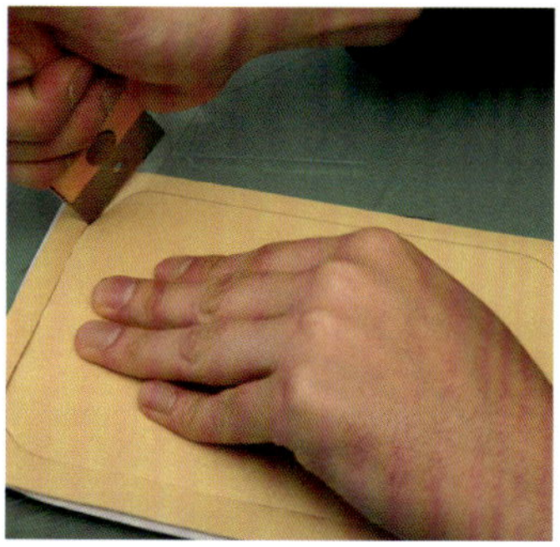

スポンジ材を革の大きさに合わせて切り出す

06

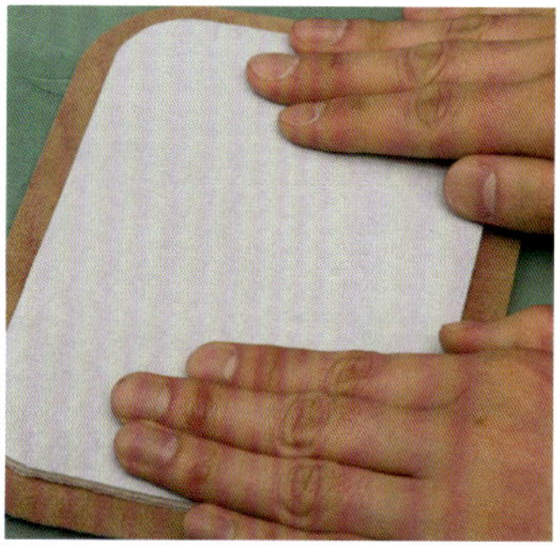

革に合わせてスポンジ材を貼り合わせる。革の中心に貼ること

07

<表>

<裏>

これで縫い付ける準備ができた。革の表に引いたケガキ線が縫い箇所となり、スポンジ材を縫い付ける

08

ミシンで縫い付けて仕上げる

ミシンを使いケガキ線上を縫い、キルティングを仕上げよう。

☑ミシンを使う前に確認しておくこと

ミシンで接着芯などを貼り合わせた素材を縫う場合、針の潤滑性が失われたり、糸切れを起こしやすくなってしまう。シリコーン剤(※)などでケアをしておこう

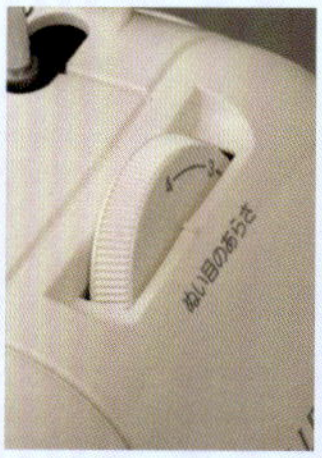

キルティング加工をするときは、縫い目の粗さを4に、縫い目タイプを3に設定する

※:ミシン用の潤滑油

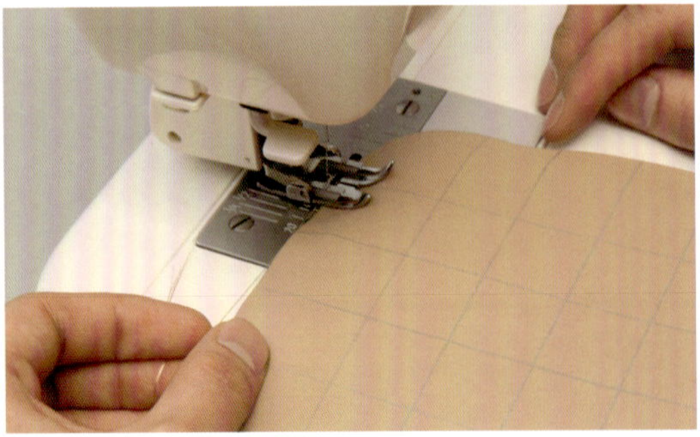

01 ケガキ線に沿って端から順番に縫い合わせていく

02 縦方向なら縦方向をすべて先に縫い、そのあとに革の向きを変えて反対方向も縫い合わせる

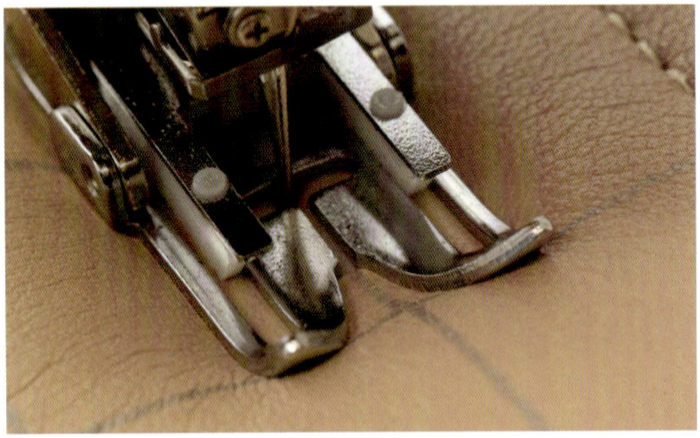

03 線の真上を丁寧に縫っていくことが大切だ

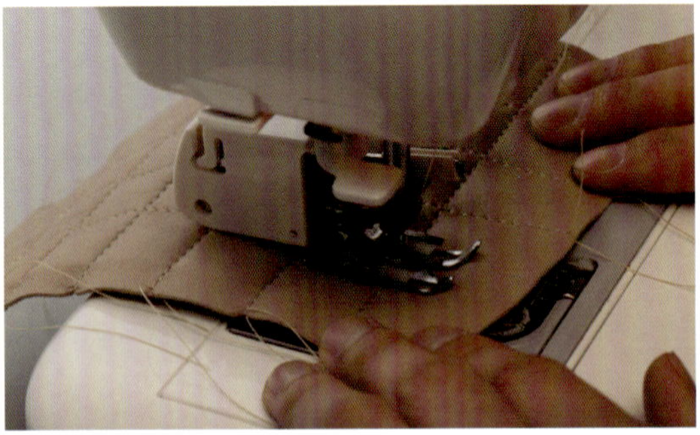

04 方向を変えて、すべてのケガキ線を縫っていく

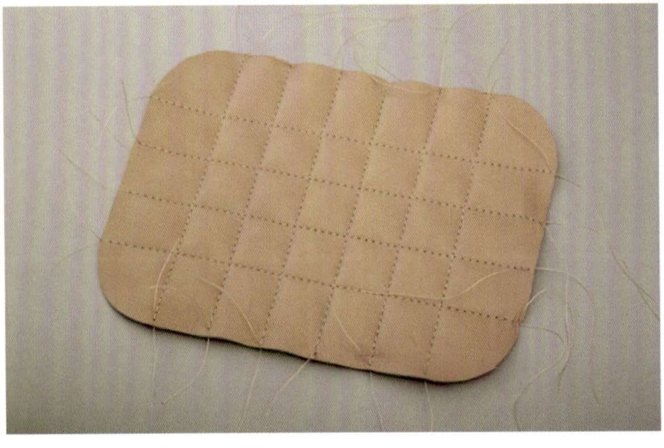

すべてのケガキ線が縫い終わった状態。あとは糸を処理して完成となる

05

06 表に出ている一番端の糸を、丸ギリなどを使い裏側に引き抜く

07 裏側の糸と06で引き抜いた糸を、このように真結びする

08 結んだ糸を内側に倒し、ボンドで接着する

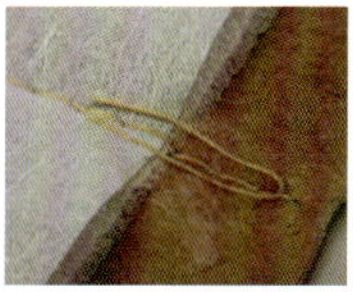

10mmほど接着して残った糸は切ってしまう。縫い箇所すべての糸を同様に処理したらキルティングの完成だ

09

ふっくらとしたキルティングが完成した。ポーチなどに使用することで、可愛いアイテムを作ることができる

10

INFO 基礎から応用まで レザークラフトの全てが学べる

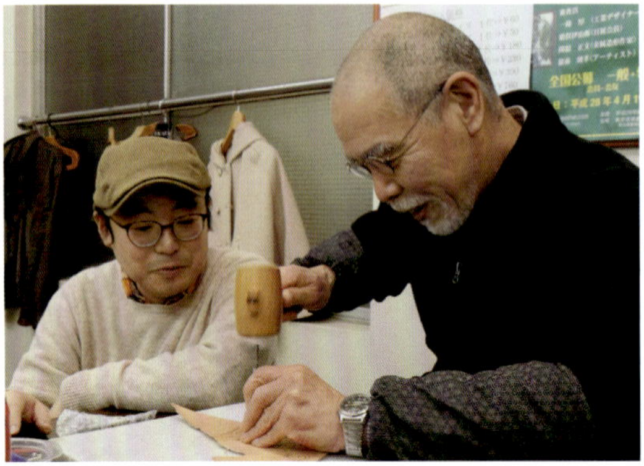

本書の制作監修をいただいたのが、レザークラフト教室として長い歴史を誇るクラフト学園だ。独自のカリキュラムによって、一人ひとりのレベルに合わせて授業は進められる。熟練の講師陣による丁寧な指導はもちろん、工具類も自由に使うことができるので、レザークラフトの技術を高めるためにはこれ以上の環境はない。より高いレベルの作品を作りたいなら、一度門を叩いてみるべきだろう。

1 広い教室で、作業に集中できる　**2** 様々な工具が用意され、あらゆる作品作りに対応できる　**3** 作例も豊富に用意　**4** 生徒さんは皆、真剣に作業に取り組んでいる　**5** 漉き機などの大型機械も用意されている

クラフト学園講座案内

講　座	クラス	時　間	講　師	科　目	期間	お支払い 1ヶ月分払	お支払い 3ヶ月分払
レザークラフト 講師養成講座	火曜日第 1.2.3.4 の内 4回	10:00 ~ 12:30	小屋敷 清一／青木 幸夫	基礎科 高等科 研究科	1年 1年 1年	8,640円 9,720円 10,800円	24,840円 28,080円 31,320円
	木曜日第 1.2.3 の内 4回	13:30 ~ 16:00	青木 幸夫／中村 栄治				
	金曜日第 2.3.4 の内 4回		豊田 蘭子／佐伯 憲二				
	木曜日（夜間）第 1.2.3.4	18:00 ~ 20:30	小屋敷 清一／辻村 明子				
手縫い または カービング講座	火曜日第 1.2.3.4の内 4回	10:00 ~ 12:30	小屋敷 清一／青木 幸夫	-	1年	8,640円	24,840円
	木曜日第 1.2.3. の内 4回	13:30 ~ 16:00	青木 幸夫／中村 栄治				
	金曜日第 2.3.4 の内 4回		豊田 蘭子／佐伯 憲二				
	木曜日（夜間）第 1.2.3.4	18:00 ~ 20:30	小屋敷 清一／辻村 明子				
	火曜日（夜間）第 2.4	18:00 ~ 20:30	小屋敷 清一			4,640円	13,390円

※詳しくはクラフト学園までお問い合わせください

■通信講座　基礎Aコース　受講料、材料費40,347円　期間5ヶ月／基礎Bコース　受講料、材料費52,607円　期間8ヶ月

■通信講座 FOR BIKERS Volume1 受講料、材料費51,000円　期間6ヶ月

編み

革紐を編むという技法は、ベーシックなレザークラフト技法のひとつだ。しかしその編み方には様々な方法があり、同じ革を使っても編み方でそのテイストは大きく変わってくる。全ての編み方ができるように、練習しておきたい。

10 編み

編みはベルトやウォレットロープなどに使える技法だ。まず基本となる最小本数で作り、繰り返しの流れを掴むとよい。ここでは本数が増えても応用できるように、例えば平編みなら3→5→7本、4→6→8本という順番で解説している。実際に作ると、本数が増えても両端に1本ずつレースが増えるだけで、手順は同じだということが分かる。レースは一定の力加減で、締め過ぎず、緩ませすぎないようにする。締め過ぎると全体が歪んで丸まったり、シワが寄る原因になる。また1本だけ強く締め過ぎても歪む。編み上がりでは、革が厚く幅が広いほど隙間が空き、ざっくりとラフで、ワイルドな雰囲気になる。反対に薄く細いほど、編み目が細かく密になり、繊細な雰囲気になる。薄いレースは強度を保つため、芯材が必要になる。一般的に5本以下は装飾用、それ以上はベルト、肩紐など単体パーツに向いている。

丸編みで制作したキーホルダー。本数が変わると、受ける印象が変わることがよく分かる。同様の手順で、編む長さを変えれば、ウォレットロープも作ることができる

3本のマジック編みで作ったブレスレット。留め具にはホックを使用している

5本のマジック編みで作ったベルト。4mm厚のサドルレザーを使い、金具以外の部分を編んだ

平編み

最も基本になる方法だ。編み上がりが平たくなるので、表に見せる面（レースのギン面）が均等に揃ように意識する。編む時にゆるいと編み目が整わず、締め過ぎると全体が歪んで丸まったり、シワが寄る原因にもなるので注意したい。

3本編み

髪を結う方法としても知られる。基本をつかみ、ここから応用につなげたい。

3本のレースを交互に重ねていく最もベーシックな編み方だ。ブレスレットやチョーカーの紐などに適している

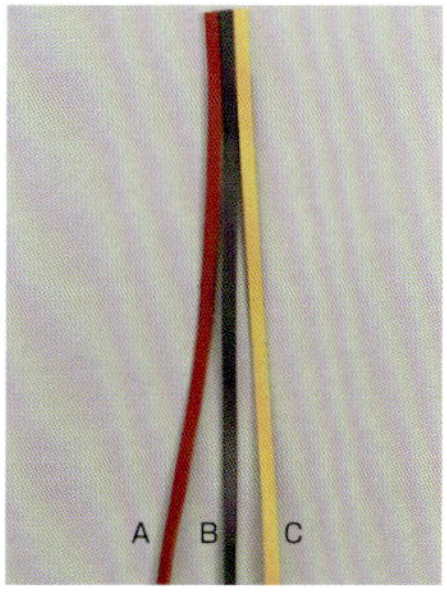

01 A～Cの3本を綺麗に並べる。端は外れないように留めておく

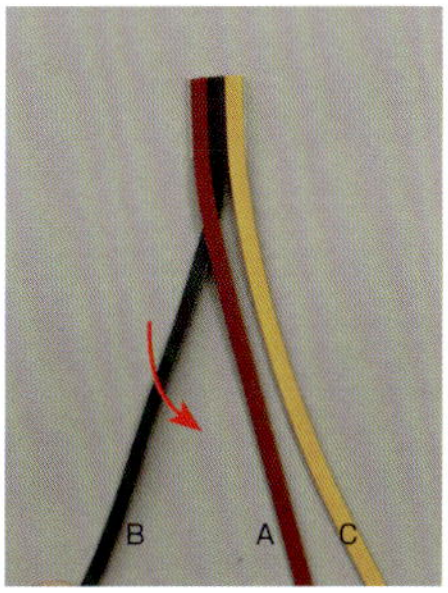

02 AをBの上に通し、右に寄せる。Bは左に寄せる

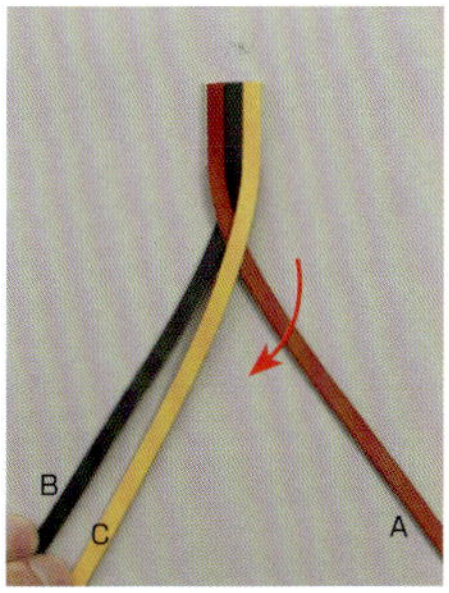

03 CをAの上に通し、左に寄せる

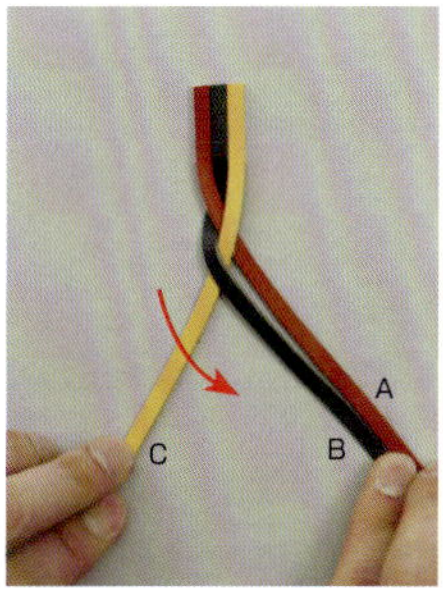

04 BをCの上に通し、右に寄せる

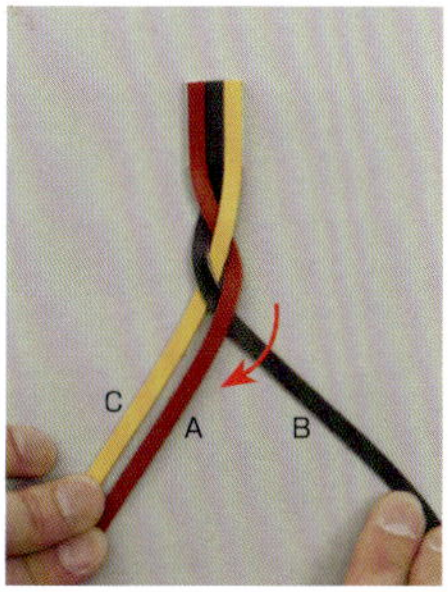

05 AをBの上に通し、左に寄せる

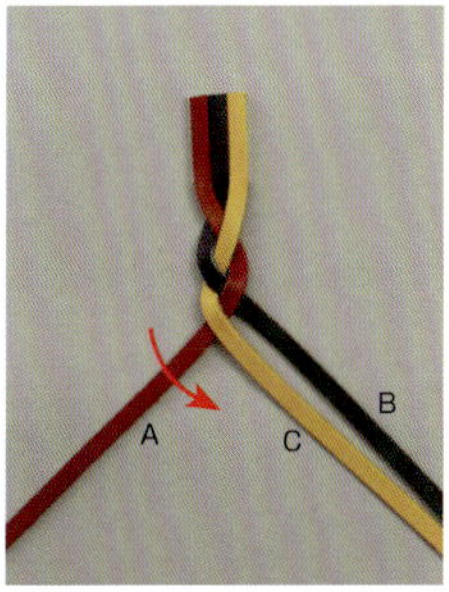

06 CをAの上に通し、右に寄せる

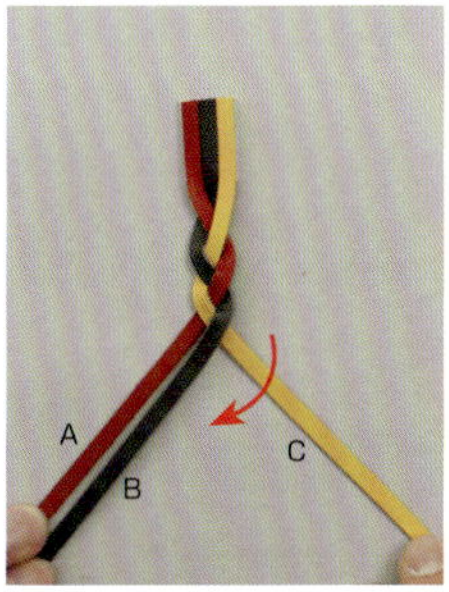

07 **02**から繰り返し。編み目が均等になるように、適宜詰めるとよい

08 欲しい長さまで編んでいく

5本編み

3本編みの応用。3本で編む場合の両端にレースが1本ずつ増えたと考えると、編み進める流れがつかみやすい。

3本編みより使うレースの本数が増えているので、ボリューム感のある雰囲気にできる

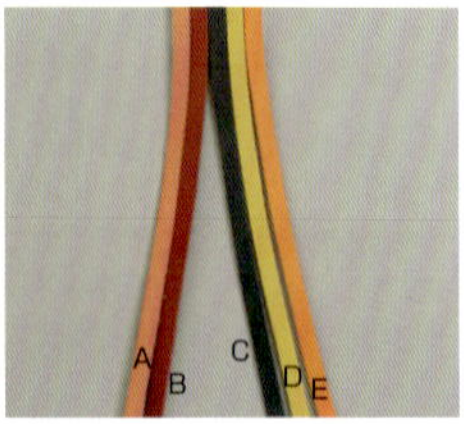

01 レースを3本、2本に分ける。端は留めておく

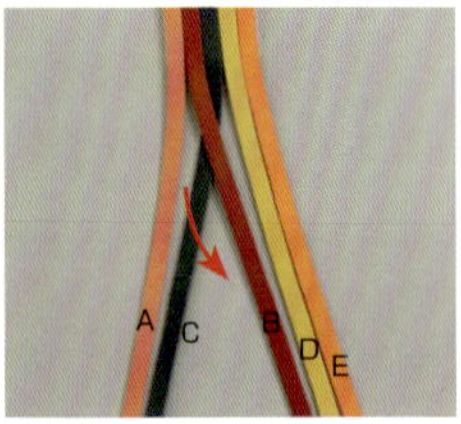

02 BをCの上に通し、右に寄せる。Cは左に寄せる

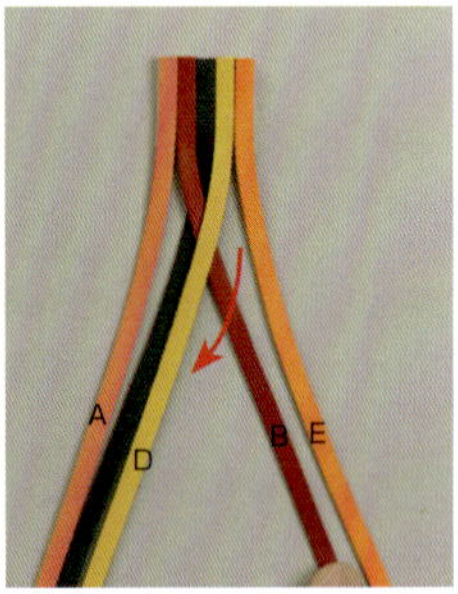

03 DをBの上に通し、左に寄せる

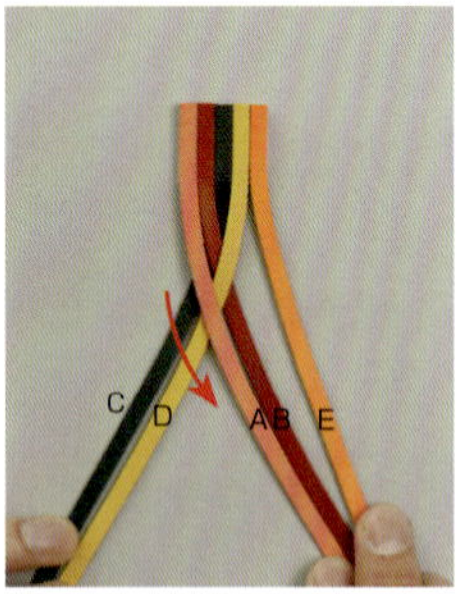

04 左端AをC・Dの上に通し、右に寄せる

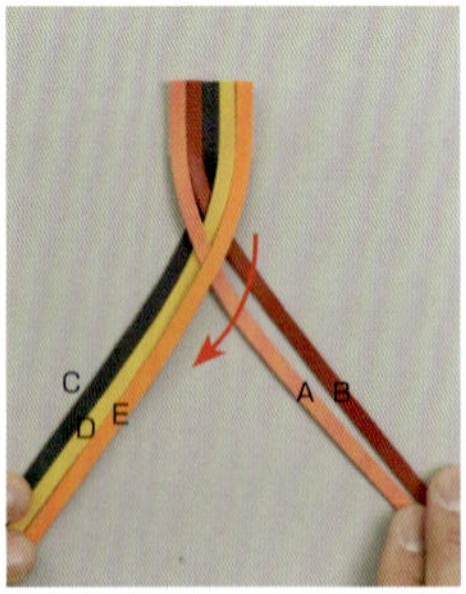

05 右端EをA・Bの上に通し、左に寄せる。ここが基本形となる

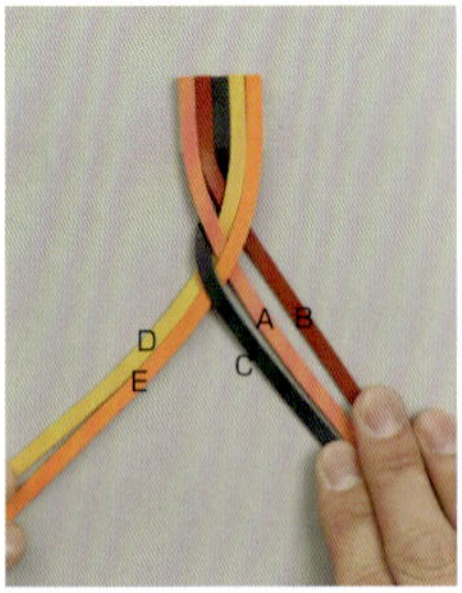

06 左端CをD・Eの上に通し、右に寄せる

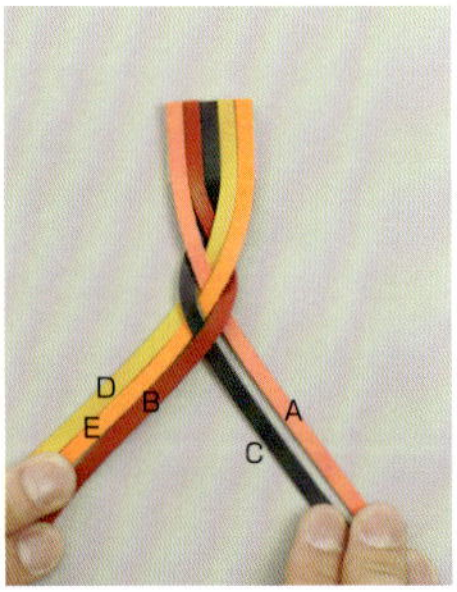

07 右端BをA・Cの上に通し、左に寄せる

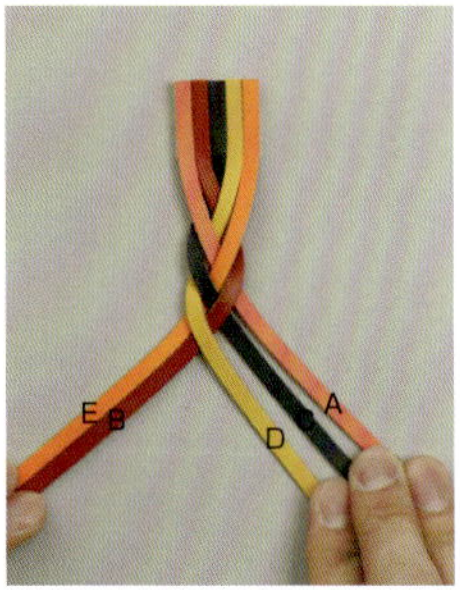

08 左端DをE・Bの上に通し、右端に寄せる。次は右端Aの順番になる

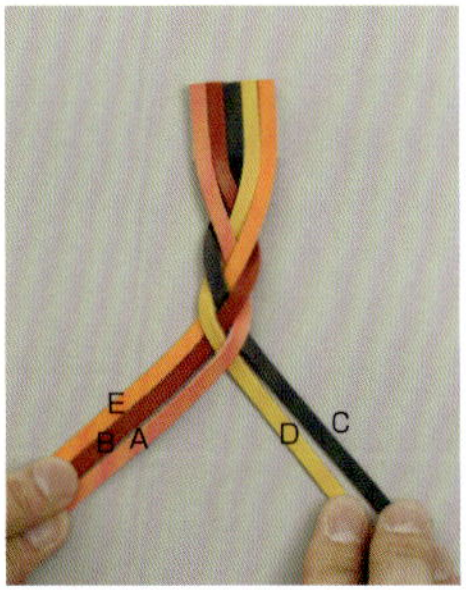

09 3本の外側にきたレースを、内隣2本の上を通して内側に寄せる

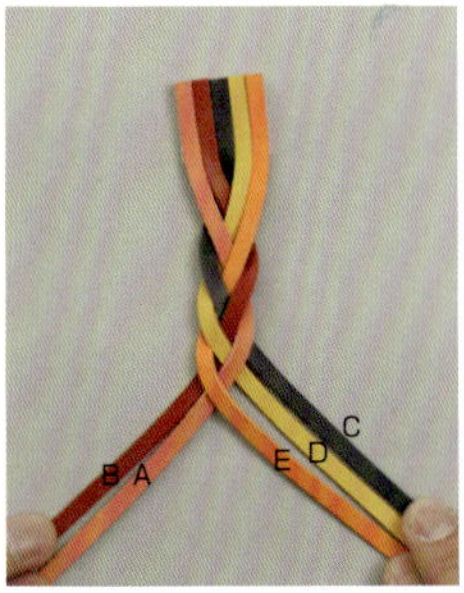

10 適宜目を詰めながら、左右交互に繰り返して欲しい長さまで編む

7本編み

5本編みの応用。ここでも5本で編む場合の両端に、1本ずつレースが増えたと考えるとよい。

使うレースの本数が増え、幅広のボリューム感ある仕上がりになる。ベルトやバッグの持ち手などに適している

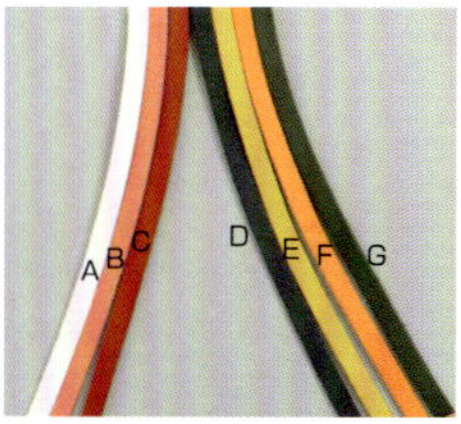

01 レースを3本、4本に分ける。端は留めておく

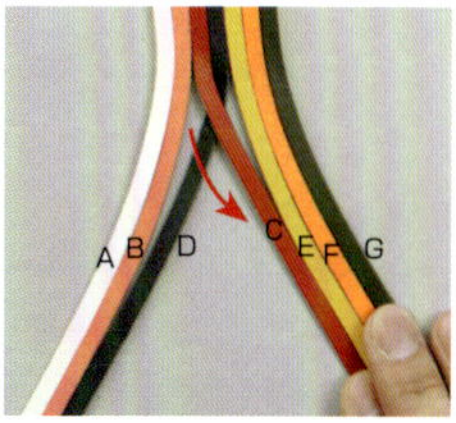

02 CをDの上に通し、右に寄せる。Dは左に寄せる

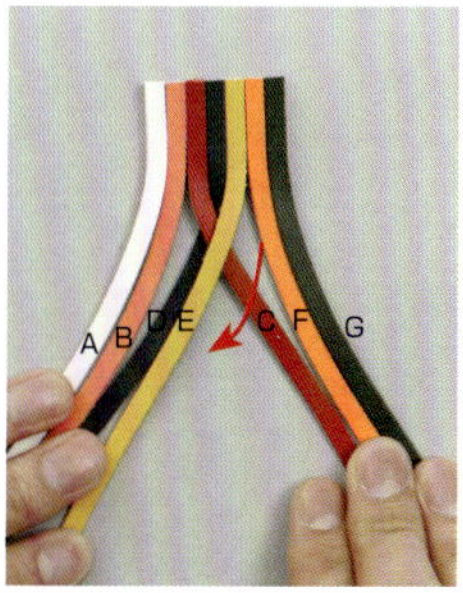

03 EをCの上に通し、左に寄せる

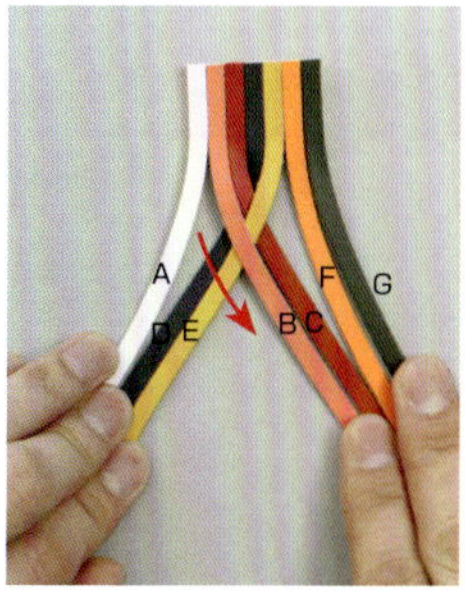

04 BをD・Eの上に通し、右に寄せる

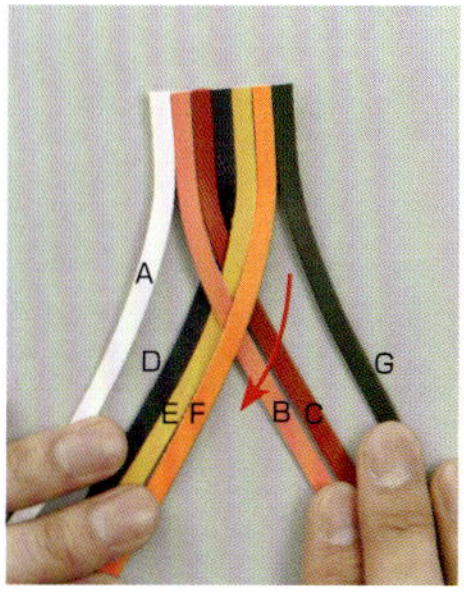

05 FをB・Cの上に通し、左に寄せる

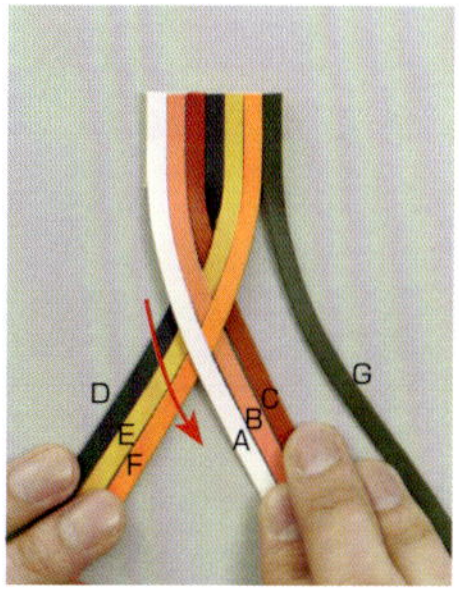

06 左端AをD・E・Fの上に通し、右に寄せる

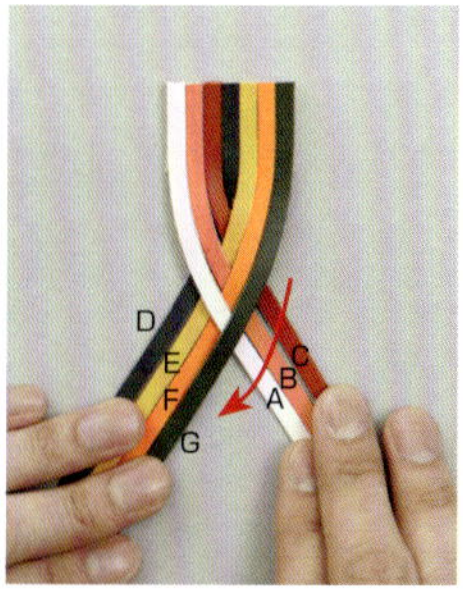

07 右端GをA・B・Cの上に通し、左に寄せる。ここが基本形となる

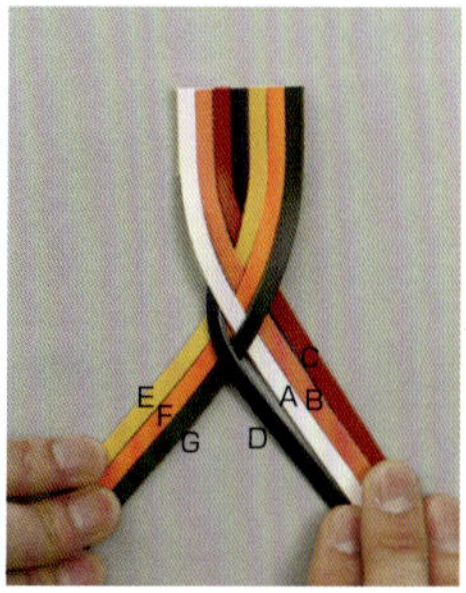

08 左端DをE・F・Gの上を通し、右に寄せる。次は右端Cの順番になる

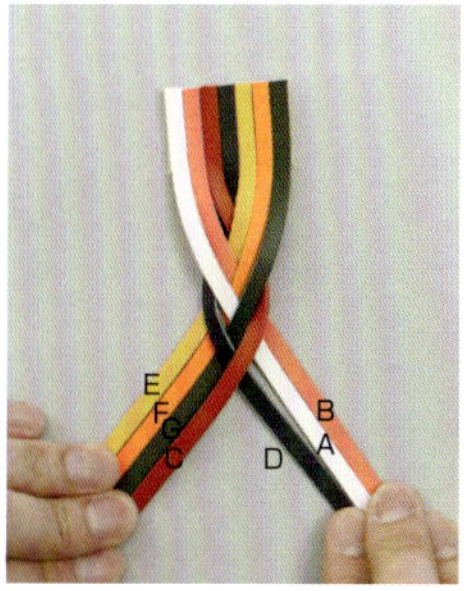

09 4本の外側にきたレースを、内隣3本の上を通して内側に寄せる

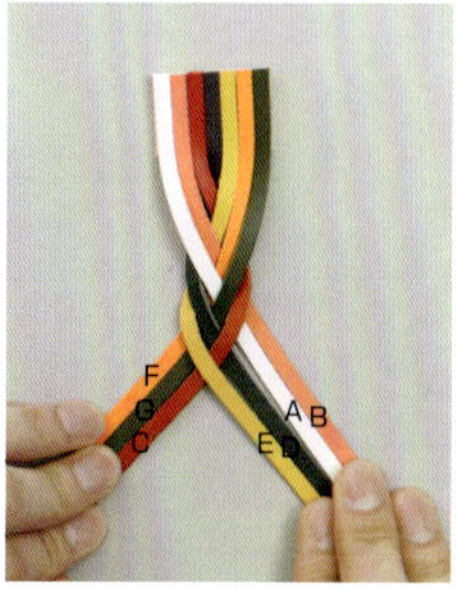

10 目を詰めて均等に均しながら、左右交互に繰り返す

4本編み

4本のレースを使った方法は、3·5·7本とは異なる通し方をする。まず基本形の4本で流れをつかもう。

4本の平編みは、ブレスレットなどの小物制作に適している。ここでは1.5mm厚、5mm幅のレースを使用

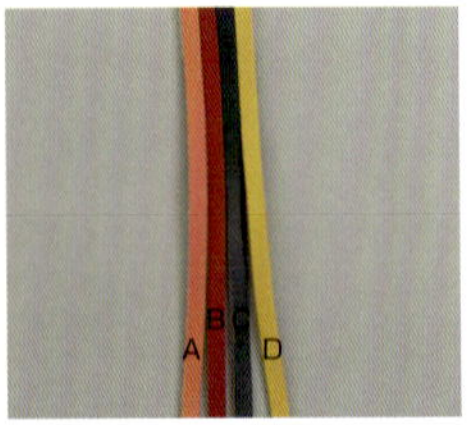

01 A～Dの3本を綺麗に並べて留める

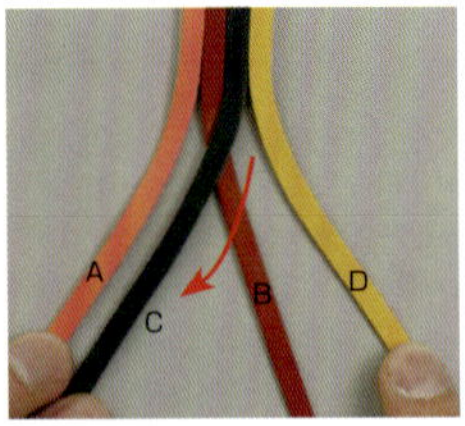

02 CをBの上に通し、左に寄せる。Bは右に寄せる

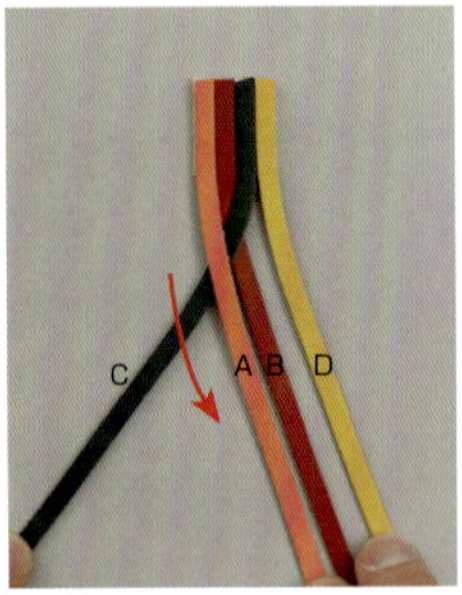

03 AをCの上に通し、右に寄せる。右に3本のレースが来る

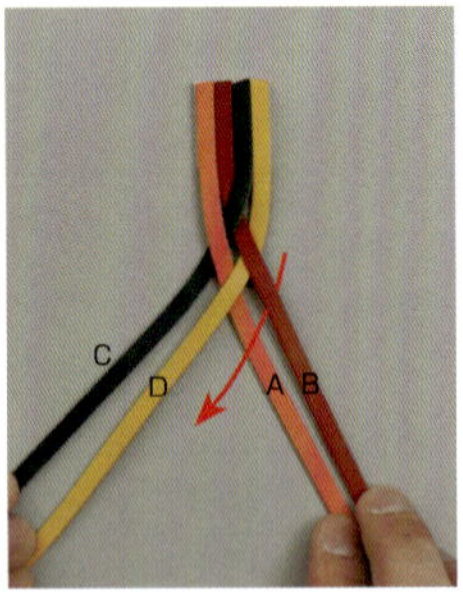

04 DをBの下、Aの上を通し、左に寄せる。ここが基本形となる

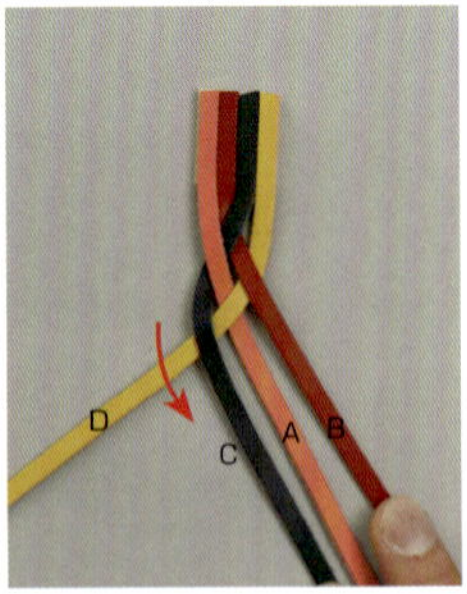

05 CをDの上を通し、右に寄せる。右に3本のレースが来る

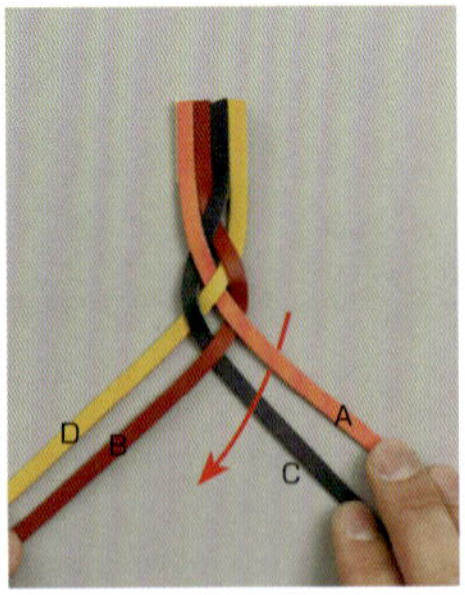

06 BをAの下、Cの上を通し、右に寄せる。以降、**04**～**06**を繰り返す

☑レースのギン面を整えながら、目を詰めて編み進む

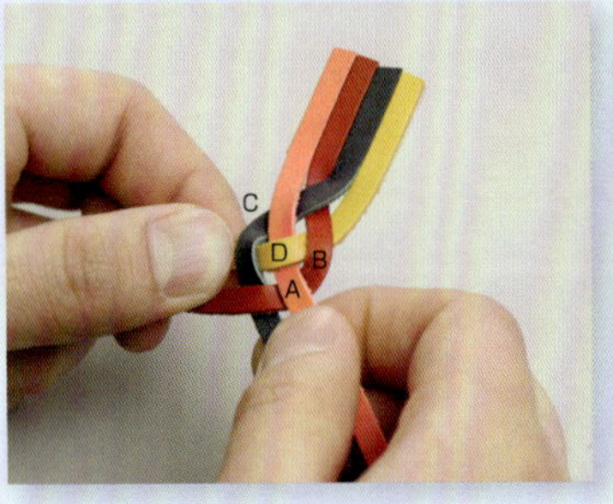

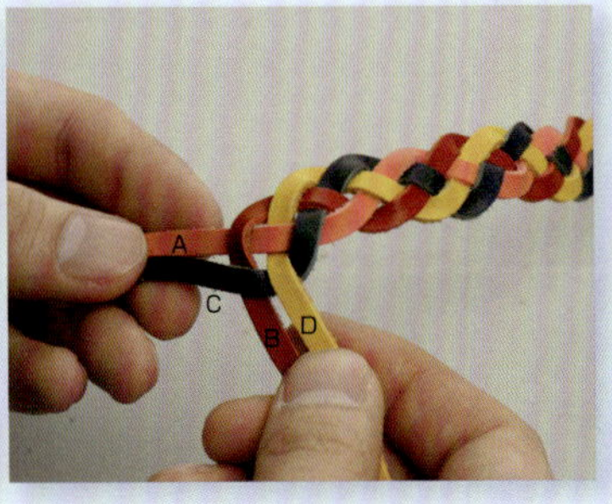

平編みはレースのギン面がねじれたり、締め過ぎてシワが寄らないように、均等な力で編む。また一方で編み目がゆるいと隙間が多くなるので、適宜レースを左右に広げて目を詰めるとよい

6本編み

4本編みの応用。4本編みの両端に、1本ずつレースが加わったと考えるとよい。

4本編みよりもレースの本数が増えるため、編んだ時の幅も広くなる。細身のベルトやバッグの肩紐などにも適している

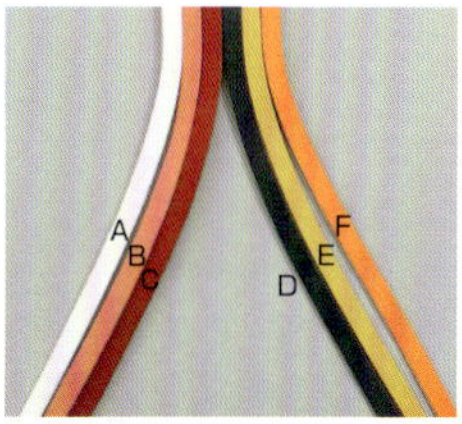

01 左右3本ずつに分ける。端は留めておく

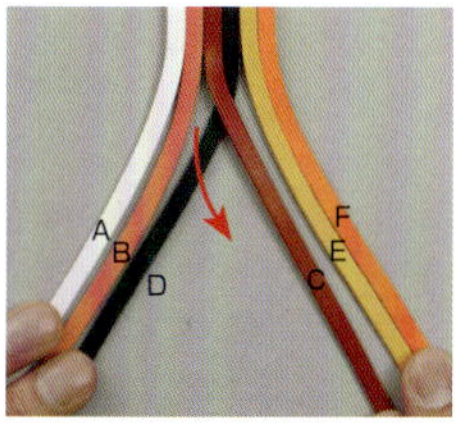

02 内側から編む。CをDの上に通し、右に寄せる

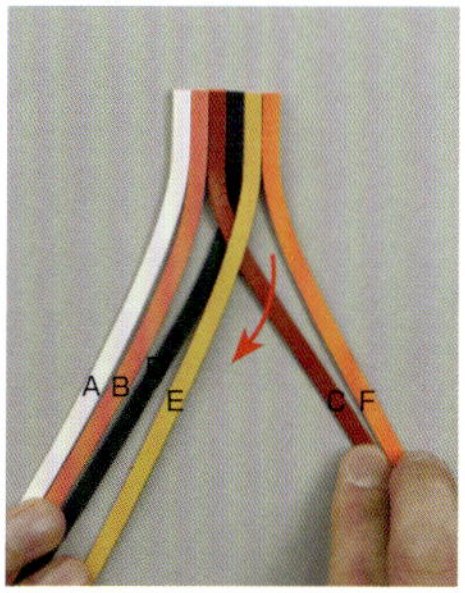

03 EをCの上に通し、左に寄せる

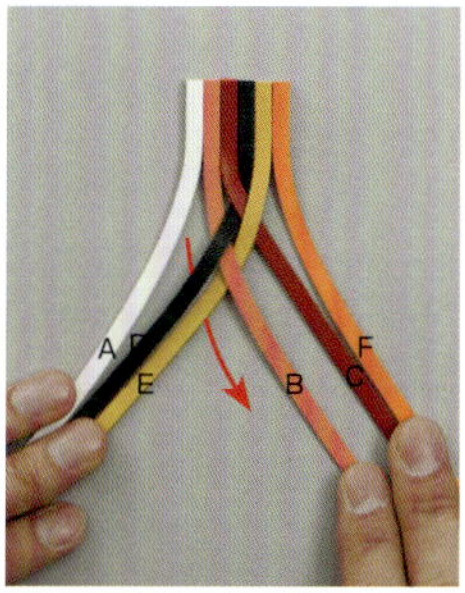

04 BをDの下、Eの上に通し、右に寄せる。格子状にレースが交差する

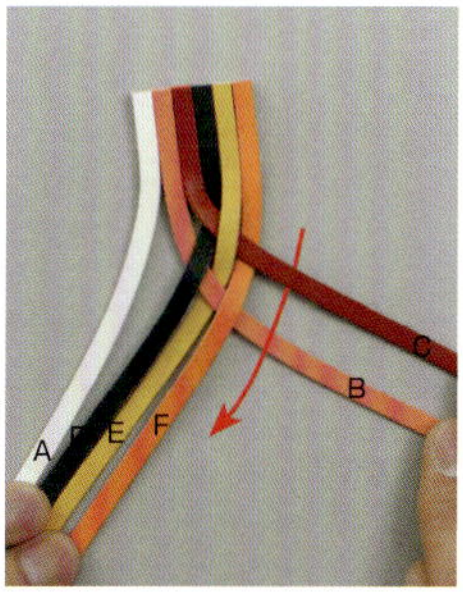

05 FをCの下、Bの上を通し、左に寄せる

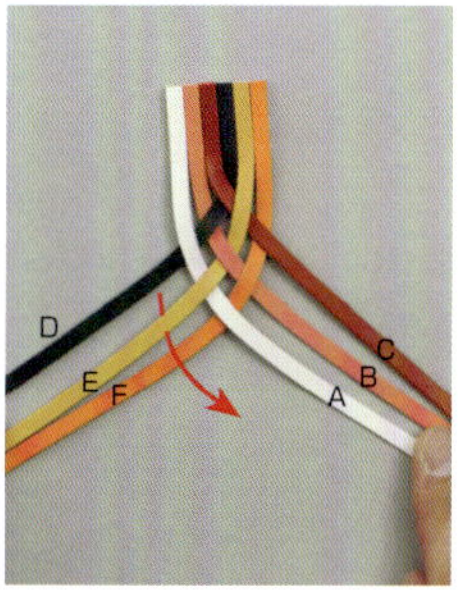

06 AをDの上、Eの下、Fの上を通し、右に寄せる。ここが基本形となる

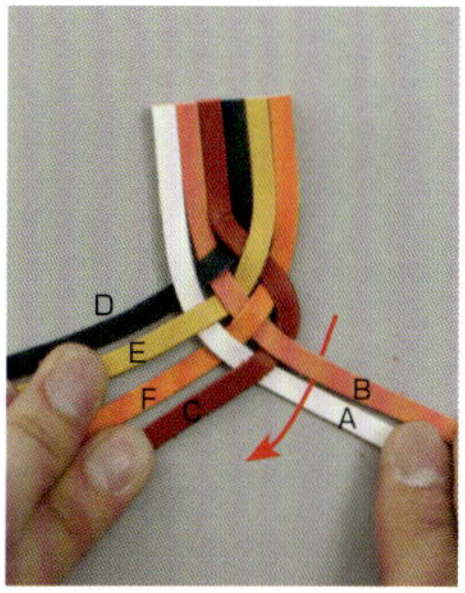

07 外側CをBの下、Aの上を通し、左に寄せる

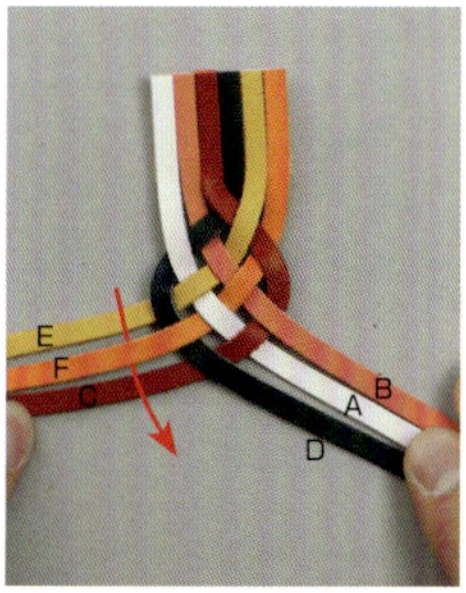

08 外側DをEの上、Fの下、Cの上を通し、右に寄せる

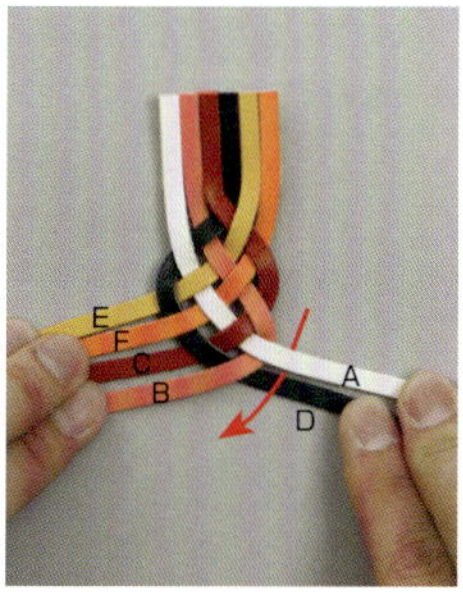

09 外側BをAの下、Dの上を通し、右に寄せる。次はEを編む。

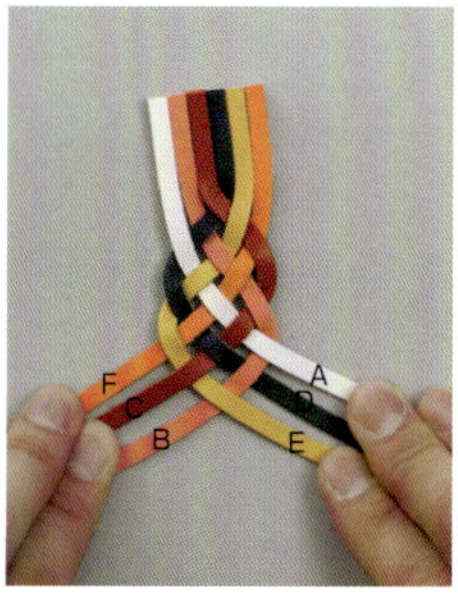

10 **08**と同様、外側から内側に編む。以降**08**～**10**を繰り返す

8本平編み

6本編みの応用。6本編みの両端に1本ずつ増えたと考えれば、本数が多くても迷うことはない。

ここでは1.5mm厚、5.0mm幅のレースを使用。8本を編むと幅が広くなるので、ベルトなどに最適だ

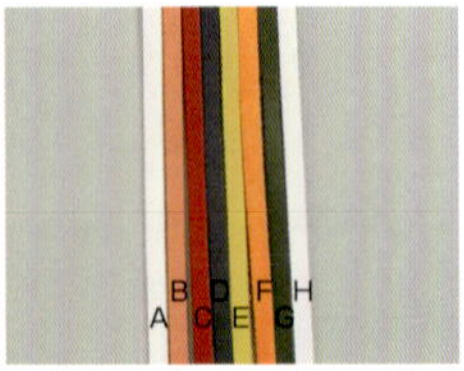

01 A～Hまで8本のレースを使用。綺麗に並べて、端は留めておく

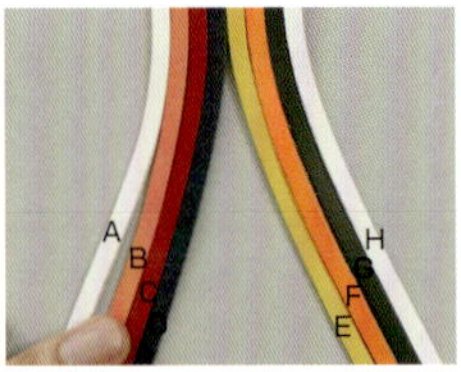

02 左右に4本ずつ分ける

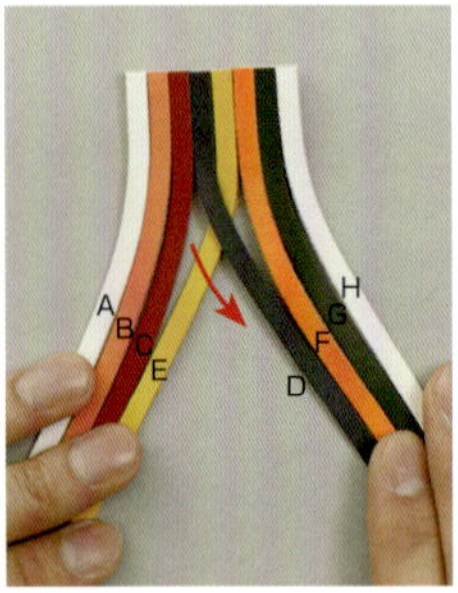

03 内側から編み始める。DをEの上に通し、右に寄せる

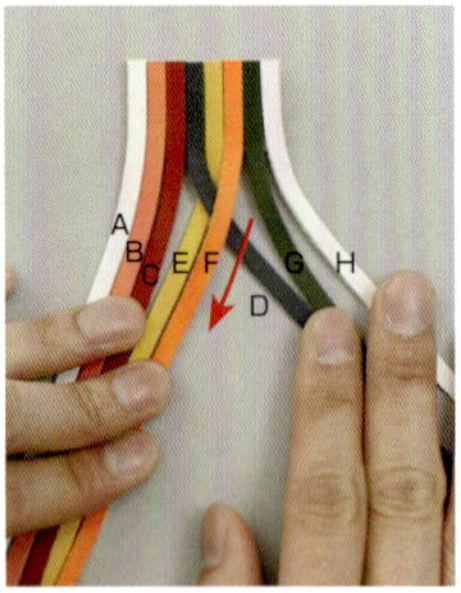

04 FをDの上に通し、左に寄せる

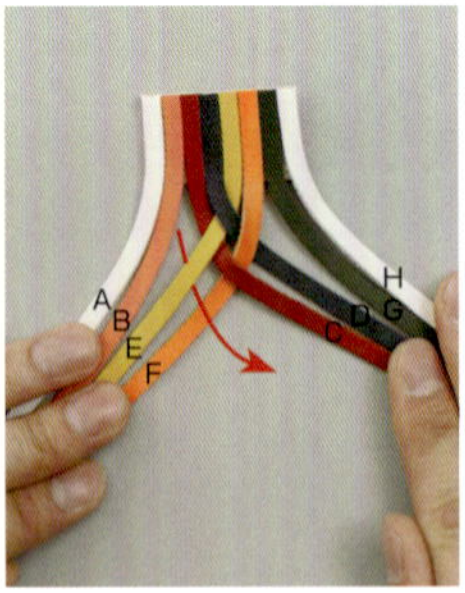

05 CをEの下、Fの上に通して右に寄せる。上下交互に通す

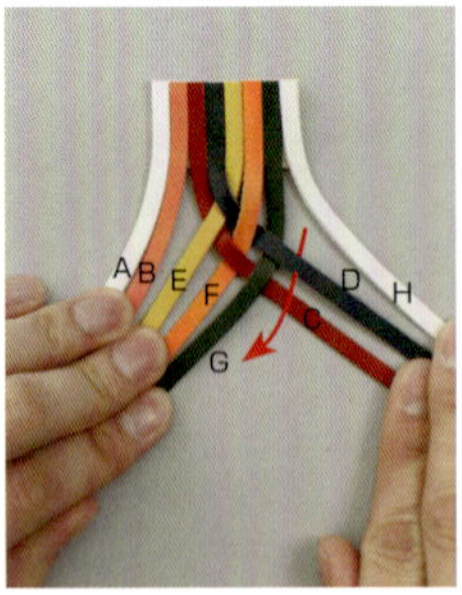

06 GをDの下、Cの上に通し、左に寄せる

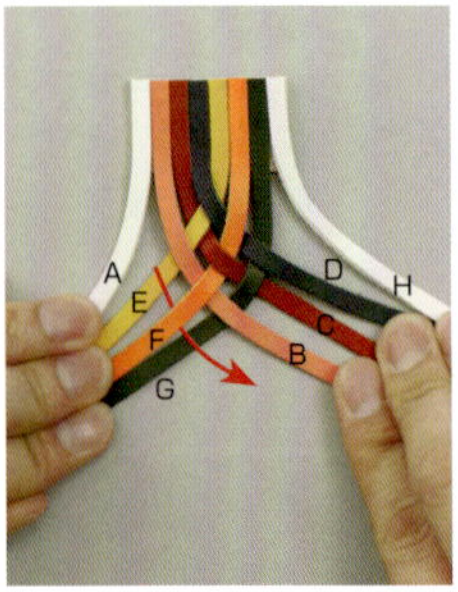

07 BをEの上、Fの下、Gの上を通し、右に寄せる

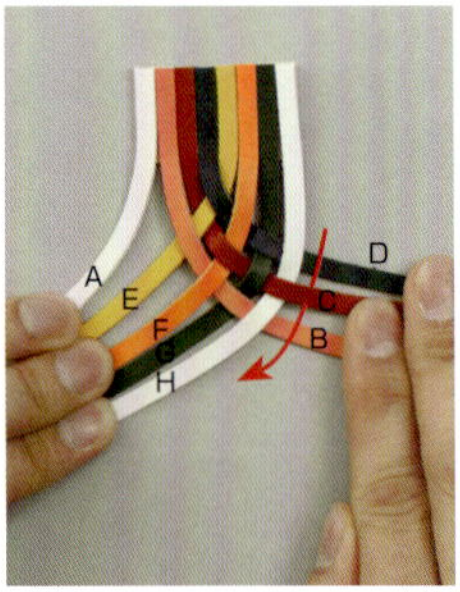

08 HをDの上、Cの下、Bの上を通し、左に寄せる

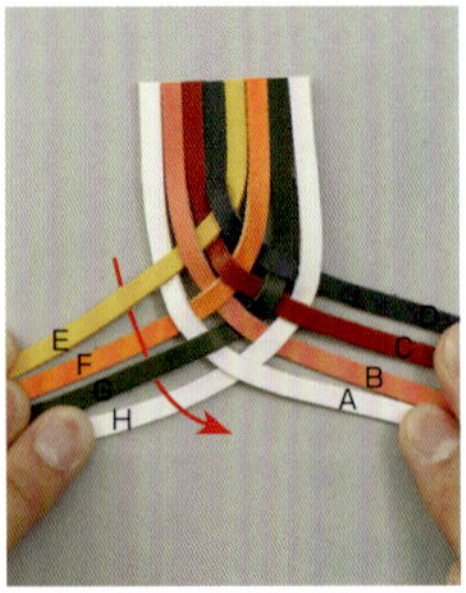

09 AをEの下、Fの上、Gの下、Hの上を通し、右に寄せる。ここが基本形

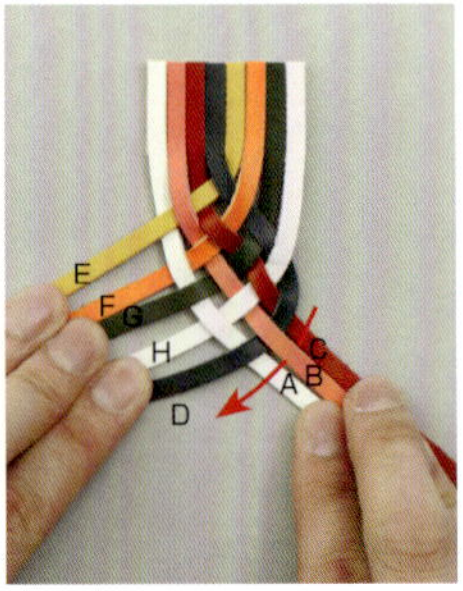

10 外側Dのレースを Cの上、Bの下、Aの上を通し、左に寄せる

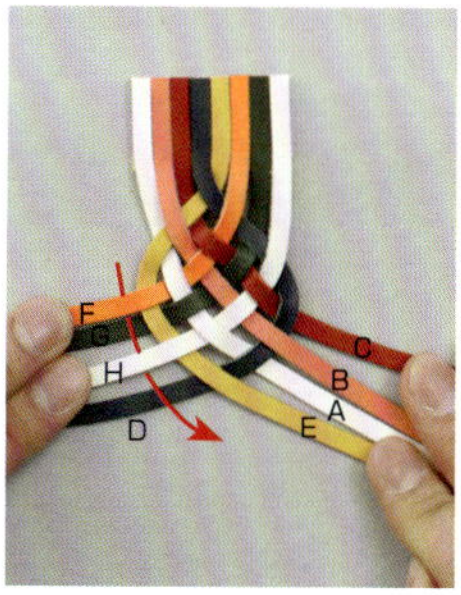

11 外側EをFの下、Gの上、Hの下、Dの上に通し、右に寄せる

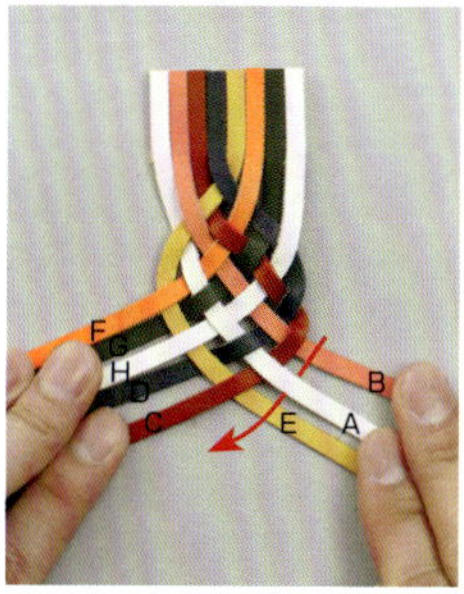

12 外側CをBの上、Aの下、Eの上に通し、左に寄せる。次はFを編む

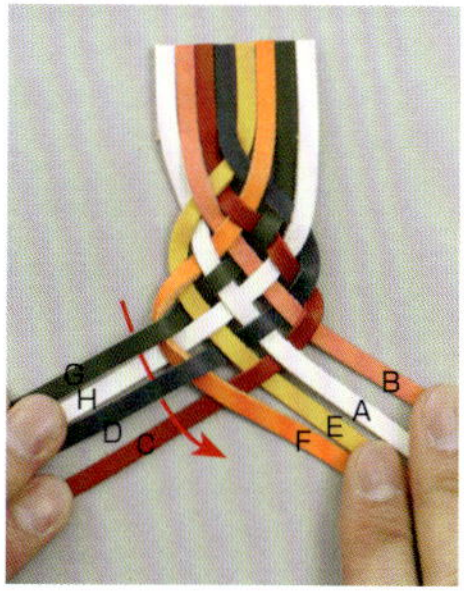

13 以降**11**～**13**を繰り返す。外側から内側に、上下交互に通して編む

モデラなどで、編み目を整える

14 本数が多いと緩みがちなので、適宜詰めるとよい

丸編み

丸編みは、ウォレットロープなどに使われる定番の技法。編む時は、革の表裏を間違えないように意識すること。裏側から回りこんで反対側に編むため、レースがねじれてしまうこともあるので注意する。

4本編み

ギン面が常に外側に来るようにし、隙間が空き過ぎないように編む。

作例はキーホルダー。もっと長く編めばウォレットロープになる。ナスカンに2本のレースを通し、等分して折り返すことで4本のレースとしている。ここでは5mm幅、1.5mm厚のレースを使用。2色の色違いのレースを組み合わせてみよう。編み終わりは玉留めしている

レースを引きながら編む

ナスカンを固定すると、レースを引っ張ることができ、作業しやすい

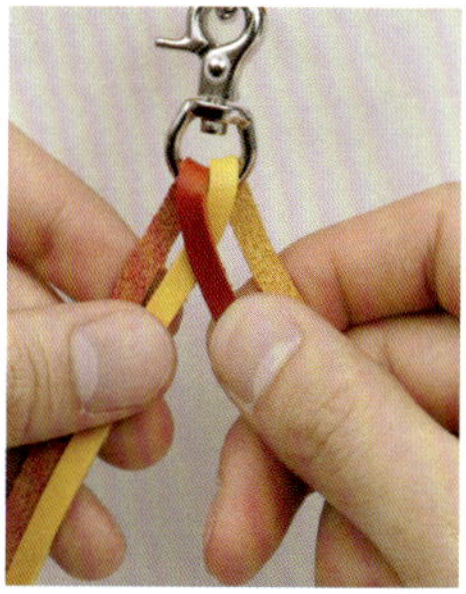

01 2本のレースを等分し、左右をクロスさせるように持つ

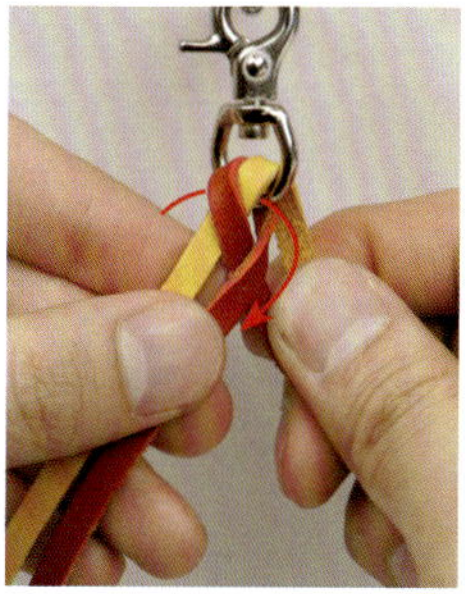

02 外側の赤を黄の後ろから前に出す

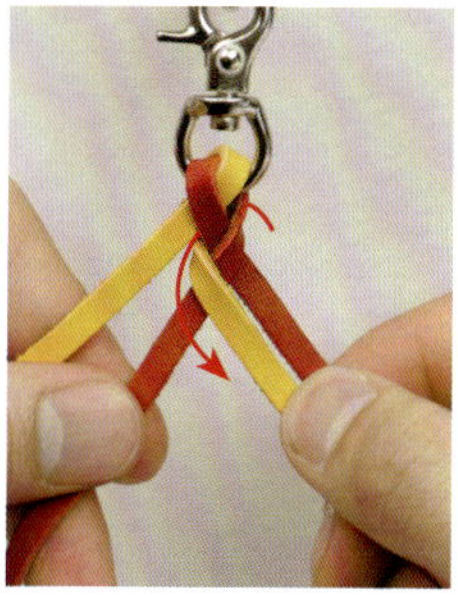

03 外側の黄を赤の後ろを通し、前に出す。常にギン面を表に出す

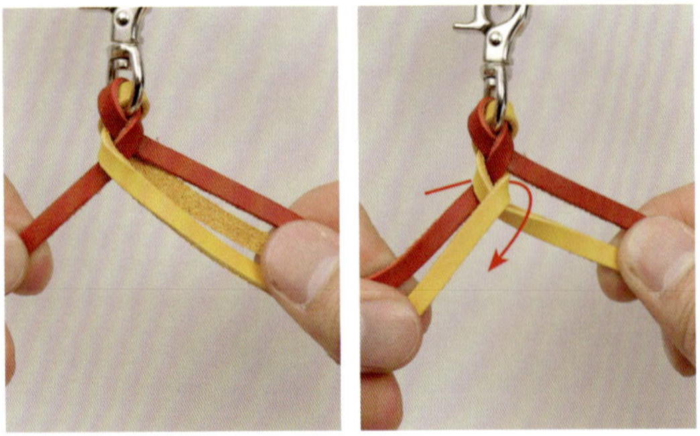

04 外側の黄を、後ろを通して間から前に出し、左に寄せる

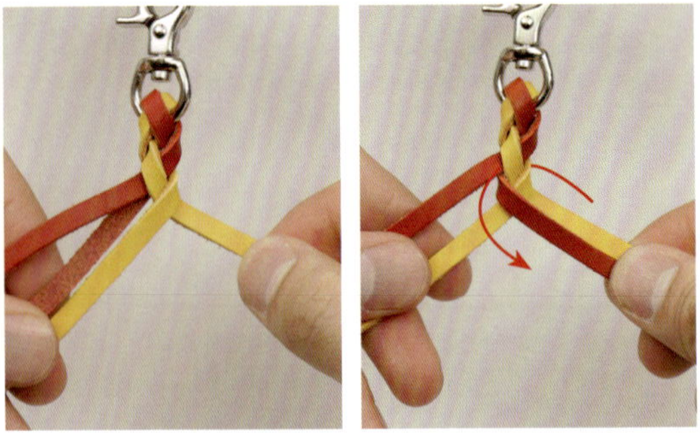

05 外側の赤を、後ろを通して間から前に出し、右に寄せる

06 04と05を繰り返して編み進む

07 編み終わりは、赤と黄がクロスした状態で広がるように持つ

08 イゲタを組むように、となりのレースにかぶせる

09 レースが相互に支え合うように組み合わせる

10 レースを組み合わせた状態。それぞれがとなりのレースを固定する

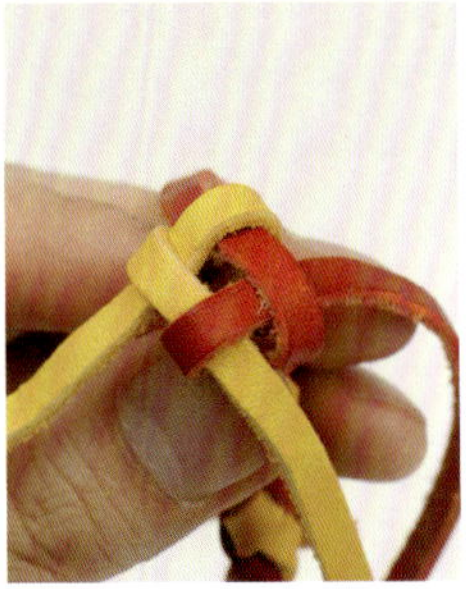

11 中心がずれないように4本を均等に引き、全体を少しずつ締める

12 となりのレースが作った輪に先端を通す

13 レースの先端を中心から出す

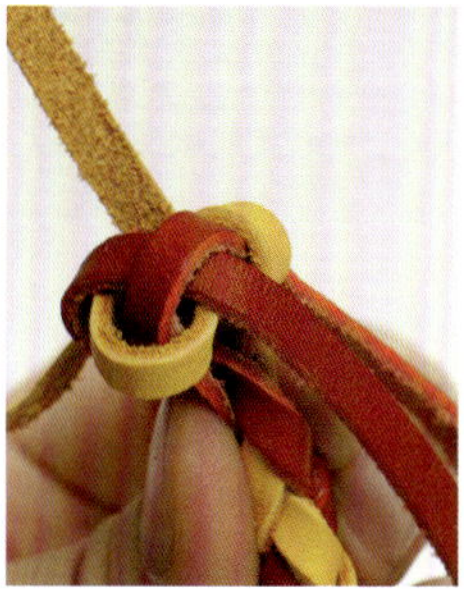

14 レースの先端を引いて締める

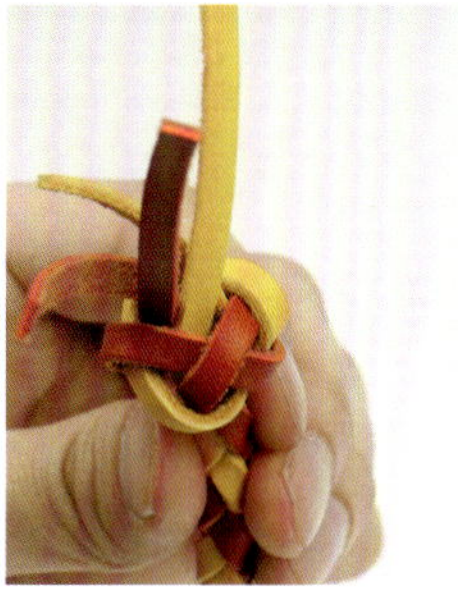

15 残りのレースも隣のレースが作った輪から中心に出すように通す

16 すべてのレースを通したら、形を整えながら締める

6本編み

6本編みは、レースが多い分だけ4本編みよりも太くボリューム感を出すことができる。

レースは1.5mm厚、4.0mm幅を使用。3色のレースを使えるので、彩りも組み合わせられる。太めのウォレットロープなどにおすすめだ

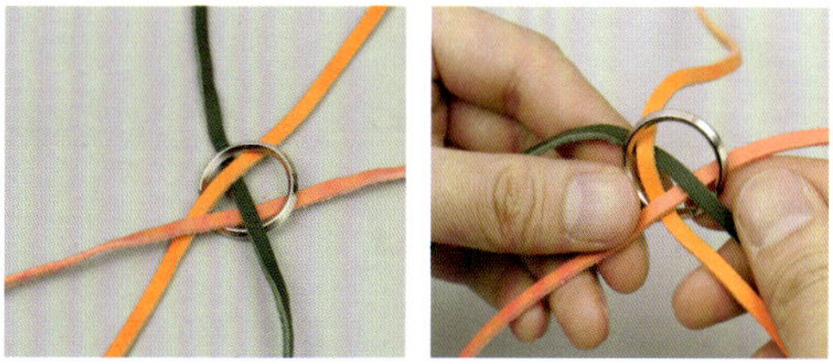

01 3本のレースを等分するところで、交互に重なり合うように置く。レースを折り返すために、丸カンを通す

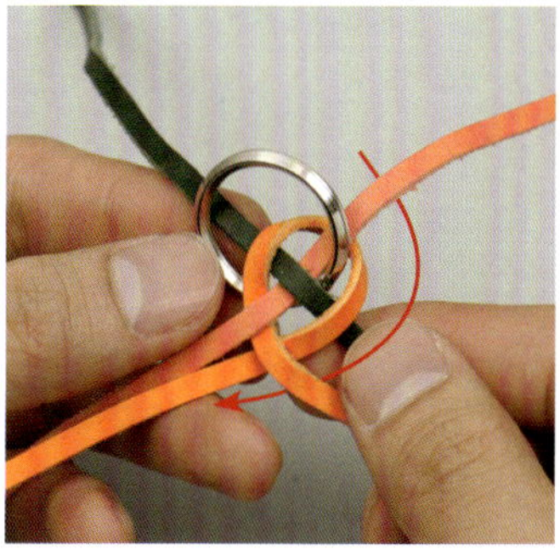

02 奥にあるオレンジを折り返し、ピンクの下、緑の上、オレンジの下の順に前に出す

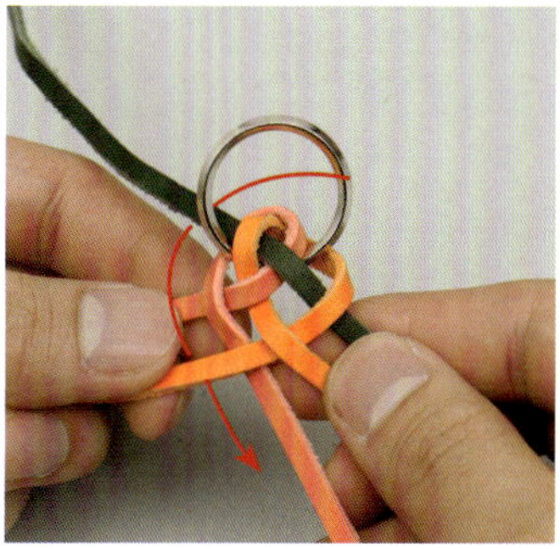

03 奥にあるピンクを折り返し、緑の下、ピンクの上、オレンジの下の順に前に出す

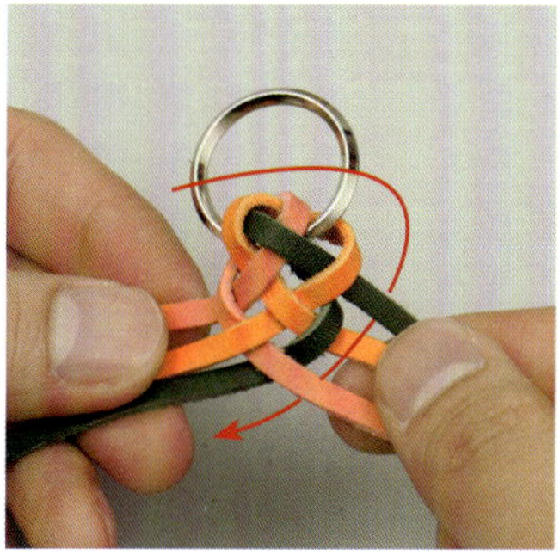

04 奥にある緑を折り返し、緑の下、オレンジの上、ピンクの下の順に前に出す

☑ レースを締めて、目を詰める

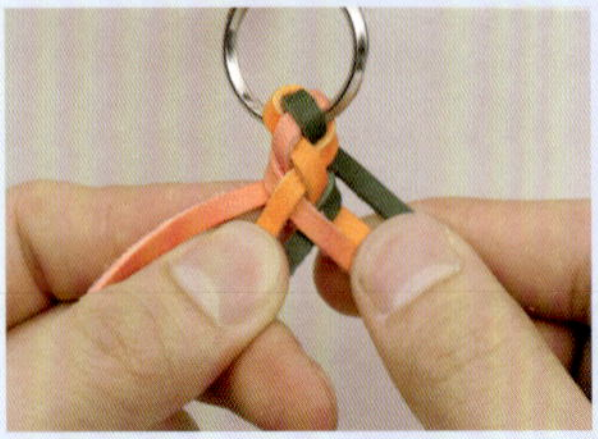

3色とも折り返して前に出したら、レースを左右に開いて、目を詰めておく

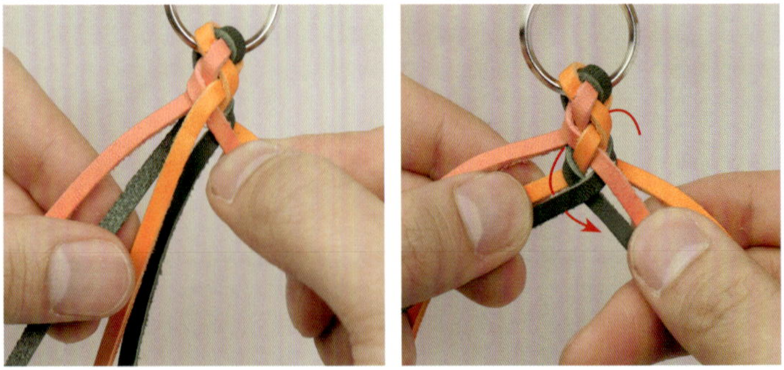

05 外側の緑を裏から回して前に出す。そのままピンクの下、オレンジの上、緑の下の順に通し、右に寄せる

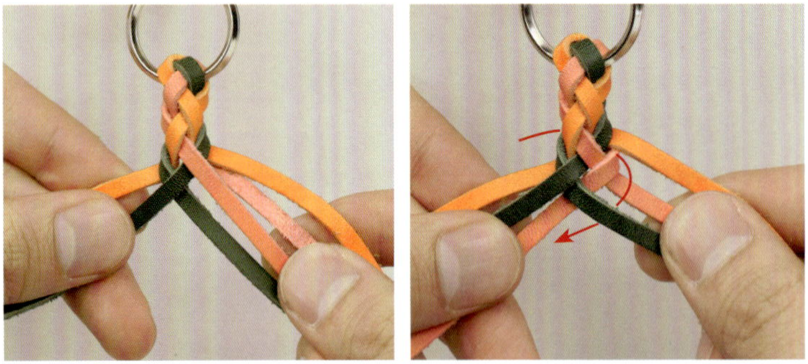

06 外側のピンクを裏から回して前に出す。そのままオレンジの下、ピンクの上、緑の下の順に通し、左に寄せる。前に出したレースは、隣合うレースと格子状になるように上下交互に編む

07 05と06を繰り返して、欲しい長さまで編む。目は適宜詰めて作業する

08 編み終わりは玉留めする。まず麻糸などで、緩まないように仮留めする

09 レースをクロスしながら放射状に解き、先端を輪にする。ここではオレンジからはじめ、輪にしたオレンジを指で押さえたまま、右上のピンクの先端を輪にしてオレンジの輪に差し込む

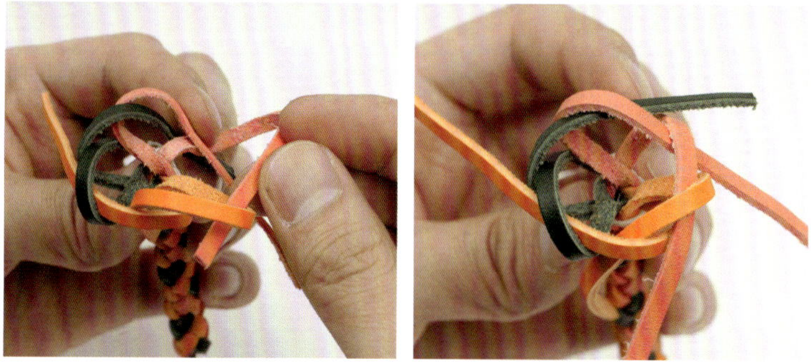

10 輪にした隣のレースを押さえながら、レースの先端が相互に支え合う形に先端を差し込んでいく

11 6本のレースの先端を少しずつ引き、中心がずれないように締める

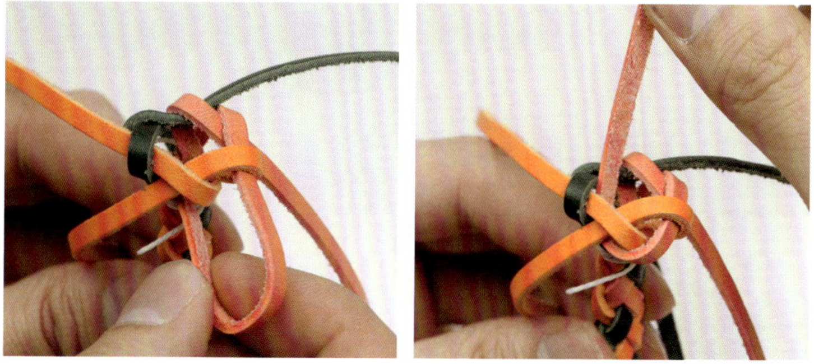

12 レースの先端を時計回りでとなりの輪に差し込み、中心から引き出す

13 時計回りに、となりの輪に差し込み、トコ面を内側にして中心から出す

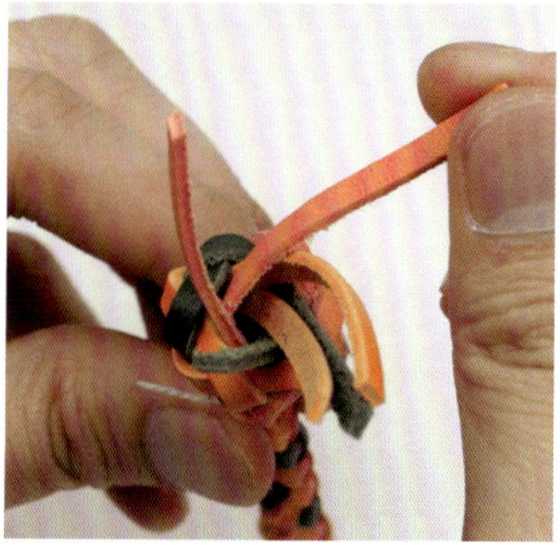

14 すべてのレースをとなりの輪から中心に通して、引き出す

15 6本のレースを緩まないところまで均等に締め、仮留めの麻糸を外す

16 玉留めは先端の丸みができる。レースは長さを切り揃えるとよい

8本編み

レースの本数が多くなるが、6本編みの応用として考えよう。常に最も外側にあるレースを裏を通し、前に出す。

8本編みは本数が多いため、0.8mm厚、3.0mm幅のレースを使用。レースが薄いため、そのままだと硬さが出ず、縮んだり丸まってしまう。そこで4.0mm幅の丸牛レースを芯材に入れている。目の細かさが際立ち、ひと味違う仕上がりになる

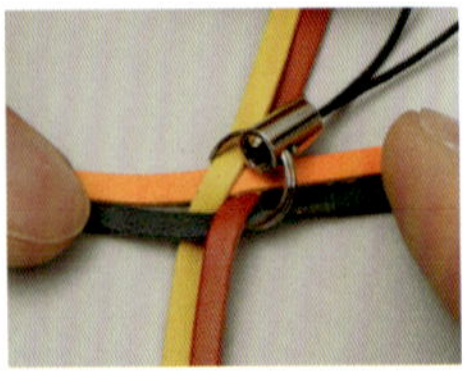

01 4本のレースを等分するところで相互に重ね、ストラップ金具を通す

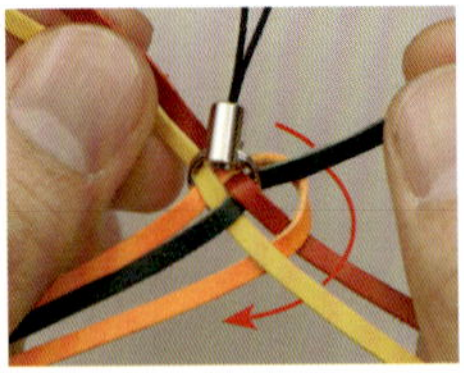

02 ストラップを引っ掛けて持つ。右奥のオレンジを赤の上、黄の下に通す

03 左奥の赤を黄の上、オレンジの下、緑の上、オレンジの下を通し、前に出す

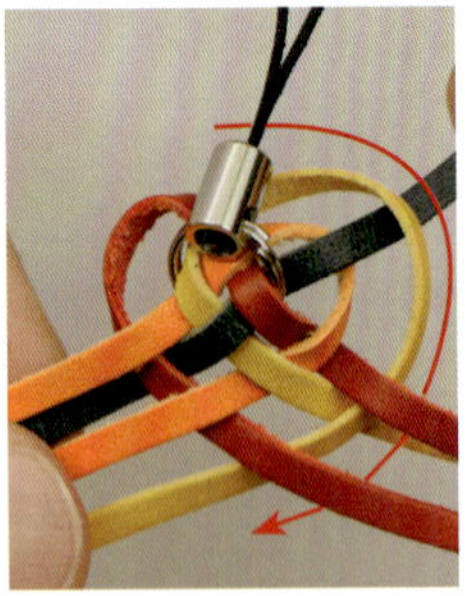

04 左奥の黄をオレンジの上、緑の上、赤の下、黄の上、赤の下を通し、前に出す

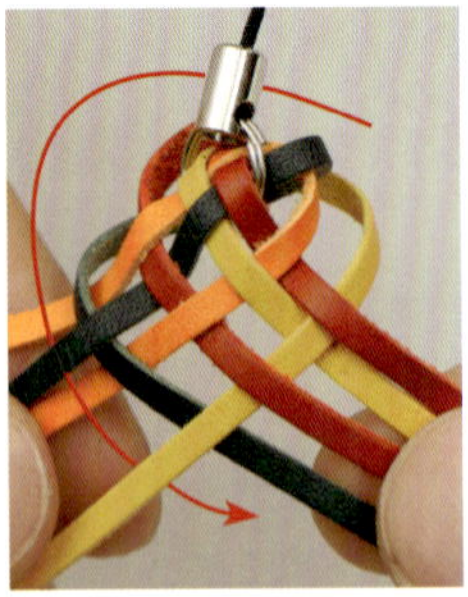

05 右奥の緑を赤の上、オレンジの上、緑の下、オレンジの上、黄の下を通す

06 05の形が基本形となるので、レースを締めて隙間を詰める

07 右奥の赤を裏側を通し、左に持って行き、オレンジの下、緑の上、オレンジの下、黄の上を通して前に出し、右に寄せる

08 左奥オレンジを裏側を通し、右に持って行き、黄の下、赤の上、緑の下、赤の上を通して前に出し、左に寄せる

! 2、3回編んで芯を入れる

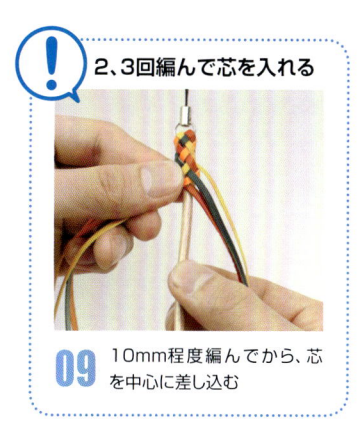

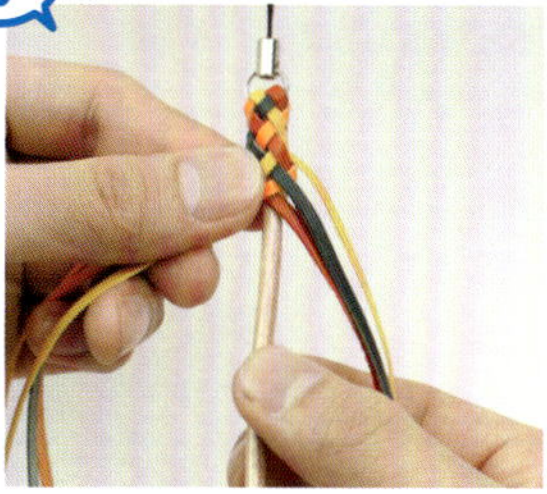

09 10mm程度編んでから、芯を中心に差し込む

! 幅と厚みで印象が異なる

10 細く薄いレースは目が密になり、太く厚いとワイルドな印象

11 07と08を繰り返して、芯の周りに編む。適宜レースを締め、隙間を無くす

12 レースを編み終えたら、玉留めする。解けないように麻糸で仮留めする

13 8本のレースが、放射状に広がるところまで逆さにして解く

14 レースは2本1組でクロスしているので、反時計回りに出るレースを芯に沿わす

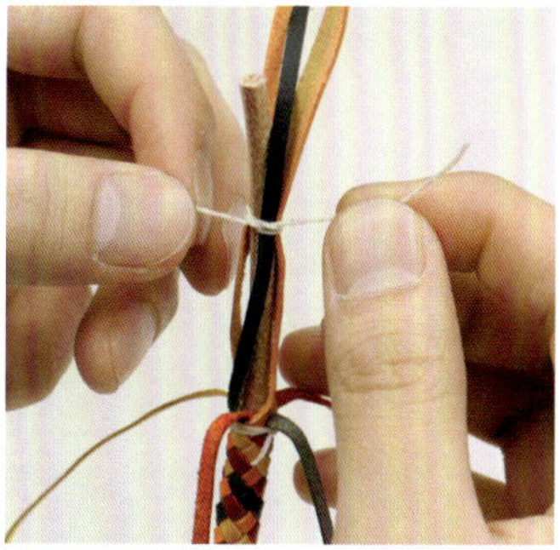

15 芯に沿わせた状態で、麻糸で仮留めする。残りの4本で玉留めする

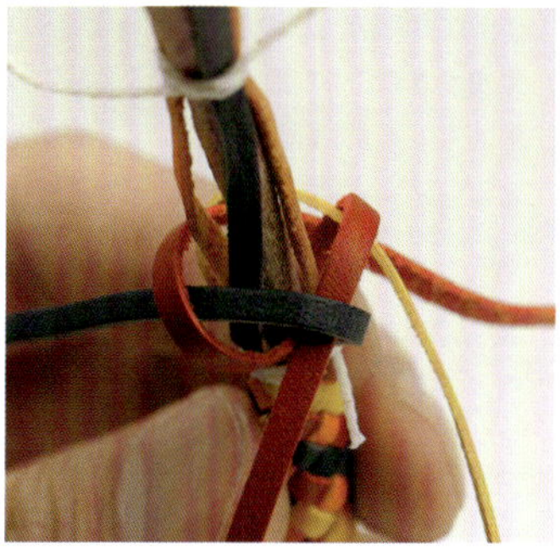

16 レースを輪にし、時計回りに相互に支え合う形に先端を差し込む

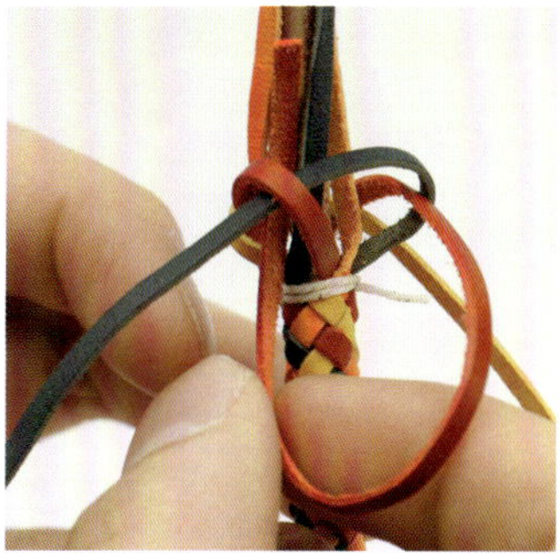

17 レースの先端を、時計回りに差し込んだレースのさらに隣の輪に通す

18 輪に差し込んだレース先端を、芯に沿わせるように引いて締める

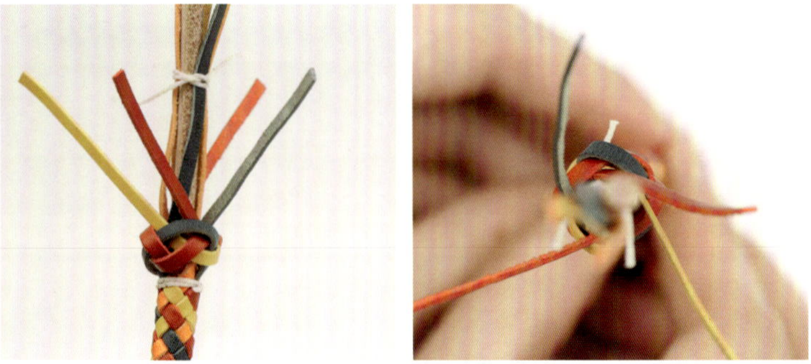

19 残りのレースも、先端を差し込んだレースのさらに時計回りに隣にある輪を下側から通して、上に引き出す。4本とも通したら、交互に少しずつ締める

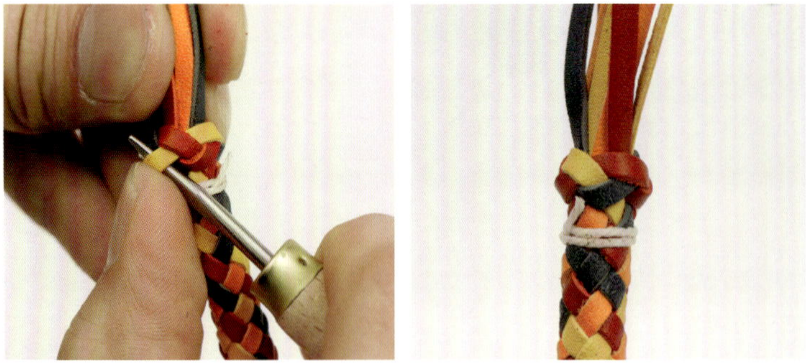

20 レースの先端を引っ張るだけでなく、輪にしたレースの隙間にレースギリを差し込むことで、緩むことなくレースを締めることができる

21 レースを締めたら、仮留めした麻糸を外す

22 余分な丸牛レースをはさみでカットする。玉留めした部分より下側でカットすること

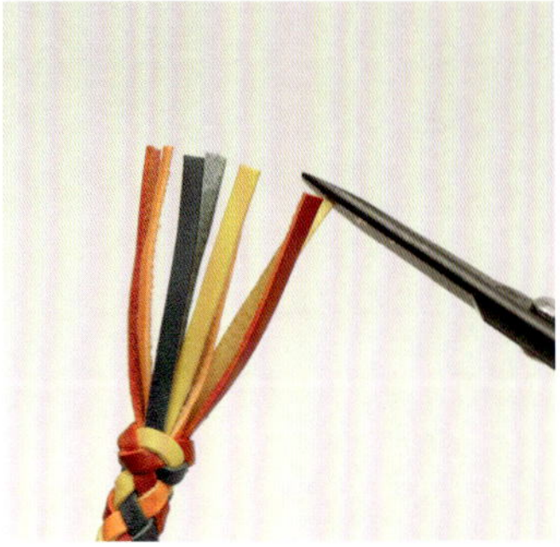

23 余分なレースを切り揃える。ここは好みで斜めにカットしてもよい

読者アンケート

■本書の体裁・内容についてお伺いします。

価格	□とても高い	□高い	□普通	□安い	□とても安い
表紙・タイトル	□とても良い	□良い	□普通	□悪い	□とても悪い
内容	□とても良い	□良い	□普通	□悪い	□とても悪い
デザイン	□とても良い	□良い	□普通	□悪い	□とても悪い

■良かった内容に○をつけてください。

1. インレイ
2. メッシュ
3. スタッズ
4. パンチング
5. スタンピング
6. カービング
7. レザーバーニング
8. 染色
9. ステッチ
10. 編み
11. 積み革

■ご意見・ご感想等ご自由にお書きください。

E-mail stc@fd5.so-net.ne.jp URL http://www.studio-tac.jp/

ご協力ありがとうございました

LEATHER CRAFT TECHNIQUE ENCYCLOPEDIA III
レザークラフト技法事典III
装飾編

郵便はがき

恐縮ですが
50円切手を
貼ってご投
函ください

1510051

東京都渋谷区千駄ヶ谷3-23-10　若松ビル2F
(株)スタジオ タック クリエイティブ 編集部

LEATHER CRAFT TECHNIQUE ENCYCLOPEDIA Ⅲ
レザークラフト技法事典Ⅲ
装飾編

アンケート係　行

(キリトリ線)

愛読者カード

ご住所

☎　(　　)

お名前(ふりがな)　性別　男·女　年齢(　歳)

勤務先または学校名　購読誌·新聞名

E-mailアドレス

ご購入された書店名　ご購入されたきっかけ

PRESENT　レザーハンドソーイングセット　5名様（提供=クラフト社）

応募方法

この読者アンケートにご記入いただき、50円切手を貼付してご投函ください。厳正なる抽選のうえ、当選者には直接商品をお送りいたします。締め切りは2012年2月末日です。なお、締め切り日を過ぎたものでも、読者アンケートとして大切に保管させていただきます。

マジック編み

マジック編みは、両端が閉じた状態でも、その中で切り分けた革を編む方法だ。革を編んだ後に、決まったところで端を輪にくぐらせるので、その工程を間違えないようにすることが大切になる。

ここでは3本編み、5本編み、7本編みを紹介する。革の幅が同じなら、編み上がりもほぼ同じ幅になる。目は本数が少ないほどざっくりと隙間が見られ、多いほど密になる。ベルトなどに使える技法だ。切り分けた革のコバをそれぞれ丁寧に仕上げてから編むとさらに味わい深い雰囲気になる

3本マジック編み

最も基本的な3本編みの方法。5本、7本もこの方法の応用で編めるのでまずは3本をマスターする。

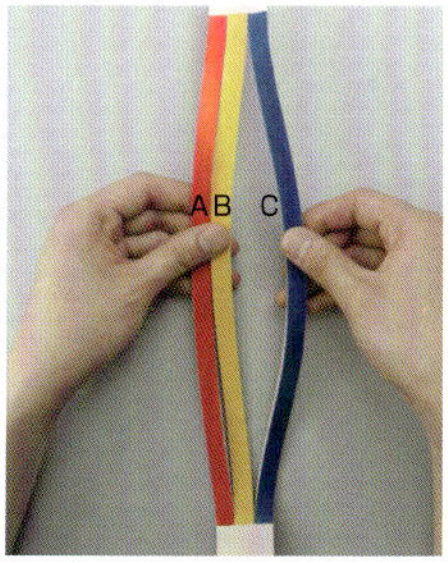

01 A、Bを左手、Cを右手で分けて空中に持つ

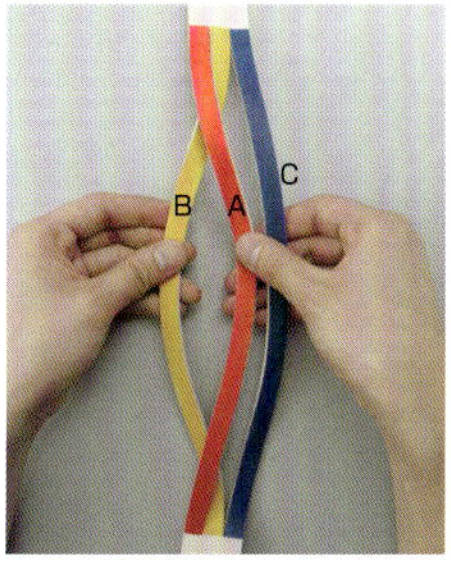

02 AをBの上に通し、右に寄せる

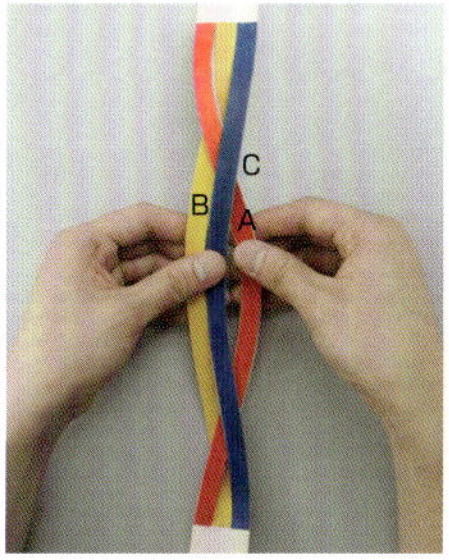

03 CをAの上に通し、左に寄せる

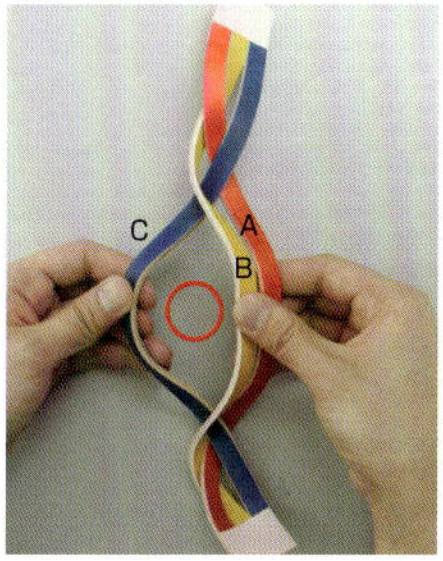

04 BをCの上に通し、右に寄せる。ここが基本形

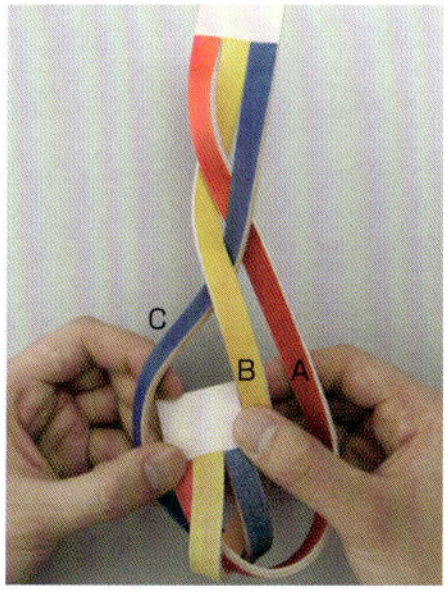

05 CとBの間の隙間を広げ、下側を隙間に入れる

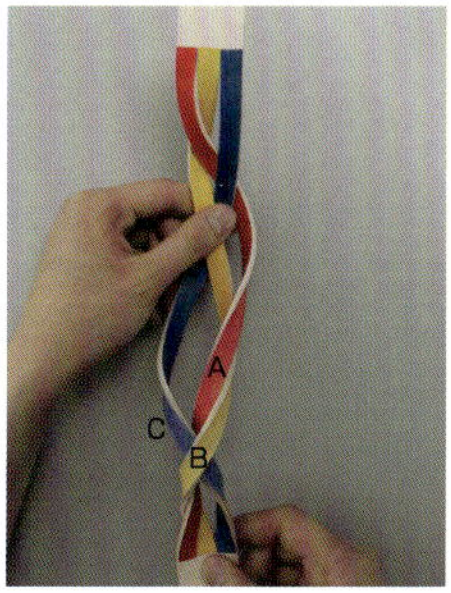

06 下側をくぐらせたら、元のように下に引っ張る

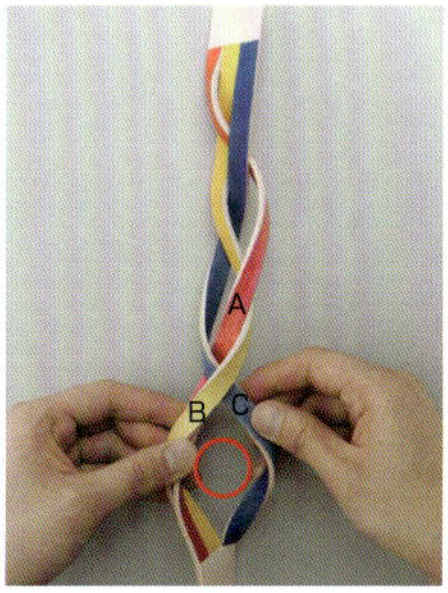

07 編み目の下側、BとCの間の隙間を広げる

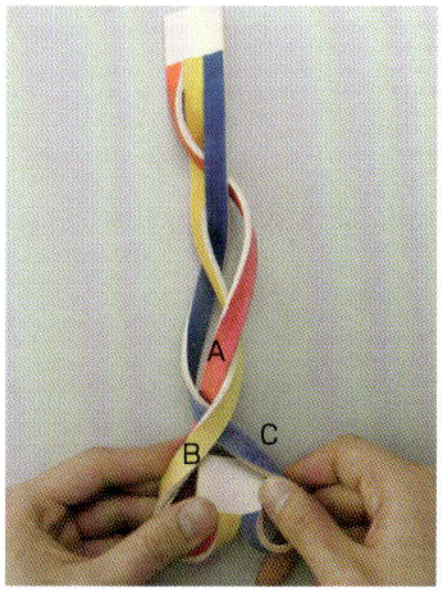

08 BとCの隙間に下側を入れる

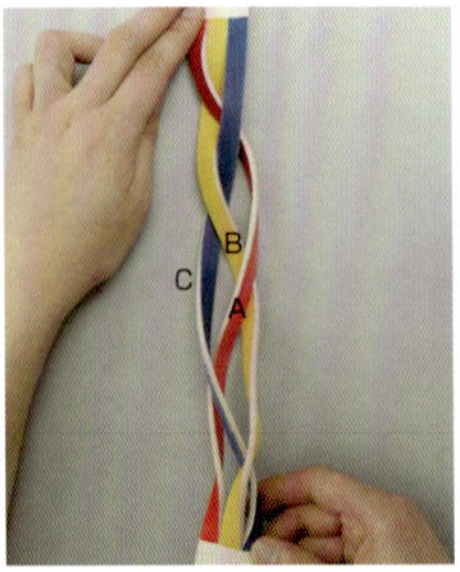

09 隙間をくぐらせたら、上下を引っ張って整える

10 編み目を上に詰め、再び**01**のAから繰り返す

11 編み終えたら、編み目を均等に整える

12 何回編めるかは、革の長さにより異なる

5本マジック編み

3本編みの応用で、両端に1本ずつ増えたものとなる。最も外側にある革を、内側にある革の上から反対に寄せる。

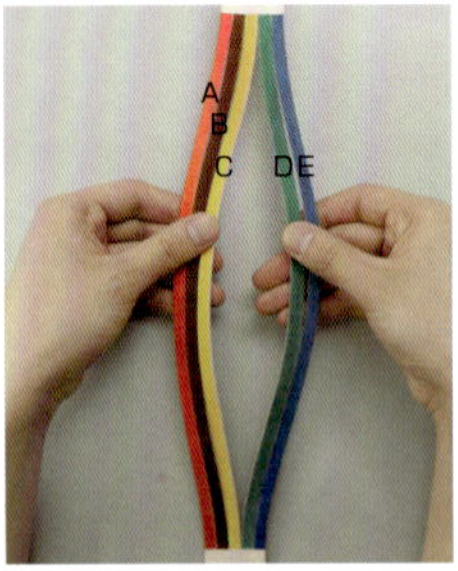

01 A、B、Cを左手、D、Eを右手で分けて持つ

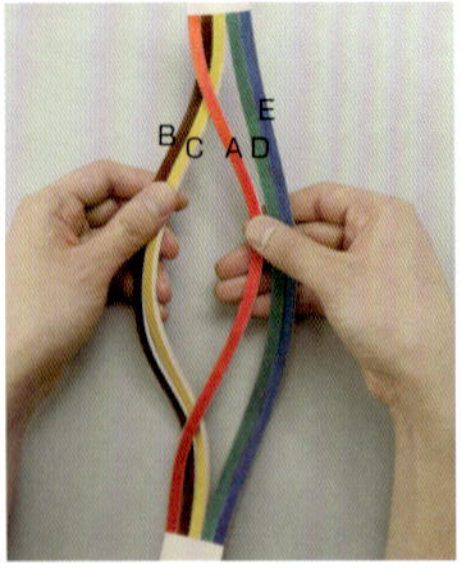

02 AをB、Cの上を通し、右に寄せる

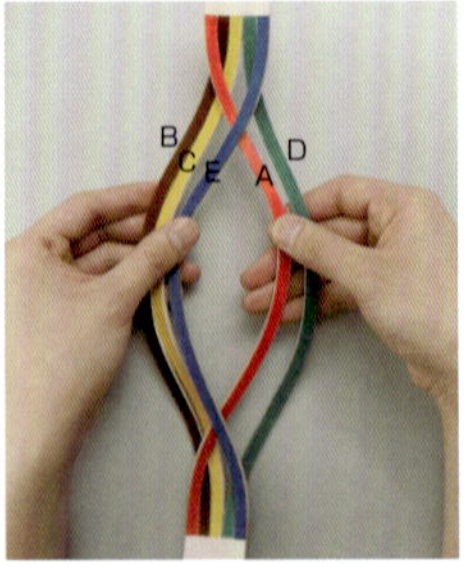

03 EをAの上を通し、左に寄せる

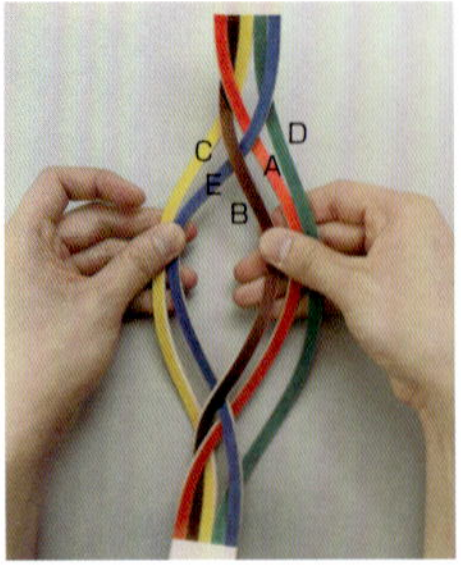

04 Bを右に寄せ、次はDを左に寄せる

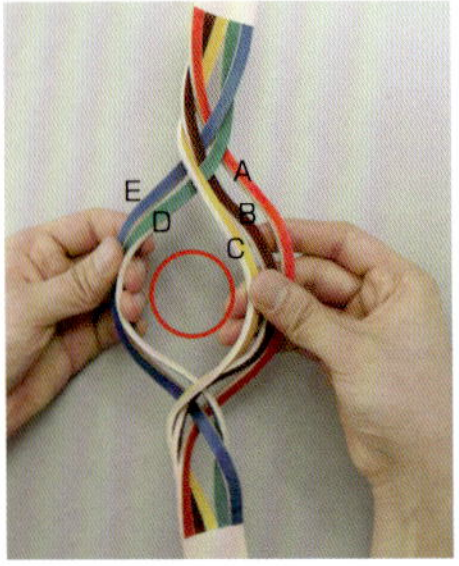

05 Dを左に寄せたら、そこでできた隙間を広げる

06 隙間に革の下側を入れる

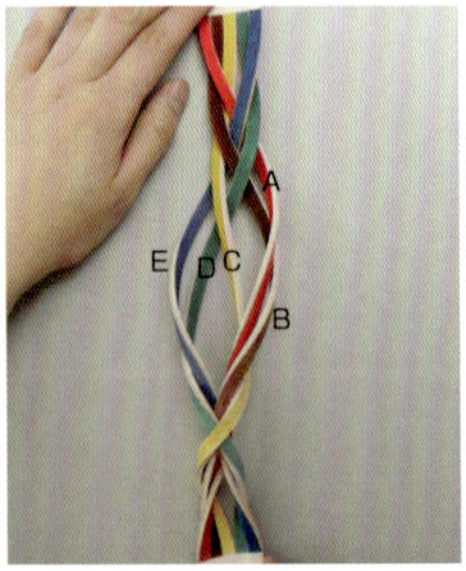

07 下側をくぐらせたら、上下を引っ張り整える

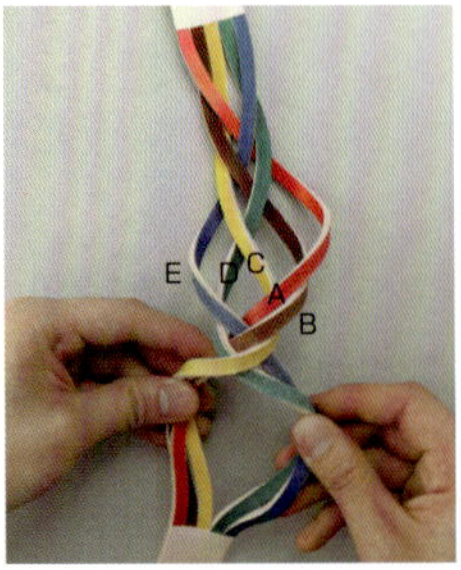

08 C（黄）とD（緑）の間の隙間を広げる

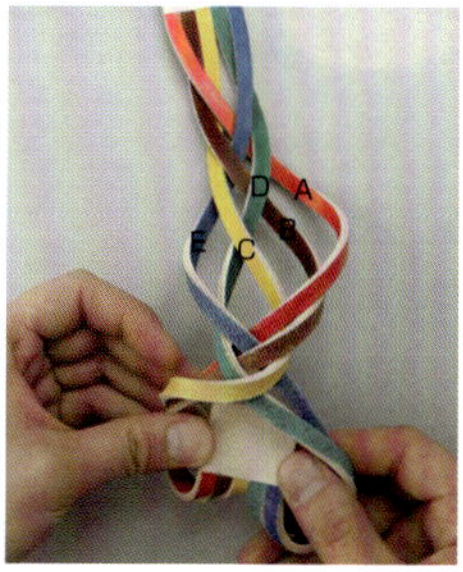

09 隙間に下側をくぐらせる

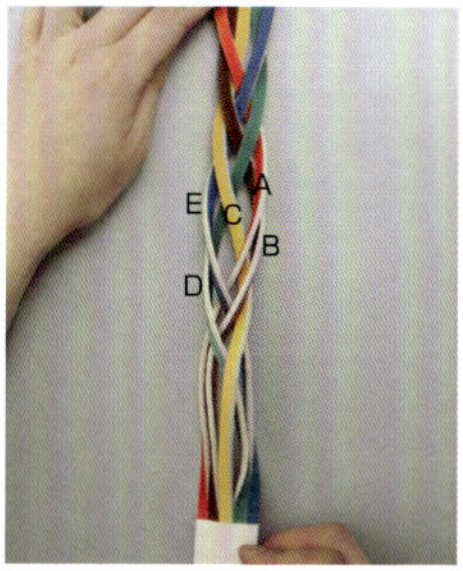

10 くぐらせた下側を引っ張り、編み目を整える

11 編み目を上に詰め、再び**01**のAから繰り返す

12 編み終わったら、編み目を均等に整える

7本マジック編み

本数は多くなるが、方法は5本からの応用だ。編み目が細かくなり、繊細な編み上がりが得られる。

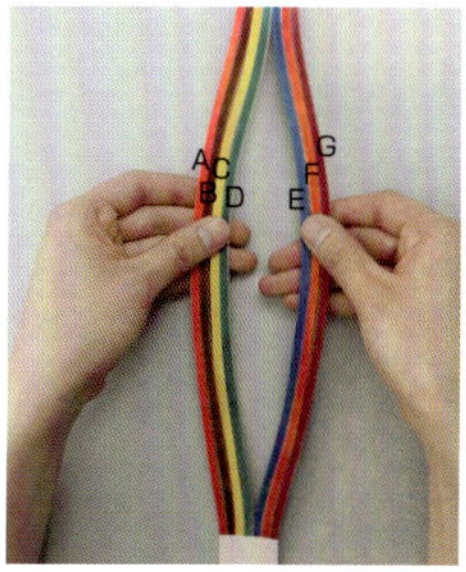

01 A～Dを左手、E～Gを右手で持つ

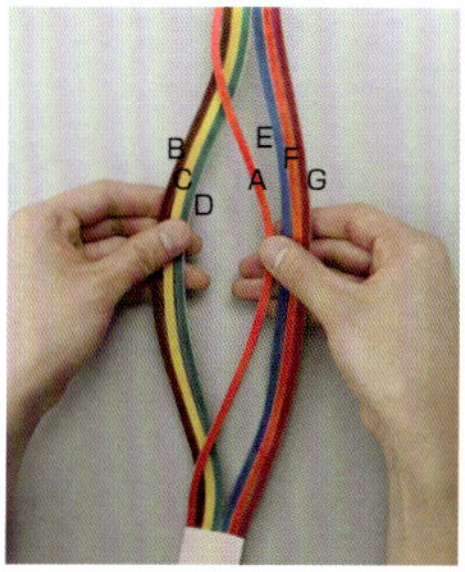

02 AをB～Dの上を通し、右に寄せる

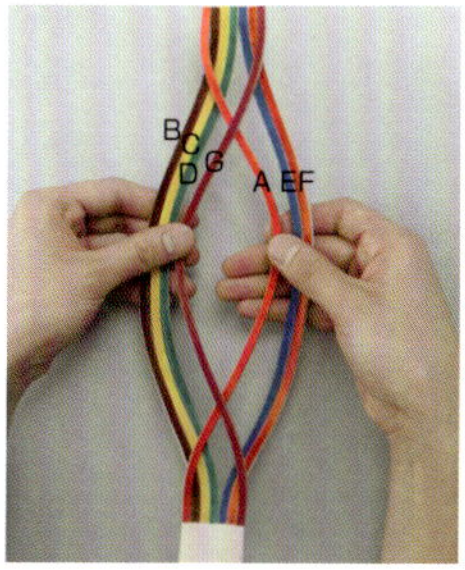

03 GをA、E、Fの上を通し、左に寄せる

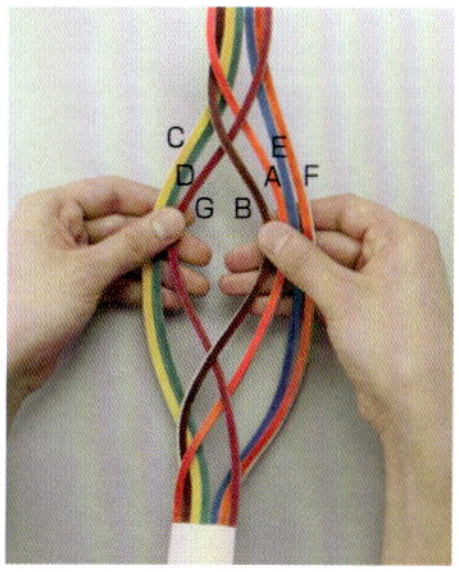

04 BをC、D、Gの上を通し、右に寄せる

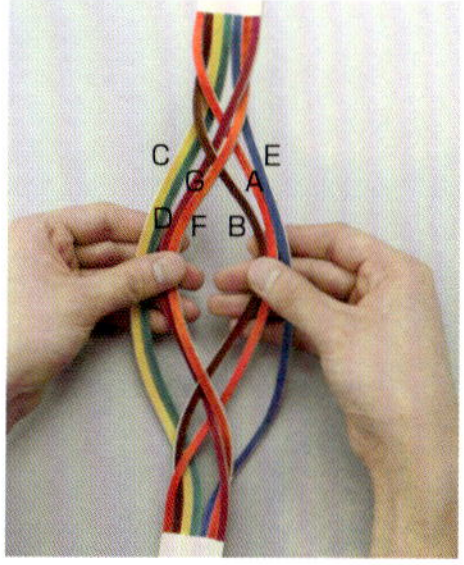

05 FをA、B、Eの上を通し、左に寄せる

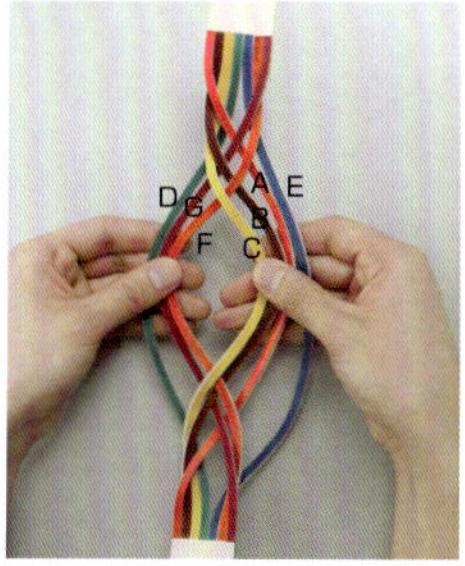

06 CをD、F、Gの上を通し、右に寄せる

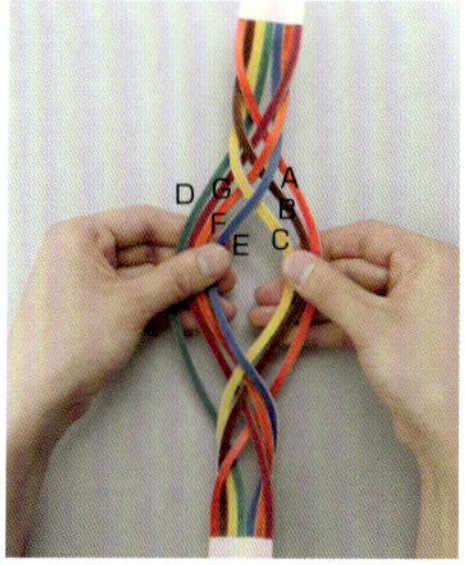

07 EをA、B、Cの上を通し、左に寄せる

08 DをE、F、Gの上を通し、右に寄せる

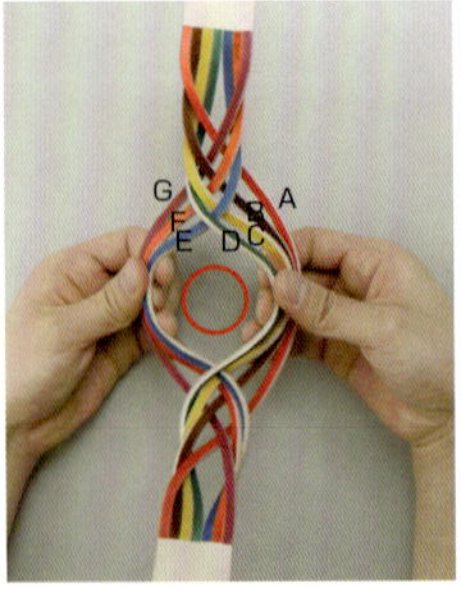

09 すべての革を1回ずつ編んだ状態で、隙間を広げて持つ

10 広げた隙間に下側を入れて、くぐらせる

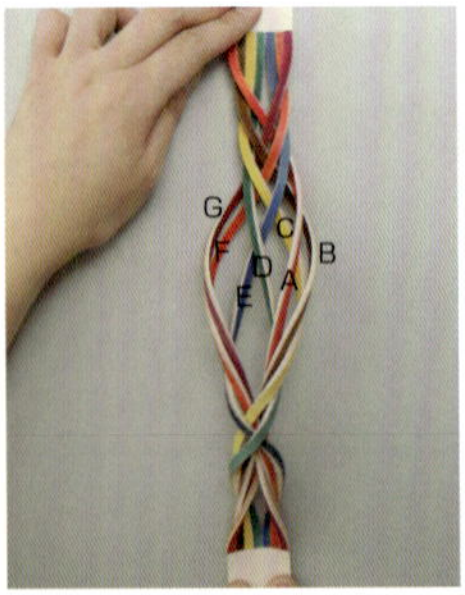

11 隙間をくぐらせたら、上下を引っ張り、形を整える

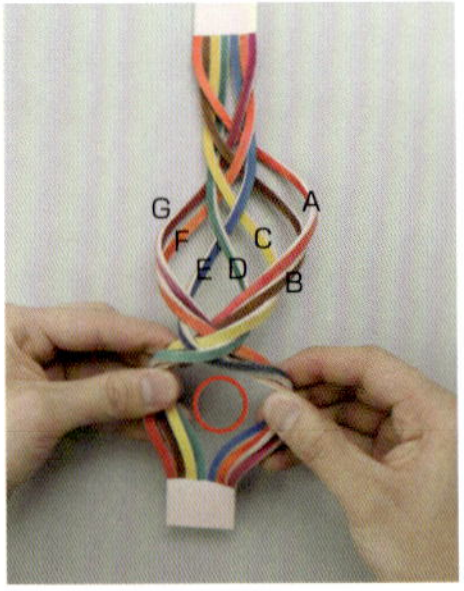

12 下側にできた隙間を広げる。D（緑）とE（青）の隙間となる

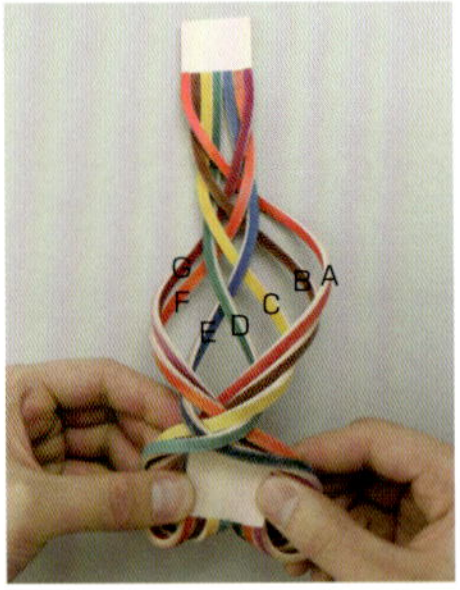

13 D（緑）とE（青）の隙間に下側を入れて、くぐらせる

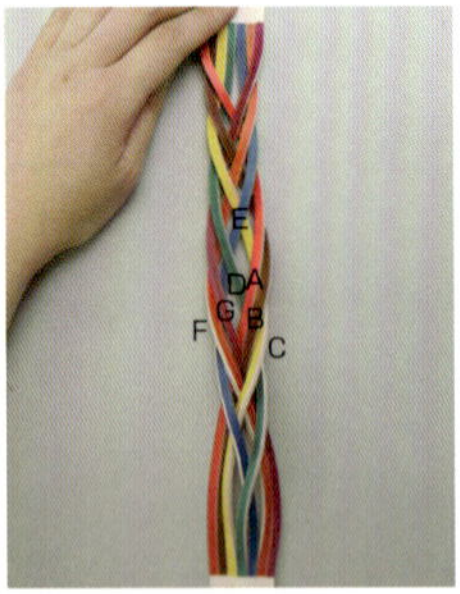

14 上下を引っ張り、形を整える。編み目を上に詰める

15 編み目を整えたら、再び**01**のAから繰り返す

16 編み終えたら、編み目の形や隙間が均等になるよう整える

革レースの作り方

革レースは、専用に販売されている物でも手軽に使えるが、自分で作ることもできる。ここではレースメーカーとストランダーという2種類の革レースを作る道具の使い方を解説していく。

レースメーカー

柔らかく薄い革から硬く厚めの革（3.0mm）まで対応。手軽にレースが作れる。

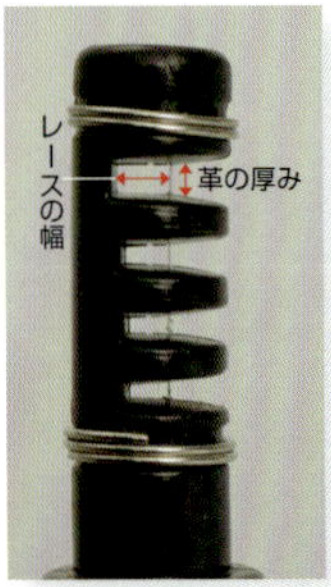

棒状の器具を手に持って固定し、丸く切った革をうず状にカットする。幅は刃をセットする位置で設定する

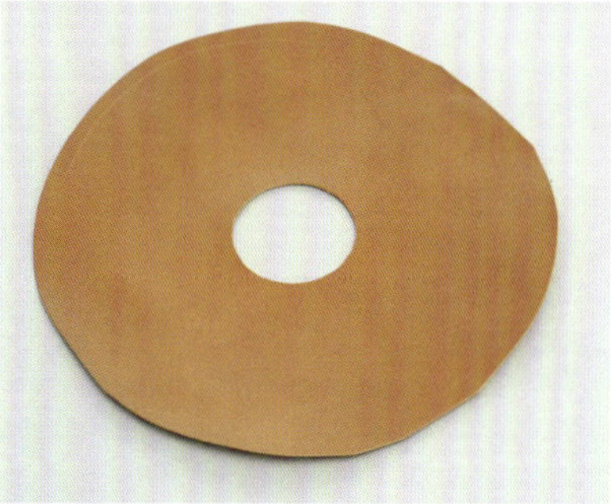

01 革をドーナツ状に切り出す。内側の円は直径30mm程度必要になる

革を切り出す時の注意点

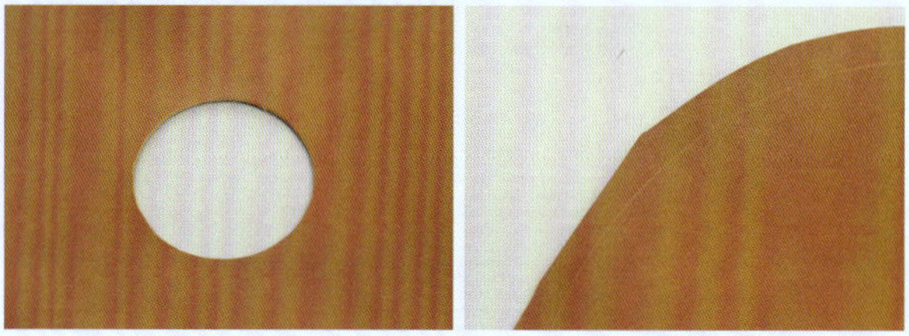

内側は30mm程度、外側は作りたいレースの長さや幅で異なるが、直径150～200mm程度用意。外側はラフに大まかな形で切り出しておけばよい

02 レースメーカーの刃が入る部分に切り込みを入れる（薄い革は必須）

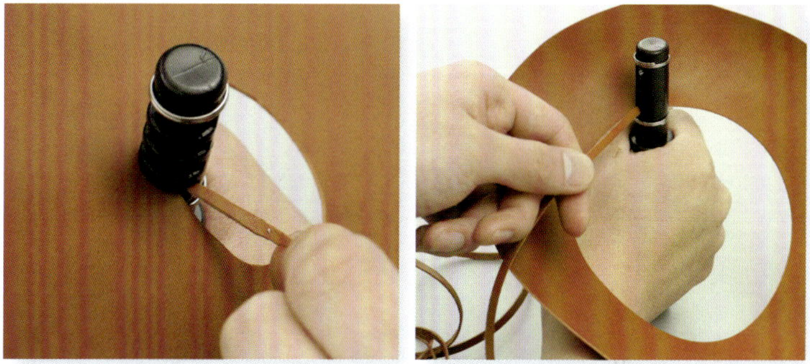

03 レースになった先端を引きながら、刃を革に食い込ませる。3周目あたりから、きれいなレースになる。幅がずれないように、レースメーカーを動かさず、革を軸に押しつけて引っ張る

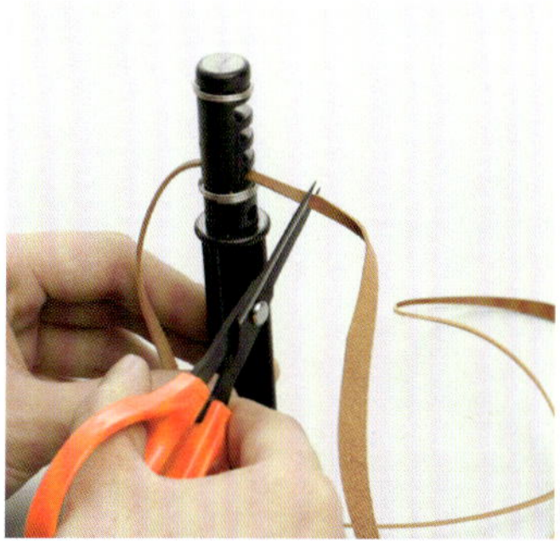

04 レースを切り出したら、最後ははさみでカットする

05 うず状に切り出しているので、レースを軽く引っ張ってまっすぐに整える

06 レースは直径100mmの革から3.0mm幅で約2.4m切り出せる

ストランダー

レースを作るもうひとつの道具は、親指に固定して使うストランダーだ。こちらは刃の取り扱いに注意したい。

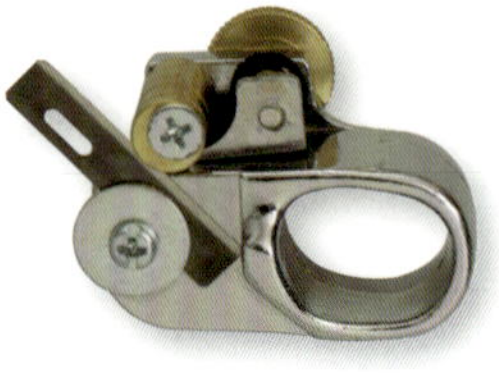

穴に親指を入れて使う。事前に革の厚みと幅をネジで決める

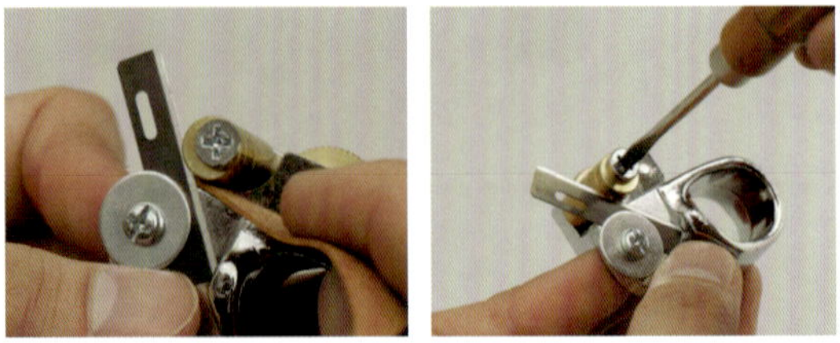

01 革の厚みは厚み調整バーで決める。断面が楕円になっており、ドライバーで回すことでバーが回り、厚みが調整できる

02 幅は側面にある調整ダイヤルを回して決める

03 直径200mm、円形に革を切る。外側はきれいな曲線にカットする

04 中心に穴を空けて、ステッチングツリーに固定。切り込みを入れておく

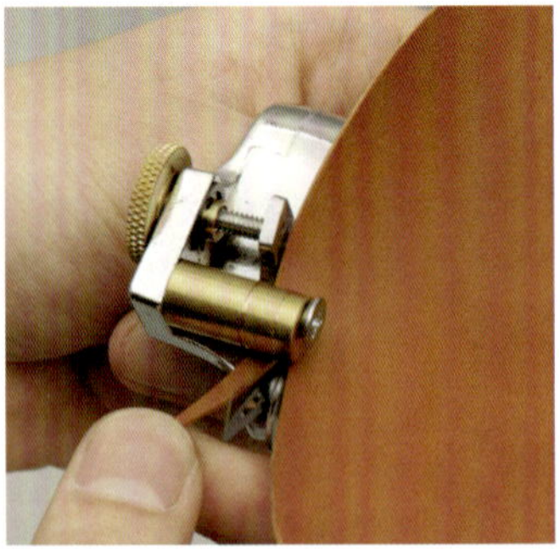

05 先に入れた切り込みに革の端を入れ、革を引きながら刃を食い込ませる

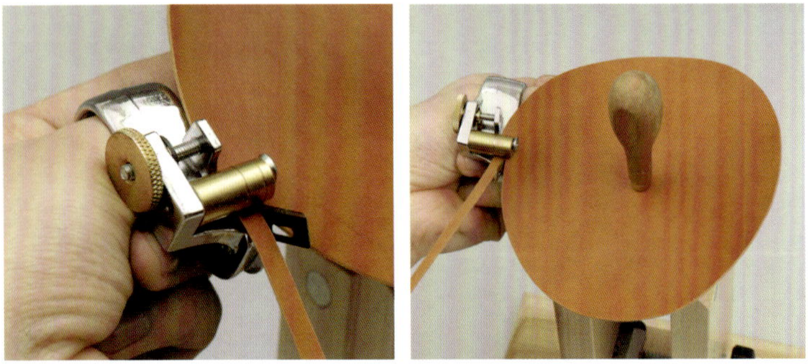

06 左手親指を動かさないように固定し、左斜め後ろにレースを引く。こうすることで、一定幅が保てる。円形の革が回転しながら、少しずつ小さくなりうず状にレースが切り出せる

07 直径200mmの円から5.0mm幅のレースが約5m分切り出せる

積み革

革を積み重ねていくことで、独特の模様が生まれる。この積み革と呼ばれる技法が生み出す独特の模様は、装飾技法として高く評価されている。革と革の層が生み出すその味は、この積み革だけが生み出すものと言えるだろう。

11 積み革

積み革は革を接着して重ね、その断面に出る模様を楽しむというものだ。革の重ね方や切り方で現れる模様が変わる。使用箇所は平面的で、曲げが多くない部分に適する。ここでは色が豊富なピッグスエードを使った方法を解説する。タンニン革なら、磨いて仕上げることも可能だ。また端革を活用してもよいだろう。接着剤はサイビノールがよい。ゴム系だと接着剤の色が断面に残ることがある。接着剤はなるべく薄く塗り、接着後はしっかりと圧着することが大切だ。

平置きと自由に重ねたピッグスエードをバングルにした作品。ピッグスエードだけでは強度が足りないので、使用には補強の裏革が必要だ。バングルは専用の芯を入れている

渦巻き模様を入れた柄と、格子状に切り分けた柄をブレスレットにした。革紐の留め具は、穴開けした時の物や革を丸めたものを使用している

平置き模様

革を平坦に重ねていく方法を解説する。ギンがある革を使う時は、先にギン面をヤスリで落としておくと、確実に接着できる。また右の道具に加え、食卓などで使うビニール透明クロスを1m程度と雑巾を用意しておく。

サイビノール、ローラー、モデラ、ジラコヘラ、カッター、ガラス板、曲尺、ゴム板、大理石、(ビニール透明クロス、雑巾)

平置きの基本形

まずは平坦に革を重ねる方法を解説する。接着して切り分けた後に、色々な模様を作り出すことができる。

厚み0.7mm、サイズは100mm×200mm程度。同じ大きさに切り分けておく。同系色にするなど、気に入った色の革を5種類ほど用意する。タンニン革を染めても使うことができる

01

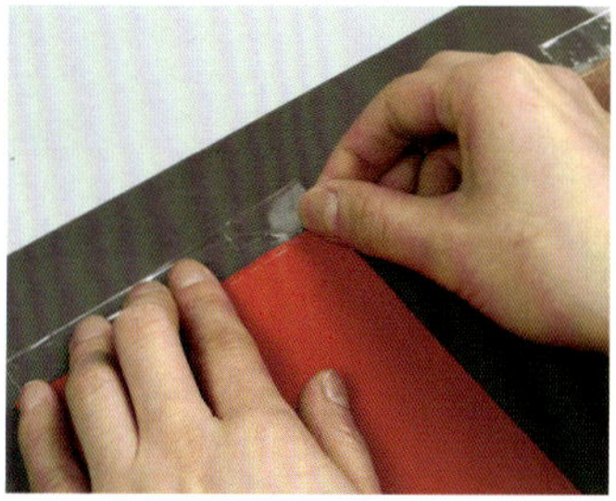

ビニール透明クロスを敷き、最初に貼り合わせる革を2枚、セロハンテープなどで動かないように固定する

02

03 革にサイビノールを薄く均一に塗る。端までしっかり全体に塗り広げること。柔らかい革はたるみやすいので、片手で革を引っ張りながら作業するとよい

04 サイビノールが乾かないうちに貼り合わせる

全体にしっかりとローラーをかけるか、ガラス板で圧着する

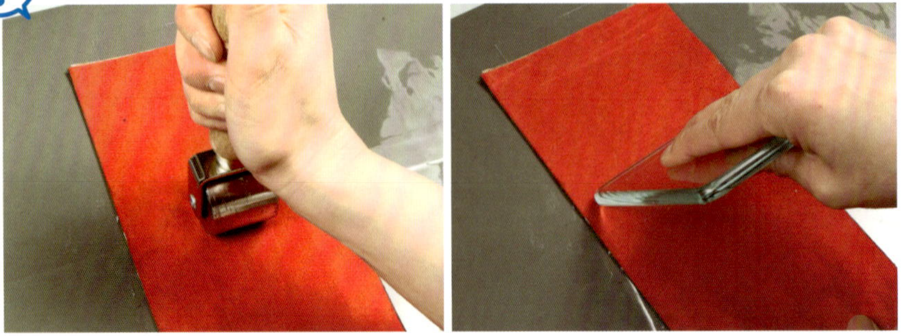

貼り合わせた時に隙間ができないように、しっかりとローラーで圧着しておく。ローラーがなければガラス板でもOK。切り分けた時に隙間なく貼り合わさっていることが大切だ

05

サイビノールの“ダマ”に注意

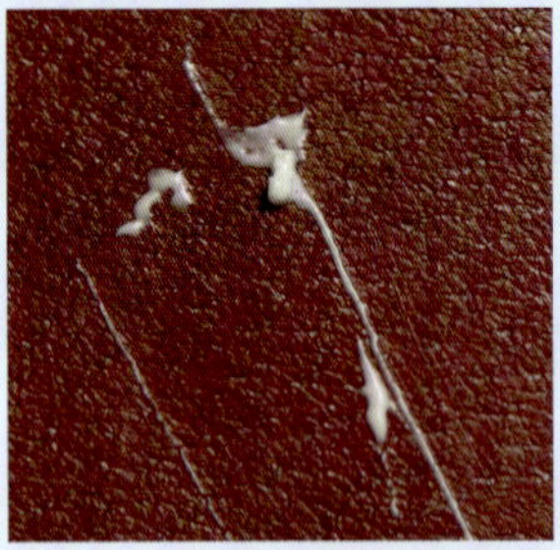

容器の縁辺りに、水分の抜けたサイビノールの固まりが付着していることがある。これをそのまま塗ると、接着剤の層ができてしまう原因となる。ジラコヘラで薄く塗り広げて、白い固まりがあったら取り除いておく

サイビノールの白い部分が見える場合は厚塗り

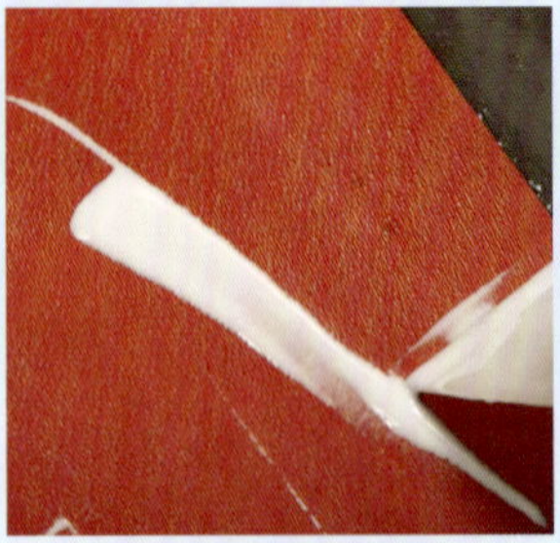

サイビノールを塗る時は、白い成分が見えないか、ごく薄くなるまでしっかりと塗り広げること。厚塗りして貼り合わせると、これも接着剤の層ができる原因となる

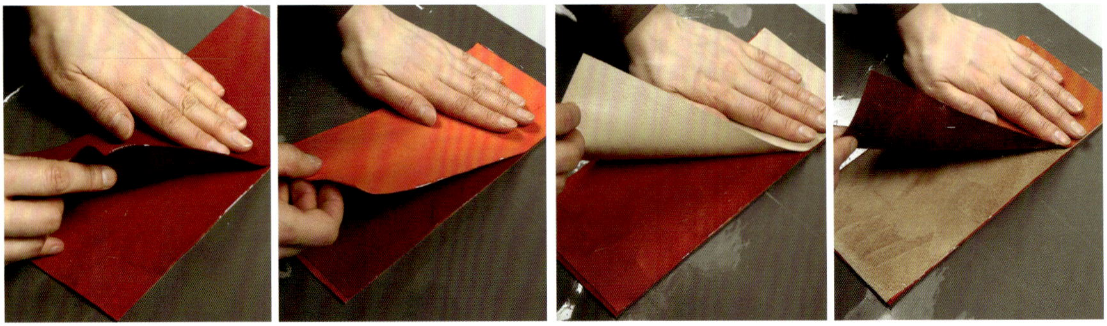

06 革を重ねて接着する。はじめに決めた順番通りに進められるよう横に重ねて置くとよい。サイビノールは革の端まで塗るたびにはみ出るので、作業台を汚さないように適宜水濡れ雑巾で拭き取る。ビニール透明クロスを敷いたのはそのためだ

07 すべての革を重ねて接着したら、ローラーをかけて全体をしっかり圧着する

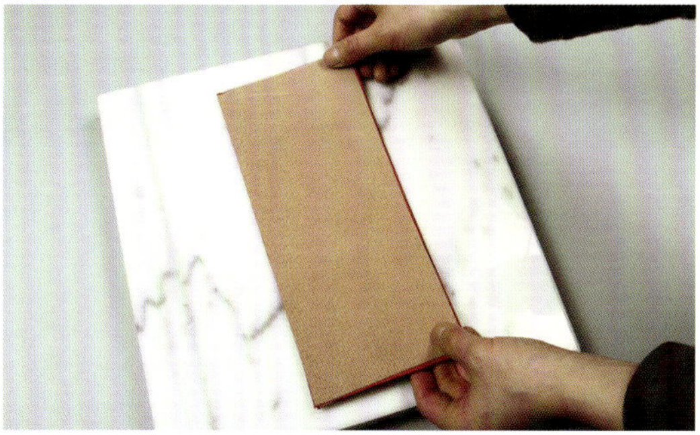

08 大理石の上に置いて、平らにする。大理石が1枚しかなければ、平坦な場所に置く

09 革の上に大理石を重ねて置く

大理石の重みで平らにして乾燥させる

平坦にすることで、切り分けた後も使いやすくなる。大理石が2枚なければ、テーブルなどに置いてその上から大理石を重ねる。乾燥具合はコバのボンドが透明になることで分かる

10 大理石を乗せたまま半日～1日程度乾燥させ、サイビノールが固まってから重ねた革をカッターで等分して切り分ける

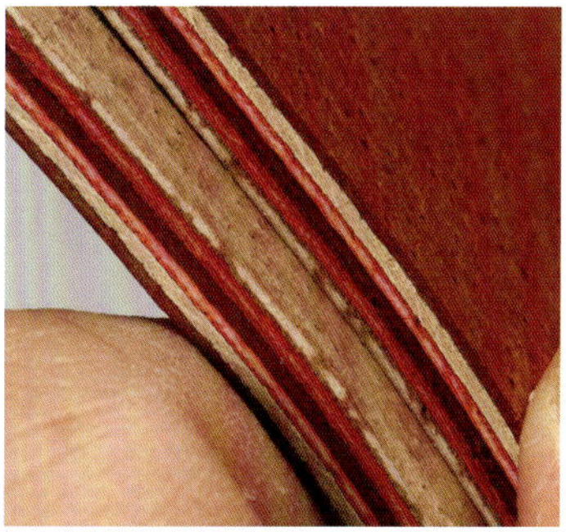

11 断面には平坦な柄が出る。上下の組み合わせを変えれば、違う柄になる

12 切り分けた革にサイビノールを塗る。ここでも、端まで薄く全体に塗ること

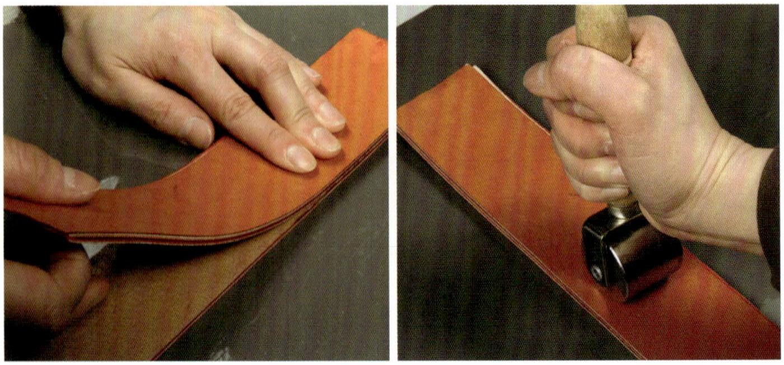

13 革の上下を確認して、貼り合わせる。ぴったり合わせたら、ローラーやガラス板で圧着させる

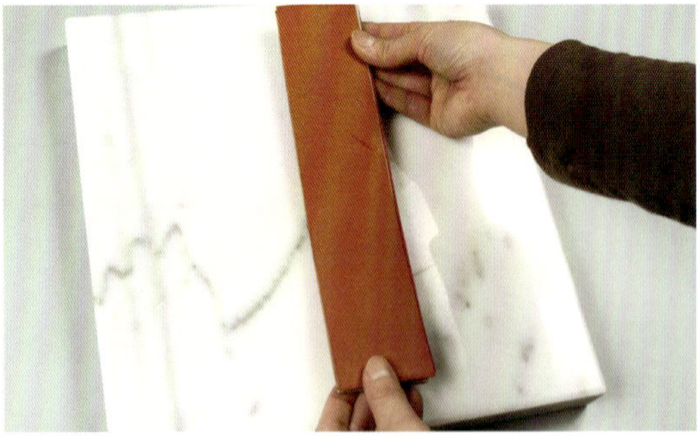

14 再び大理石に挟み、平坦にした状態で乾燥させる。コバのボンドが透明になり固まったら、大理石から出す

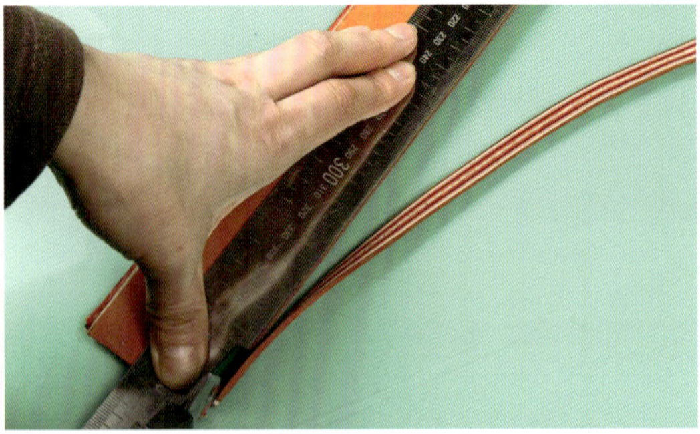

15 端の部分は、重なりがずれたりサイビノールがはみ出ているので、薄く垂直に切り落とす。カッターが使いやすくおすすめだ

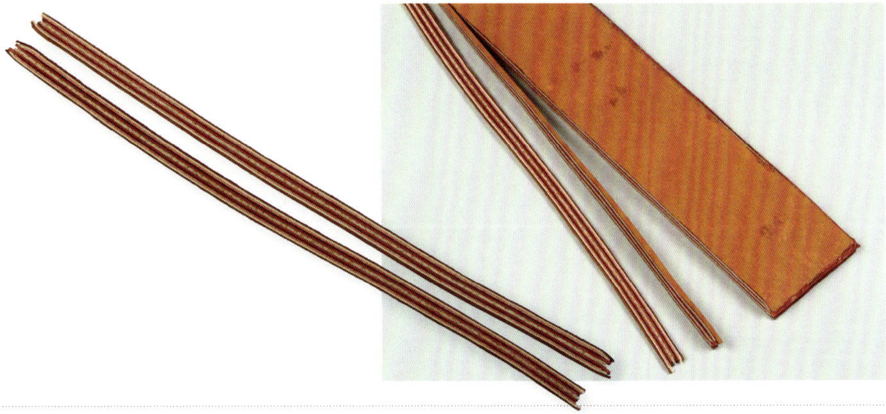

平坦な柄が断面に現れる。平坦な柄を組み合わせる時には、同じ幅でカットしておくと使いやすい

16

平置きを組み合わせる

重ねた革はカット次第で色々な柄を作り出せる。ここでは等間隔にカットして、格子模様を作る流れを紹介する。

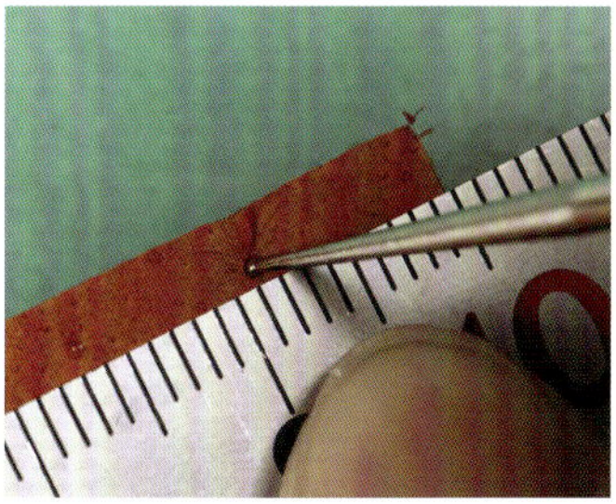

積み重ねた革の厚みと同じ幅にカットする。ここでは0.7mmを6枚使い、2段に重ねているので厚みが8.4mmとなる。圧着の誤差もあるので、定規で8mm辺りに印を付ける

01

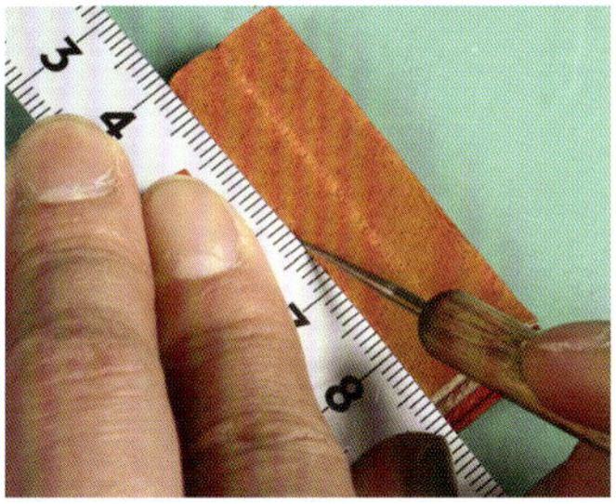

等間隔に印を付けたら、印をモデラで結んでケガキ線とする。必要な本数だけケガキ線を描いておく

02

03 ケガキ線通りにカッターでカットする。格子状の模様を作る時は、この幅が等しいことが大切になるので、慎重に切り分けたい

04 等間隔に切り分けられた。間に入る革の向きを90°変えると、模様ができる

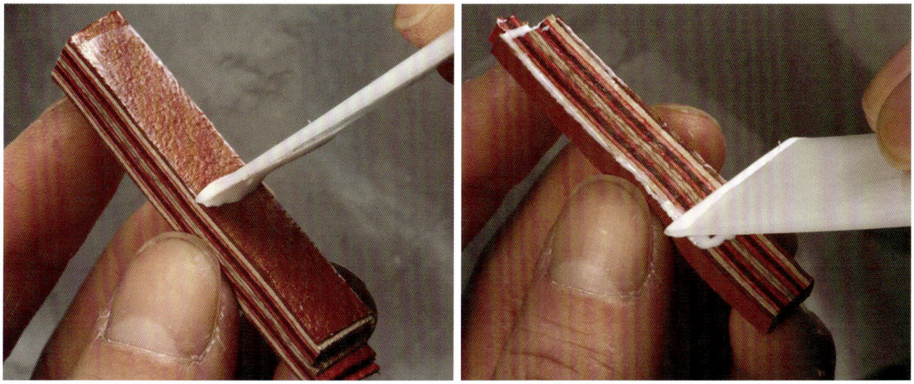

革を張り合わせる向きを決め、サイビノールを薄く塗る。端までしっかりと塗り広げること

05

平坦なものに押し当てて圧着する

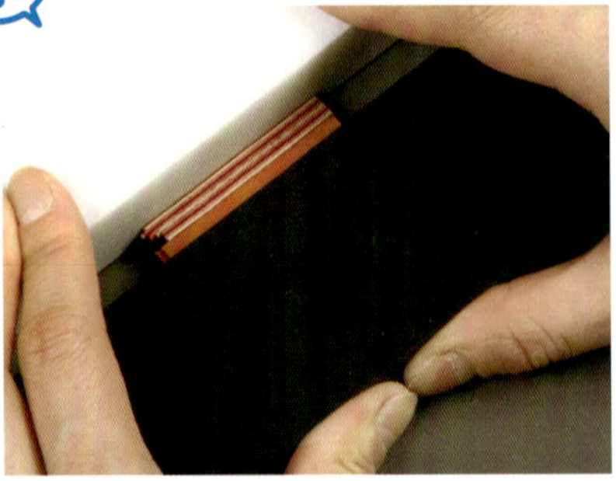

革を貼り合わせる際に、小さいブロック状の場合は、大理石やゴム板の側面に挟んで押し当てることで全体をしっかり圧着することができる

06

07 接着面が平坦になるように、モデラを押し当てて形を整える

ブロックで貼り合わせる

08 切り分けた革は順に足して貼り合わせず、2個ずつまとめるなどして、均一に接着する

09 2個ずつ貼り合わせた革の側面に、サイビノールを薄く塗る。ブロックごとに分けて接着することで、均一な接着力が得られる

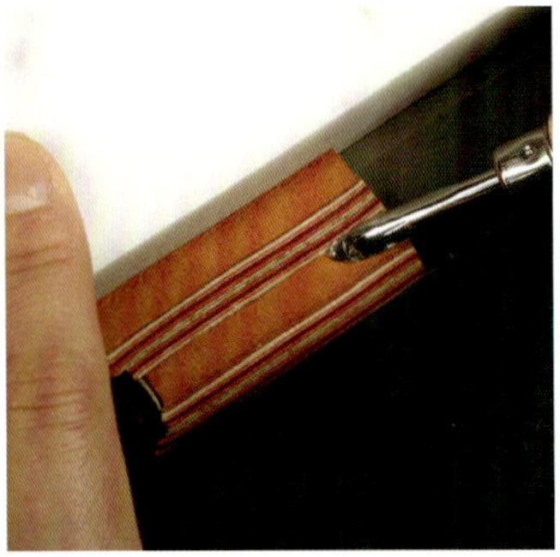

10 ブロックの数が多くなると、位置がズレやすいので、モデラで押さえる

11 09と同様に、ブロックごとに革を接着していく

上からも押し付けて接着

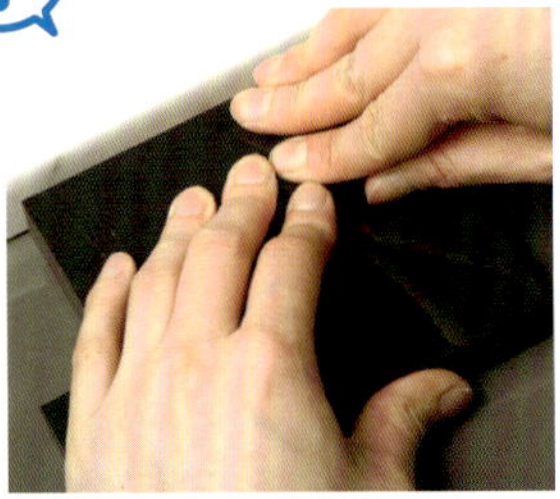

12 ブロックのズレを防ぐため、ゴム板を上から当てると効果的だ

13 切り分けた革を貼り合わせた。高さは、サイビノールが完全に乾く前にモデラを押し当てて整えておく

端はサイビノールがはみ出ていることがあるので、薄く垂直にカットし、使用する分を切り出す。定規がずれないように注意して、均等な幅でカットする

14

ガラス板でズレを防ぐ

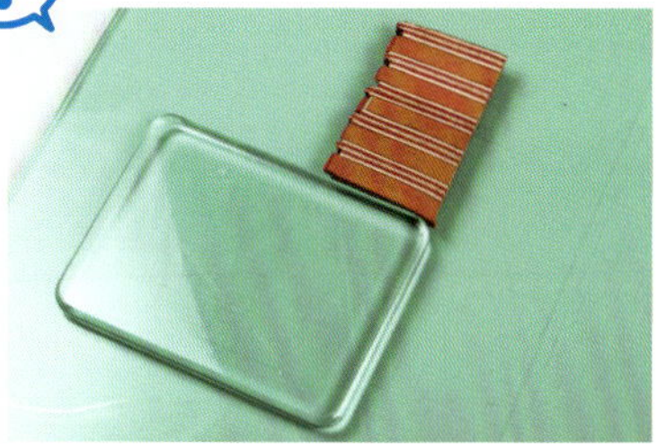

15 カッターの刃に押されて革がずれないように、下側からガラス板で支えるとよい

☑ 切り分ける幅を変えることで、多彩な模様が作れる

一番上は平坦に重ねた物。中央がこれまで解説した、等間隔に切り分けもの。下が等間隔に切り分けたものをポイント的に使った物だ

☑ 13までで作った革をカットして貼り合わせると、格子状の模様が作れる

タテヨコにきれいな格子状の模様。これは13までで制作した革を等間隔でカットし、貼り合わせることで作れる。他にも色々な模様が作れるので試してみよう

渦丸模様

革を巻いた時の模様を活かす方法だ。ここでは2色の革を使う。巻いた革をカットすると、断面に渦を巻いたような模様が現れる。革を巻いた物をいくつか作っておくと、一気に模様のバリエーションを増やすことができる。

ゴム板、木槌、ハトメ抜き（空けたい穴のサイズに応じて）

渦丸のパーツを作る

2枚の革を巻いて、葉巻のようなパーツを作る。それをカットすると断面に渦を巻いたような模様が現れる。

ここでは2枚のピッグスエードを使う。外側に来る革（ここでは水色）は、内側の革よりも20mm程度長めに取っておくと、巻いた時にちょうどよく収まる

01

02 2枚のピッグスエードに、薄くサイビノールを塗る。塗り残しがないように、しっかりと塗ること

2枚の革の両面ともにサイビノールを塗る

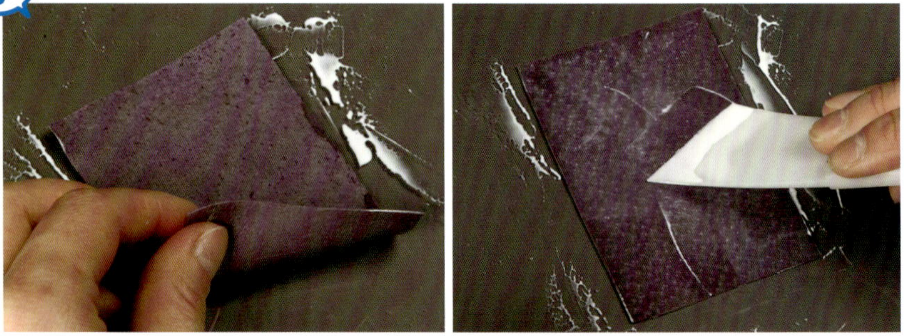

2枚の革を貼り合わせて、そのまま巻くため、革の表裏ともサイビノールをしっかり塗る。サイビノールが少々革からはみ出ても気にせず、革を裏返して手早く塗る。乾燥前に貼り合わせるため、慌てず急いで正確に

03

04 外側になる長い革に、内側になる革を重ねて貼る。2、3mm程度ずらして段差をつけて貼ると、巻きやすくなる

05 下の革を上の革に折り畳むようにして、丸めていく。隙間ができないように、細かく畳んでいくこと

上の革を引っ張りながらシワを防ぎ、ガラス板で押さえて巻く

2枚の革を貼り合わせながら、同時に巻いていく。シワができると隙間の元となるので、上の革は少し引っ張っておく。そしてガラス板で強く押さえつけながら少しずつ巻く

06

07 全体の2/3程度巻いたら、上の革を離してもOK。ガラス板を強く押し付けてゆっくり巻く

08 すべてを巻き終えたら、端が剥がれないように、ガラス板の下で押さえつけながら転がす

09 端から渦巻き模様が見える。ボンドが乾燥して、透明になるまで待つ。革の色を変えていくつか作っておくとよい

渦丸と平置きの組み合わせ

平置きで作った模様をベースにして、そこに穴を空け、薄くカットした渦丸模様を付ける。

革を平置きで重ねたものをカットし、サイビノールを薄く塗る

01

同じ厚さでカットした革を、指で押さえながら貼り合わせる

02

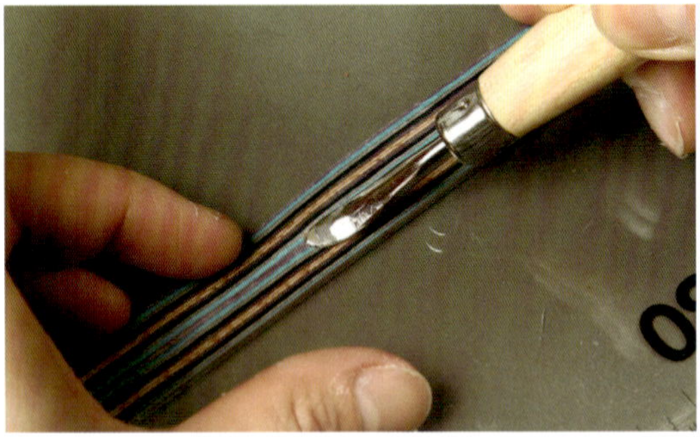

03 高さを揃えるため、サイビノールが乾燥する前にモデラで押して整える

04 幅を広くしたい時は、必要なだけ平置きした模様を貼り合わせる

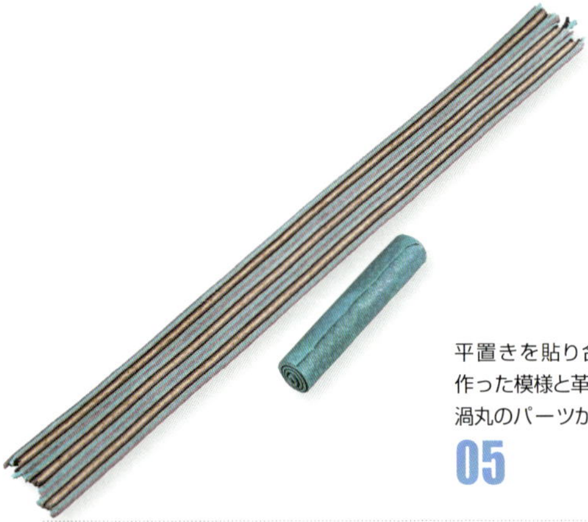

平置きを貼り合わせて作った模様と革を巻いた渦丸のパーツができた

05

06 渦丸のパーツをカットする。厚みは平置きの模様をカットした時と同じにする。厚いと組み合わせた時に不揃いになる

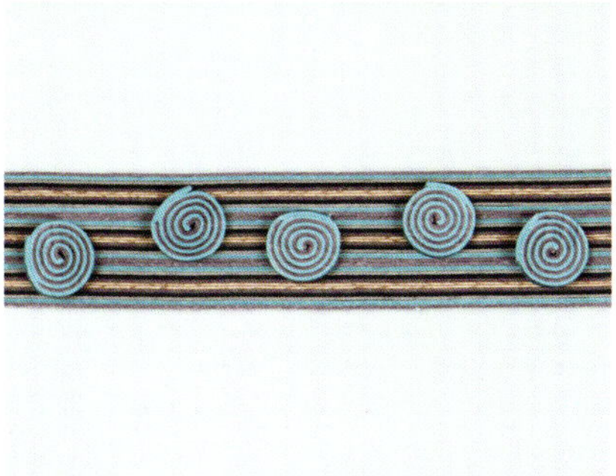

07 カットした渦丸模様を平置きの模様に乗せて、どの部分に付けるか位置を決める

渦丸模様の直径と同程度か、やや小さいハトメ抜きを用意

先に作った渦丸模様は直径が約13mmあるので、40号(12.0mm)のハトメ抜きを用意する。ハトメ抜きの方が大きいと隙間ができる場合があるので注意

08 付ける位置の部分に、ハトメ抜きで穴を空ける

抜いた後の丸い革も活用しよう

丸く穴空けした後の革も積み革で作った立派なパーツだ。ボタンにしたり、留め具にしたりと活用できるので、捨てずにとっておこう。後々役立てることができる

当て革をして補強する

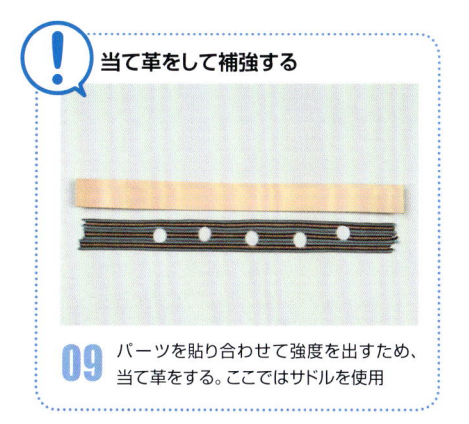

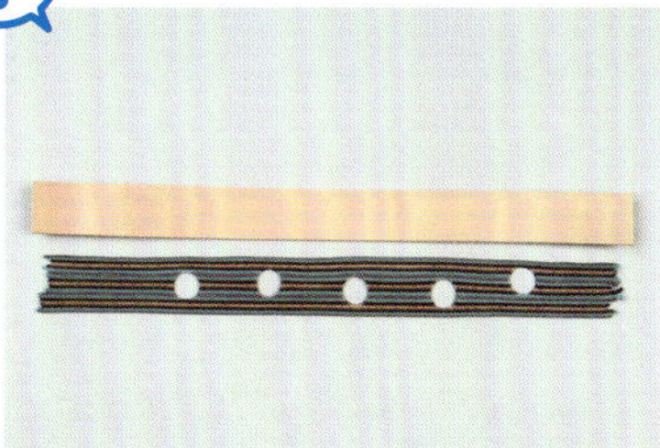

09 パーツを貼り合わせて強度を出すため、当て革をする。ここではサドルを使用

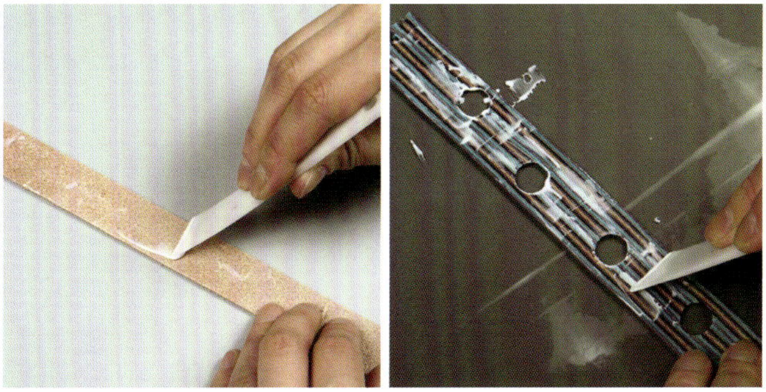

10 当て革のトコ面と穴空けした模様の革に、サイビノールを塗る。作るものによるが、バングルの場合当て革のサドルレザーは1.5〜2.0mm辺りが使いやすい

綿棒でサイビノールを塗る

11 穴を空けた部分の側面にもしっかりサイビノールを塗るため、綿棒を使うとよい

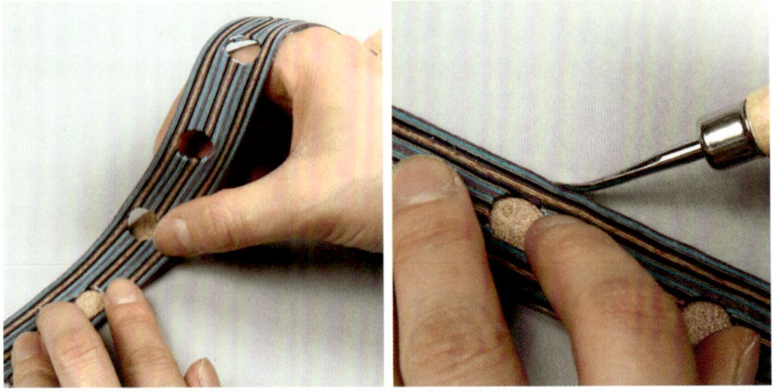

12 当て革に穴空けした模様の革を貼り付ける。この時革を強く引っ張りすぎると、丸く空けた穴が楕円に歪むので注意。側面はモデラで、はみ出した分を整える

13 穴空けした模様の革を貼ったら、ローラーで圧着する

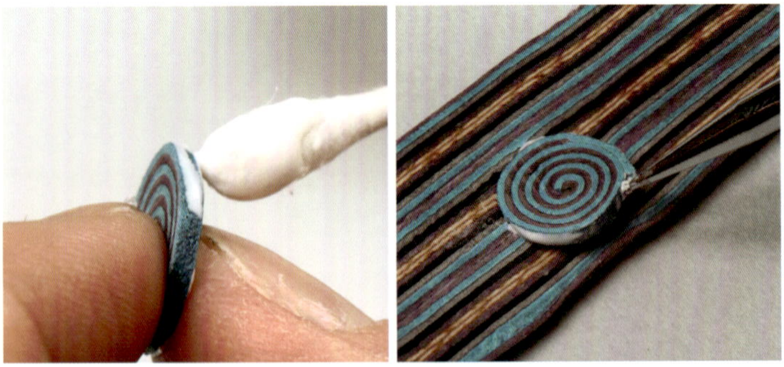

14 穴空けした模様の革と同じ厚さにカットした渦巻き模様のパーツにサイビノールを塗り、穴にはめる。渦巻き模様のパーツの側面も、綿棒を使ってサイビノールを塗る

15 穴にパーツをはめて貼り付けたら、上からローラーで圧着して面を整える。面の高さを揃えるようにする

16 穴空けした部分に、渦巻き模様のパーツをすべてはめたところ。平置き模様に渦巻き模様が加わり、違った雰囲気になっている

自由模様

　これまでは同じサイズの革や一定の方向に整えて重ねてきたが、ここからは色々なサイズや渦巻き模様の切り方を変えた組み合わせで、自由な模様を作る。どんな模様が現れるか想像して作ってもよいし、全くランダムに進めても面白い。

色々なサイズの革を用意。ここではビッグスエードだけに絞っている。また先に作った渦巻き模様や平置き模様のパーツも切り方を変えて組み合わせてみる

01

02 色を変えて渦巻き模様のパーツを作り、切り方を変えても面白い。またハトメ抜きで抜いた後の丸い革も充分使える

03 ビニール透明クロスを敷き、全体の大きさの基準となる革（深緑）を決める。その上に革を重ねてサイビノールを塗り、接着する

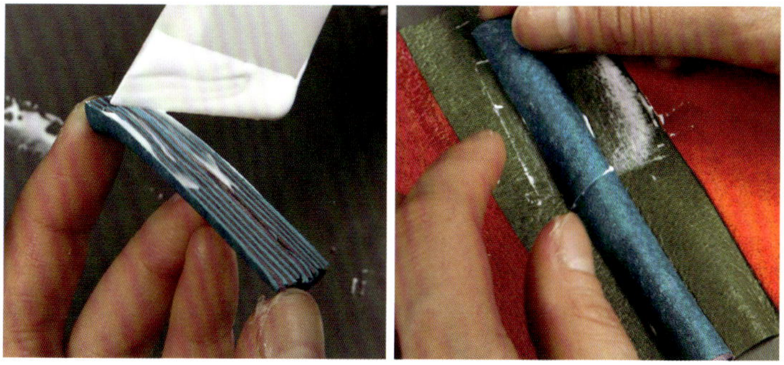

04 渦巻き模様で作ったパーツは、縦に等分しても使える。サイビノールを薄く塗り、縦一列に接着する。縦に等分した後、さらにカットしてもよい

05 ローラーや金槌で圧着する。高さが不揃いだと隙間ができやすいので入念に

06 渦巻き模様のパーツを接着した部分横に、サイビノールを薄く全体に塗る

07 渦巻き模様を縦割りして接着した部分の横は、低くなっているので、その部分を埋めて均等な高さを目指し、別の革を貼る

08 平置きで制作した模様を薄くカットして使う。まっすぐに置いたり、斜めに置いてもよい

段差ができる部分は、モデラで圧着する

高さが不揃いになり、段差ができると、その部分に小さな隙間ができる。隙間はカットした時に見栄えがよくないので、モデラで隙間を埋めるように革を押し付けて接着すること

09

全体の高さをなるべく均一にしていくように、重ねる革のサイズを変えながら高さを合わせて接着していく

10

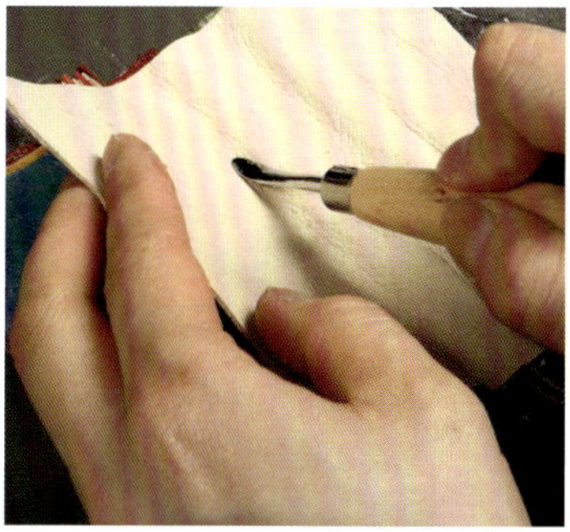

11 平たい革を接着する時は、段差に隙間ができやすいので、適宜モデラで押し込む

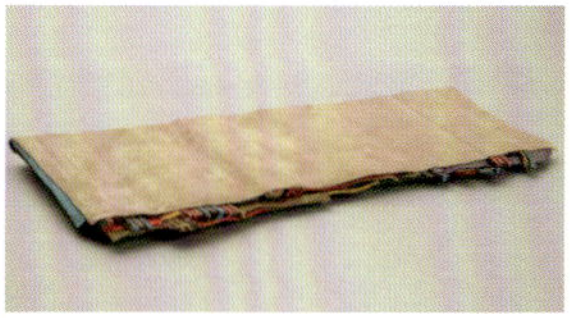

12 大きな段差が無くなってきて、使用する高さまで革を重ねたら、平らに伸ばして乾燥させる。革の表面は完全に平坦なわけではないので、フェルトを敷いた上から大理石を乗せて荷重を全体に掛けながら、乾燥するのを待つ

13 ボンドが固まったら、端を垂直に切り落としてから、同じ厚さにカットする

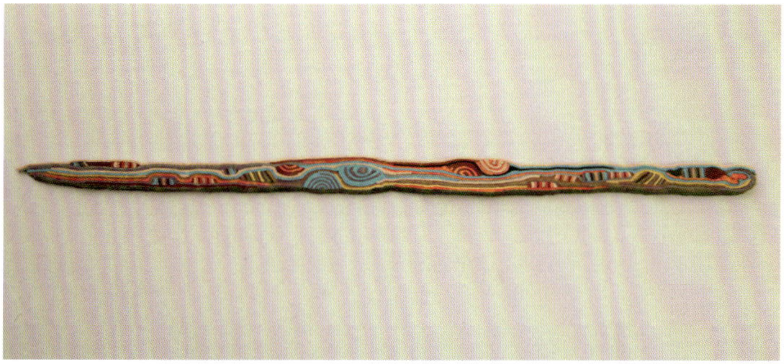

14 積み重ねた革からカットしたところ。平置き模様や渦巻き模様がアクセントとなり、その周りにランダムな模様が現れている。カット部分を変えると、違う模様になるのも面白い

15 各部を拡大して見る。制作者自身も、カットしてみるまでどんな模様になるか完全には予想できないので、思いがけず綺麗な模様が現れるかも知れない

☑ 柄を活かした作例

当て革（サドルレザー1.5mm）とブレスレット芯金（細）を使い、バングルが作れる

STAFF

PUBLISHER
高橋矩彦　Norihiko Takahashi

EDITOR-IN-CHIEF
後藤秀之　Hideyuki Goto

EDITOR
岡田和也　Kazuya Okada

ASSISTANT EDITOR
久保田　城　Jo Kubota

CHIEF DESIGNER
藤井　映　Akira Fujii

DESIGNER
粕谷江美　Emi Kasuya
三觜　翔　Sho Mitsuhashi

ASSISTANT DESIGNER
本田多恵子　Taeko Honda

ADVERTISING STAFF
高野直輝　Naoki Takano
小島愛佳　Aika Ojima

SUPERVISER
クラフト学園　CRAFT GAKUEN

PHOTOGRAPHER
小峰秀世　Hideyo Komine
サカモトタカシ Takashi Sakamoto
関根　統　Osamu Sekine

PLANNING,EDITORIAL & PUBLISHING
(株) スタジオ タック クリエイティブ
〒151-0051　東京都渋谷区千駄ヶ谷 3-23-10 若松ビル 2F
STUDIO TAC CREATIVE CO.,LTD.
2F, 3-23-10, SENDAGAYA SHIBUYA-KU, TOKYO 151-0051 JAPAN
[企画・編集・広告進行]
Telephone 03-5474-6200　Facsimile 03-5474-6202
[販売・営業]
Telephone & Facsimile 03-5474-6213

URL http://www.studio-tac.jp
E-mail stc@fd5.so-net.ne.jp

18028

LEATHER CRAFT TECHNIQUE ENCYCLOPEDIA Ⅲ

レザークラフト技法事典Ⅲ

装飾編

−クラフト学園監修−

2011年8月10日 発行

CAUTION　注 意

- この本は、習熟者の知識や作業、技術をもとに、編集時に読者に役立つと判断した内容を記事として再構成し掲載しています。そのため、あらゆる人が作業を成功させることを保証するものではありません。よって、出版する当社、株式会社スタジオ タック クリエイティブ、および取材先各社では作業の結果や安全性を一切保証できません。また、本書の趣旨上、使用している工具や材料は、作り手が通常使用しているものでは無い場合もあります。作業により、物的損害や傷害の可能性があります。その作業上において発生した物的損害や傷害について、当社では一切の責任を負いかねます。すべての作業におけるリスクは、作業を行なうご本人に負っていただくことになりますので、充分にご注意ください。
- 使用する物に改変を加えたり、使用説明書等と異なる使い方をした場合には不具合が生じ、事故等の原因になることも考えられます。メーカーが推奨していない使用方法を行なった場合、保証や PL 法の対象外になります。
- 本書は、2011 年 4 月 15 日までの情報で編集されています。そのため、本書で掲載している商品やサービスの名称、仕様、価格などは、製造メーカーや小売店などにより、予告無く変更される可能性がありますので、充分にご注意ください。
- 写真や内容が一部実物と異なる場合があります。

STUDIO TAC CREATIVE
(株)スタジオ タック クリエイティブ

ISBN978-4-88393-463-8